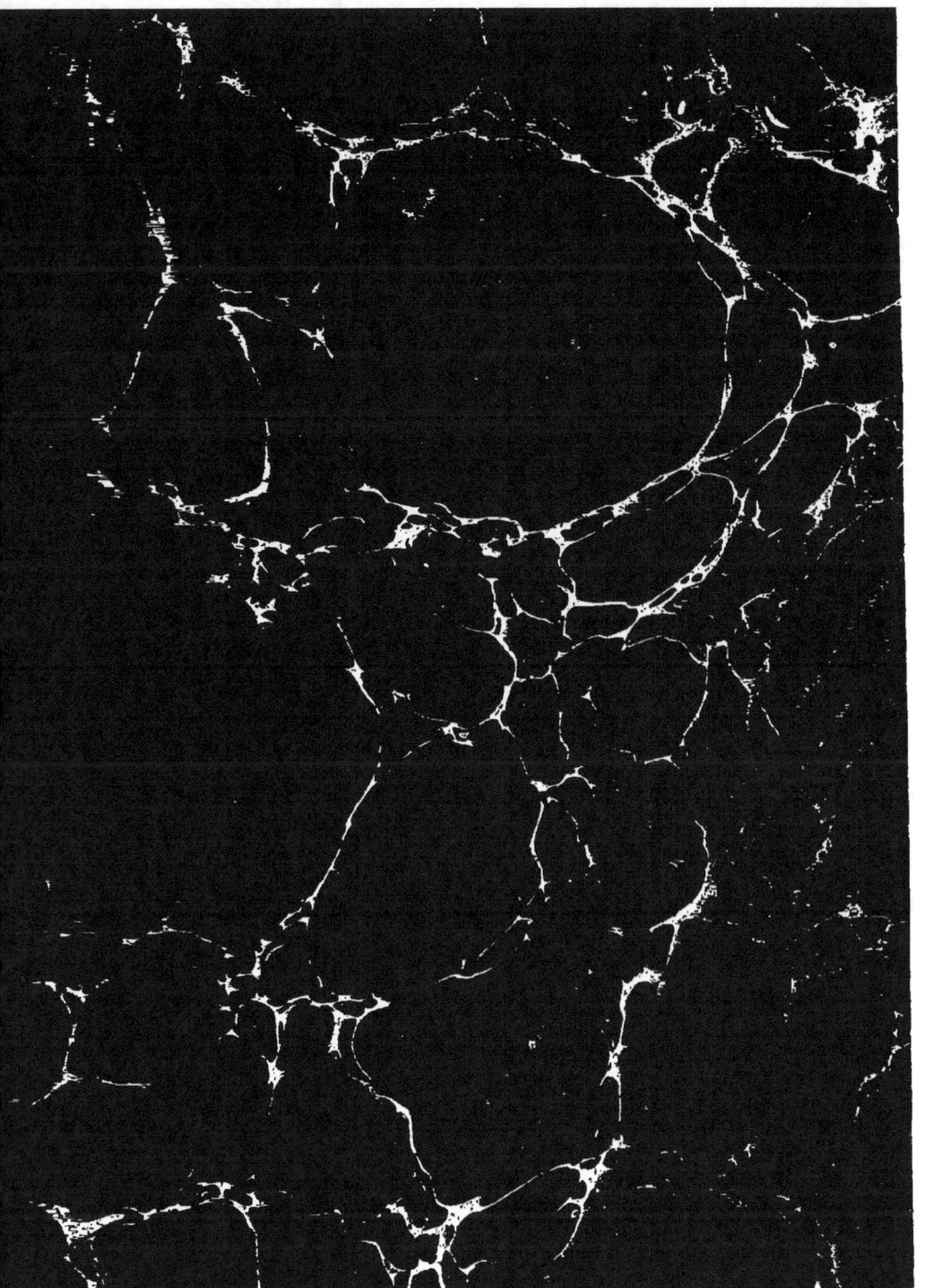

VOCABULAIRE

DU

HAUT-MAINE

LE MANS. — IMPR. MONNOYER, DU TEMPLE ET Cⁱᵉ.

VOCABULAIRE

DU

HAUT-MAINE

PAR

C. R. DE M.

NOUVELLE ÉDITION AUGMENTÉE

D'aulcuns de ces mots que je viens de trier, nous en appercevons plus mal ayséement l'énergie; d'aultant que l'usage et la fréquence nous en ont aulcunement avily et rendu vulgaire la grâce, mais cela n'oste rien du goust à ceulx qui ont bon nez. Cy ne déroge à la gloire de ces anciens aucteurs qui, comme il est vraysemblable, meirent premièrement ces mots en lumière.

(MONTAIGNE. *Essais*, liv. III, ch. V.)

LE MANS	PARIS
DEHALLAIS, DU TEMPLE ET Cᵉ	J. B. DUMOULIN
ÉDITEURS	LIBRAIRE
RUE MARCHANDE, 15	QUAI DES GR.-AUGUSTINS, 15

1859

AVANT-PROPOS

Deux années se sont écoulées depuis la publication de mon premier essai de Vocabulaire du Haut-Maine, et les augmentations que j'ai recueillies m'amènent à en donner un second que je ne puis me dispenser d'orner du titre de *nouvelle édition*. Je demande bien pardon de ces airs prétentieux à tous ceux qui ce présent livre verront ou liront. Pour une édition épuisée ou, pour mieux dire, placée, je n'ai pas, hélas! le droit de me draper dans un succès. Il est trop facile de s'en procurer un semblable chaque fois qu'on le voudra, en se faisant imprimer à un petit nombre d'exemplaires, et en les imposant à ses amis ou aux personnes assez imprudentes pour céder au désir poli de vous parler de vos œuvres.

Ce n'est donc pas, comme d'autres à juste titre plus heureux, à la suite de nombreux encouragements que je m'entête à publier de nouveau ce recueil qui n'a été aperçu et commenté que par quelques critiques ultrà-bienveillants. D'obligeantes communications, mes demandes plus ou moins importunes, de nouvelles recherches enfin m'ont permis d'augmenter du double au moins le nombre des mots contenus dans la première édition. Ce résultat m'a paru devoir créer pour moi l'obligation de ne pas laisser dans l'oubli de nouvelles et plus fortes preuves du bon sens de mes compatriotes des classes peu instruites. C'est un hommage de plus à rendre à l'imagination judicieuse du peuple français qui, après avoir fait notre langue (Dieu merci!), la conserve encore naïvement, guidé par un instinct plus sûr que la science des rhéteurs. Si l'honneur d'un travail important dans le genre que j'ai entrepris, est à tout jamais refusé à ma province, en renonçant à devenir une utilité, j'aurai encore à mettre en avant mon rêve de compilateur, et c'est que, dans la simple conservation du monument le moins important au premier abord, il peut se rencontrer un point d'appui inespéré pour la science.

Le Haut-Maine se compose de la plus grande partie du département de la Sarthe. Le Mans en était la capitale : Laval était celle du Bas-Maine, suivant le plus grand nombre ; suivant quelques autres, c'était Mayenne. Malgré le conseil qu'on a bien voulu me donner, je n'avais pas position pour m'occuper de cette belle partie de notre province : on trouvera la liste alphabétique de ses vieux mots à la suite d'un ouvrage justement estimé, la *Notice sur Jublains*, de M. Verger. Le titre de mon Vocabulaire est déjà bien assez osé de s'accorder le Haut-Maine, sans y mettre de restriction.

L'Académie commence en ce moment la publication du *Dictionnaire historique de la langue française*, dont le premier fascicule seul a paru. Ce vaste répertoire philologique sera apprécié par les juges compétents. J'ai cependant bien le droit d'en parler pour dire que j'ai été heureux et fier pour ma province, d'y rencontrer, parmi les vieux mots cités comme hors d'usage, plusieurs de ceux qui sont demeurés mes compatriotes. Ils sont escortés de nombreuses et glorieuses citations qui devraient les réhabiliter aux yeux du docte Sénat. Malheureusement, ce fascicule s'arrête au mot *abusivement*.

J'affirme, et je ne saurais trop le répéter, que tous les mots contenus dans mon recueil sont encore en usage dans ce pays, que je les ai entendus moi-même, ou qu'ils m'ont été donnés et garantis par des personnes dont l'expérience et la véracité ne sauraient être mises en doute. Ces observateurs dont l'obligeance m'a été bien précieuse sont, pour la majeure partie, des ecclésiastiques, des hommes de loi, des propriétaires ayant le bon esprit de vivre à la campagne, toutes personnes investies par conséquent d'une autorité compétente et incontestable dans la question, et apportant toutes un grand intérêt à ce genre d'observations, les unes par inclination, les autres forcément, chacune d'elles par ses habitudes.

Je tenais essentiellement à renouveler cette protestation déjà enregistrée une première fois, et à ce qu'elle prît place en tête d'un nouveau travail qui contient des augmentations d'une importance relative telle qu'on aurait pu les prendre pour des embellissements.

Le Mans, 1ᵉʳ mars 1859.

PRÉFACE

DE LA PREMIÈRE ÉDITION

Il est vivement à regretter qu'aucun écrivain de talent comme nous en avons eu et comme nous en comptons encore dans notre province, n'ait pu s'occuper du travail que j'entreprends aujourd'hui, et qui valait bien, il me semble, la peine d'être traité d'une manière plus fructueuse, plus savante et sur une plus grande échelle qu'il ne m'est donné de le faire. En ce moment surtout, où l'on recherche avec un légitime intérêt les documents qui ont trait à l'histoire de nos provinces ainsi qu'à l'idiome particulier de chacune d'elles, n'est-il pas bien temps de songer à conserver au moins le souvenir de la prononciation et des mots demeurés en usage dans notre vieux Maine, ne fût-ce que pour constater qu'ils y ont réellement existé. Ce sont des traditions qui vont prochainement disparaître; les habitants des campagnes, chez lesquels elles sont encore vivantes, n'en conservent individuellement qu'une minime partie, et encore ont-ils parfois la bonhomie de se montrer honteux d'être consultés et d'en savoir si long sur ce que nos pères appelaient leur bon vieux gaulois.

Notre province avait autrefois mérité le nom de pays de Sapience, grâce à une finesse d'esprit devenue célèbre. Il est vrai que l'envie, qui s'en prend aux peuples comme aux classes et aux individus, y avait trouvé matière à dénigrement; elle avait dénaturé le sens d'un proverbe qui, tout au contraire, témoignait de notre loyauté. Un Manceau vaut un Normand et demi, disait-on, dit-on même encore, tant les types provinciaux s'arrangent peu des catégories départementales; mais personne n'ignore aujourd'hui qu'il s'agissait de notre supériorité monétaire, et nous sommes en droit de conclure que notre pays avait acquis un véritable nom de baptême, plutôt qu'un surnom illégitime. Or, la manière de parler de chaque province se ressentant forcément du caractère de ses habitants, nos pères manceaux avaient revêtu l'ancien idiome français d'une prononciation et d'un accent qui dénotaient leur nature lente, sage et prudente. De la langue du pays de Sapience, que restera-t-il bientôt? rien que cet accent dépaysé et qui, malgré son incompatibilité agaçante avec la langue française officielle, se perpétue avec une rare ténacité.

En parcourant les ouvrages des maîtres qui ont traité savamment et en grand les questions philologiques, j'ai trouvé que tous n'étaient pas heureux de voir nos provinces se débarrasser ainsi de l'originalité de leur langage; aussi me serait-il facile de reproduire un long texte de tous les cris d'alarme et de regret échappés à un bon nombre de spirituels philologues, au sujet de l'extension que prend le nivellement académique. Comme il faut avant tout que le rôle soit proportionné aux forces, je n'ai même pas le droit de me laisser supposer une pareille tendance, si porté que je puisse être à prendre parti pour les antiques locutions de ma province. Tout mon désir eût été de les enregistrer avant qu'elles disparussent, et c'est pour cela que j'ai cru bien faire en publiant ce qu'il m'a été possible de recueillir sur cette matière, regrettant encore une fois qu'un témoignage plus compétent ne se soit pas inscrit avant le mien (1). Peut-être au moins aurai-je éveillé l'idée, et mon opuscule

(1) Il en existe un néanmoins, et il est bien connu de tous ceux qui aiment notre histoire du Maine : je veux parler du *Dialogue des trois vignerons du païs du Maine*, par Jehan Rousson. Personne ne saura intéresser ses lecteurs comme le bon curé de Chantenay, personne ne donnera encore mieux que lui une idée approximative du langage actuel de nos paysans, bien que son bonhomme Renault vécût il y a deux cent cinquante ans; mais comme ce n'était pas là son objet, il s'ensuit que son livre, s'il présente beaucoup d'exemples de prononciation, ne contient qu'un petit nombre de mots.

servira-t-il de jalon à quelqu'un plus digne de parcourir cette voie. C'est déjà un résultat fort enviable, eu égard aux espérances de mon ambition.

Bien souvent, dans cette province, les gens *éduqués*, ou ceux qui sont censés tels de par eux-mêmes, se prennent à sourire quand ils entendent des mots empruntés au dialecte de nos campagnes ; ils se figurent qu'on leur débite un français corrompu ou mal parlé ; et cependant ces mots, qui leur semblent bizarres, pourraient faire preuve d'une origine plus nationale que bon nombre de ceux qui les ont remplacés et qui jouissent d'une existence légitime aujourd'hui. Ces expressions, maintenant inconnues, appartenaient autrefois au bon langage usuel, et nos aïeux manceaux n'avaient à revendiquer comme leur bien propre, avant la régularisation, ou, pour mieux dire, la transformation (1) de la langue, que l'accent

---

(1) Je m'appuierai, pour faire passer *transformation* au lieu de *régularisation*, sur l'opinion unanime des philologues contemporains.

peu agréable dont je viens de parler. C'est ce que j'espère prouver par mon vocabulaire, qui, s'il tombe sous des yeux un peu habitués à nos vieux livres, n'aura pas besoin, pour confirmer ce que j'avance, d'invoquer le puissant secours des auteurs dont les noms y figurent à l'occasion. Les citations que j'ai puisées dans les œuvres de ceux-ci pourront être utiles parfois aux amateurs d'étymologies, et en même temps venir en aide aux lecteurs qui voudront bien me donner l'importance d'une vérification.

Ce que j'ai dit des mots peut souvent aussi s'appliquer à la prononciation. Notre compatriote Jacques Pelletier, et ses contemporains Louis Meigret, La Ramée, etc., ont mis au jour, chacun de leur côté, vers le milieu du XVIe siècle, divers ouvrages sur la grammaire et l'orthographe françaises, dans lesquels ils ont voulu établir qu'il fallait écrire notre langue telle qu'on la prononçait. L'idée ne réussit pas, et succomba devant les plus vives contradictions : aujourd'hui, elle a pour nous l'avantage inappréciable de nous avoir transmis un monument du langage des beaux parleurs de cette époque. Pour démontrer que nos paysans sont restés fidèles à l'ancien usage, je n'ai pas besoin d'aller chercher mes preuves plus loin que dans les titres de deux de ces ouvrages. La diphtongue *oi*, qui semble disgracieuse aujourd'hui prononcée *oè* par un Manceau, sortait alors de la bouche du plus érudit avec la même consonnance. Meigret ne se disait pas *Lyonnais*, mais bien *Lionoès*, et s'il écrivait *grammère françoèze*, tandis que Pelletier inclinait pour *françoèse*, on voit que le son était identique dans les deux cas.

Noël Dufail nous fait connaître, à propos des querelles philologiques d'alors, un fait assez curieux, que je crois pouvoir relater ici. Les réformateurs Pelletier, Meigret, Ramus, Baïf, etc., étaient désignés par le nom de *Tambours*, parce que cette expression était nouvelle, et naturellement admise par eux : les partisans de l'ancienne orthographe étaient dits *Tabourins*, expression qui, synonyme de l'autre, avait le mérite de l'ancienneté (1). De tout temps, les querelles des savants ont été bruyantes, et l'épigramme n'a jamais non plus fait faute de la part des disciples ; double phénomène qui nous est une fois de plus démontré par les noms retentissants imposés aux deux camps ennemis. Les discussions ne sont pas encore terminées de nos jours : je ne dirai pas cependant qu'il y ait plus de bruit que de besogne. Bien au contraire, nous leur devons la publication de plus d'un livre assez intéressant, pour que j'aie le mauvais esprit de souhaiter qu'elles durent encore de longues années.

(1) Voyez xixe conte d'Eutrapel.

DE LA PRONONCIATION

Dans les remarques qui vont suivre, j'ai maintenu, ainsi que par le passé, sous ce titre de la *Prononciation*, plusieurs observations que l'on pourrait, à très-bon droit, considérer comme purement grammaticales, mais que le peu d'importance de l'ouvrage ne m'a pas permis de séparer.

A. L'accent manceau est lent, traînant et empâté ; il affecte principalement ce caractère quand il s'agit de la voyelle *a*, dans les cas où il aurait le droit de la faire un peu longue, droit qu'il outrepasse singulièrement : il se retrouve même quand cette lettre est suivie d'une consonne répétée, et nous disons encore plus souvent l'*âbé* que l'*abbé*, et *âfreux* que *affreux*.

Devant le *g* l'*a* se dit *ai : partaige, campaigne* (1). L'unique mot qui ne subisse pas cette loi, dans notre idiome, est peut-être *âge*. Serait-ce parce qu'on l'écrivait *aage* ou *eage ?*

L'*a* remplace quelquefois l'*e*, comme on va le voir à l'alinéa concernant cette dernière lettre.

(1) C'est l'ancien usage français, disais-je dans ma précédente édition. Il est bien certain qu'on écrivait presque généralement ainsi, il est bien certain encore que les Manceaux prononcent aujourd'hui comme on écrivait autrefois, et cet accord m'avait paru une raison péremptoire ; néanmoins, créer ainsi par une induction un peu forcée, une règle universelle pour le reste de la France, c'était aller bien loin, aussi loin que peut conduire la présomption quand on n'a pas position pour décider. Voici ce que m'a fait l'honneur de m'écrire à ce sujet M. le docteur Payen, un de nos bibliophiles les plus distingués, bien connu par ses précieuses recherches sur Montaigne :

« Paris, le 17 mars 1858. — Monsieur, aussitôt que j'ai
« eu connaissance du n° de février du *Bulletin du Biblio-*
« *phile*, j'ai fait demander à Techener le vocabulaire que
« vous venez de publier, et je l'ai lu avec grand intérêt.
« Si j'avais du loisir, c'est à Montaigne que je le consacre-
« rais, et j'ai vu avec plaisir son nom reparaître dans vos
« intéressantes pages. C'est dans l'intérêt des recherches

B. Avant l'*l* ou l'*r*, le *b* prend souvent un *e*. On dit *bérouette* (brouette), et *beluter* (bluter). Voyez les lettres L et R.

C. Le *c* final ne se prononce pas : *estoma, aspi;* il y a exception pour les monosyllabes, *sac, pic,* etc., à moins qu'ils ne commencent par une double consonne : *brô, crô, cri* (broc, croc, cric).

« auxquelles je me livre que je prends la liberté de
« vous écrire. Vous dites, page 10 : « Devant le *g*, l'*a*
« se dit *ai* : *partaige, campaigne*. C'est l'ancien usage
« français. » Seriez-vous assez bon pour m'indiquer vos
« autorités pour la dernière phrase ? Vous semblez ad-
« mettre que d'après cet ancien usage on écrivait *a* et
« on prononçait *ai* : on écrivait donc *campagne* et on
« prononçait *campaigne*. Où trouverai-je cela aussi net-
« tement formulé ? etc. »

Il me semble résulter sûrement de tout cela que, si je me suis présomptueusement prononcé sur cette question, en revanche je ne m'étais pas exprimé très-clairement, puisque je n'avais pas l'intention de dire qu'on écrivît *campagne*, pour prononcer *campaigne*, mais bien qu'on écrivait et prononçait *campaigne*, et que j'ai parlé tout comme si j'avais eu cette intention.

Il était impossible de relever ma double erreur avec plus d'indulgence et d'esprit que ne l'a fait M. le docteur Payen. Je lui en renouvelle ici tous mes remercîments.

Le *c* est remplacé par le *g* dans plusieurs mots tels que *segond* (second), *avanger* (avancer), *segret* (secret).

D. Il se supprime dans les infinitifs en *dre* de la 4e conjugaison, comme on le verra.

E. L'*e* muet, à la fin du dernier mot d'une phrase, se prononce avec un accent nasal et chantant. Il en est ainsi, surtout quand on appelle : un enfant qui demande sa mère semble dire *ma mérin!* Cet usage de faire sentir l'*e* muet fait encore mieux ressortir la lenteur de notre accent, et prouve, comme je l'ai dit plus haut, qu'il devait nous distinguer du reste de la France, ou du moins de ce qui parlait bien en France, où l'on ne prononçait pas ainsi. Bonaventure Despériers nous le dit : « A propos de l'ambiguïté des mots qui gît en la prolation, les François ont une façon de prononcer assez douce, tellement que de la plupart de leurs paroles on n'entend point la dernière lettre. (*Contes et joyeux devis*, nouv. XLV). » Nous avons bien aussi cette même façon de prolation, mais jamais quand la dernière lettre est un *e* muet.

Quand l'*e* est suivi d'une *l* ou d'une *r* (cette dernière devant être prononcée, soit parce qu'elle est dans le milieu d'un mot, soit parce que l'usage le veut ainsi), on dit *a*. Exemples : *mortal* (mortel), *damoisalle* (demoiselle), *marle* (merle, quand on ne dit pas *mêle*), *couvarteure* (couverture). On verra plus bas (page 32), que l'application de cette règle se fait pour la 3e personne du pluriel des prétérits définis de la 1re conjugaison.

Dans le Bas-Maine, l'*é* final avec l'accent aigu se prononce comme *eu;* il en est de même en Anjou, et les parties du Haut-Maine qui avoisinent ces contrées s'en ressentent quelque peu : on dit *j'ai éteu* pour *j'ai été*.

Après l'*r*, l'*e* change de position et devient le premier : *re* se change en *er*. Voyez la lettre R.

Suivi de la lettre *s*, l'*e* devient aigu dans les syllabes où il est ouvert en français : on dit *tu é* pour *tu es, il é* pour *il est ;* il devient aussi quelquefois long quand ladite consonne est redoublée. Exemple : *prêsse* ou *présse* au lieu de *presse*. On dit même aussi *praisse*.

F. On supprime la lettre *f* à la fin des mots et il n'y a d'irrégularité que pour les monosyllabes. On dit donc *chéti* (chétif), *beu* (bœuf); mais aussi *vif* et non pas *vi*. Voyez la lettre l.

G ou **J.** La syllabe *che*, quand elle est suivie d'un *v*, se prononce *g* ou *j* ; *geval* ou *jeval* (cheval). C'est le *j* qui doit être de préférence employé, quand on rend par l'écriture cette prononciation, qui approche de *ju*. Elle est bien plus sensible encore, quand le *v* est suivi d'un *e* ou d'un *i*; *ajuer* (achever), *juille* (cheville).

Le *g* remplace le *c* dans quelques mots, ainsi qu'on l'a déjà vu. Avant l'*r*, il prend un *u* et un *e*; j'ai dit que *grenier* faisait *guernier*.

I. Devant une *n* ou devant un *g* suivi d'une *n*, l'*i* devient *ei* : *meine* (mine), *veigne* (vigne). *Ei* se prononce alors fortement.

Dans ses *Variations de la langue française*, M. Génin dit (page 87) qu'autrefois on écrivait *prins*, *surprins*, et qu'on prononçait *pris*, *surpris*. Dans notre province, *is* s'est toujours prononcé et se dit encore *ins*, et l'*n* s'ajoute même souvent ainsi à l'*i* ou à l'*y*, devant d'autres consonnes telles que *m* et *p*. Exemples : *abînme* (abîme), *inpotèque* (hypothèque).

On verra plus bas que, dans les prétérits de la 1re conjugaison, l'*a* se remplace par l'*i*.

L. On la prononce très-rarement finale quand elle suit une diphtongue : *soulei* (soleil), *Machecou* (Machecoul). Précédée d'une autre consonne et suivie d'une voyelle elle se change en *i* ou se mouille : *piaisi* (plaisir), *bié* (blé), *sembiabieu* (semblable). Dans d'autres cas, au lieu de se mouiller, l'*l* se fait précéder d'un *e*, comme *bluet* qui fait *beluet*, *éblouir* qui fait *ébeluir*. Ces variations tirent peut-être leur raison d'être de l'euphonie.

N. Elle s'ajoute après les impératifs devant la préposition *en*; *donne-n-en moi*, *dites-n-en*, *faites-n-en*.

O. Dans les mots qui contiennent la syllabe *com*, l'*o* disparaît, excepté dans *comme*. Ainsi on dit *c'mencer*, *c'ment*, ou mieux *qu'mencer*, *qu'ment* (commencer, comment), etc. Voyez *quemander* dans le Vocabulaire.

Après l'*r*, l'*o* s'intervertit. Voyez la lettre R.

Devant l's, l'o devient *ou :* un *ous* pour un *os ;* je n'*ouse*, pour *je n'ose.* Cette prononciation se retrouve dans les mots où la lettre *o* prend un accent circonflexe destiné à remplacer une *s* anciennement employée ; ainsi *aussitoût* qui s'écrivait *aussitost, houtel* qui s'écrivait *hostel.*

Ce qui pourrait être dit de plus à l'égard de l'*o,* se trouve plus bas aux remarques concernant les diphtongues dans la composition desquelles il entre.

Q. final ne se se prononce pas à la fin de *cinq ;* quand le mot qui suit commence par une voyelle, *q* se remplace par *z ;* on dit *cin-z-hommes* pour *cinq hommes,* comme si *cinq* avait un pluriel. *Ti* et *qui* ayant, au milieu des mots, la faculté de se prononcer l'un pour l'autre (Voyez la lettre T), nous disons *cintième* pour *cinquième.*

R. On place l'*r* après l'*e* quand elle devrait être avant. Ainsi *crever* se dit *querver* (le *c* se changeant en *que*), *breton* se dit *berton, grenier* se dit *guernier,* etc. Pour indiquer mieux la prononciation, je devrais écrire *queurver, beurton,* et *gueurnier*. Quand l'*r*, précédée d'une autre consonne, est suivie d'une double voyelle, elle prend un *e* pour le placer en avant d'elle-même ; on dit *berouette* (brouette), *perier* (prier), *terier* (trier), etc. Quand l'*r* en français précède un *o*, comme dans *provende*, elle se place après l'*o* changé en *ou*; ainsi on dit *pourvende*.

L'*r* finale ne se prononce généralement pas, excepté dans les infinitifs des verbes en *er* ou de la première conjugaison.

s. De même que dans beaucoup d'autres provinces, l'*s* commençant les mots se prononce comme précédée d'un *e*; *estatue* (statue), *espectacle* (spectacle).

Après un *r* à la fin d'un mot, mais seulement quand ce mot lui-même termine une phrase, on oublie tout-à-fait de prononcer l'*s*. On dit donc le mois de *mâ*, mais aussi *mars* en carême.

T suivi de *i* se prononce *qui*. Le *quien* (tien), je *souquiens* (soutiens), *Quionville* (Thionville) etc. On dit aussi *quenaille* pour *tenaille*, sans doute parce que l'on *quient* avec.

U. La voyelle *u* fait *eu :* nous prononçons *veu* au lieu de *vu, seur* au lieu de *sur.* On écrivait tout au moins ainsi dans l'ancien temps; n'aurait-on pas quelquefois même prononcé comme nous ? S'il en était véritablement ainsi, le meilleur témoignage à invoquer étant celui que peut fournir la consonnance des rimes, on pourrait s'adresser à Clément Marot, dans lequel on trouverait bien plus d'exemples que je ne vais en citer.

>Vng an y a (ou il s'en fault bien *peu*)
>Que par toy suis d'espérance *repeu.*
>
>(*Deuxième Elégie.*)

>Je suis taillé de mourir en *yuer,*
>Et en danger (si en yuer je *meurs*)
>De ne veoir pas les premiers raisins *meurs.*
>
>(*Epître au Roy pour lui redemander l'argent volé par son valet.*)

>Je ne fais dixain ne chanson,
>Qu'en sa teste elle n'enregistre
>Fidellement correct et *seur.*
>Ce sera mon petit registre,
>Elle n'aura plus nom ma *sœur.*
>
>(*Epigramme sur Marguerite d'Alençon.*)

On peut encore ajouter à ces exemples le suivant tiré de Jacques Amyot :

> Ne me tuez auant que je sois meure,
> Me contraignant d'aller faire demeure,
> Entre les morts.
> (OEuvres morales de Plutarque. *Comment il faut lire les poètes.*)

Et encore celui-ci bien plus moderne :

> Ès cendres d'Alexis amour nourrit le feu
> Que iamais par nos pleurs éteindre ie n'ay peu.
> (REGNIER, *Dialogue de Cloris et de Philis.*)

Notre usage cependant est soumis à une restriction, et nous disons *Ugène, Utrope, Urope, ucologe*, au lieu de *Eugène, Eutrope, Europe, eucologe;* de même pour les autres mots venus du grec et commençant par *Eu*.

OBSERVATIONS. Dans tout ce qui précède, on a vu que les consonnes finales se supprimaient presque toujours. Il est bon néanmoins de faire observer qu'il y a des Manceaux, et plus d'un, qui font sentir fortement ces mêmes consonnes. Ces divergents placent un *e* muet au bout du mot, et prononcent alors cet *e* comme *in*, mais seulement à la fin d'une phrase, ainsi que tout *e* muet doit le faire. Pour reprendre les mots cités, on dirait *aspiquin* (aspic), *chétifin* (chétif), *soleilin* (soleil), *piaisirin* (plaisir), etc.

DIPHTONGUES ET SYLLABES DIVERSES. Dans les diphtongues, *ai* se prononce *é : métre* se dit pour *maître*.

Ail à la fin des mots, se dit invariablement *al : portal, traval*. Peut-être était-ce jadis la bonne manière de parler, beaucoup de substantifs en *ail* prenant, comme ceux en *al*, des pluriels terminés en *aux*.

La syllabe *au* se prononce fortement et comme si elle était précédée d'une aspiration : *hau Mans* (au Mans). Quand il y a une consonne avant cette diphtongue, on appuie ainsi en prononçant : *mm*aussade, un *pp*au, comme si la consonne était redoublée.

Eau se prononce *iau*, dans tous les cas et comme partout ailleurs (un *drapiau*).

Eu se prononce *u* dans les mots venus du grec, comme je l'ai dit à la lettre U.

Eur, suivant un autre usage bien français et

bien répandu, se change en *eux* (un *laboureux*); et *eux* lui-même se change en *oux* (un *crassoux*).

Oi se prononce tantôt *oé*, *oué*, et tantôt *ai;* dans presque tout le Maine, on dit *moé* ou *mai* (moi), *bouère* ou *baire* (boire). Dans sa Notice sur Jublains, M. Verger constate que dans le Bas-Maine on prononce *ouè*. En somme, ce n'est pas notre pays qui pourra décider qui de *oi* ou de *ai* aura définitivement raison (1).

Oign, *ogn* se prononcent *ongn :* un *ongnon*, la *Bourgongne*.

(1) Une intéressante polémique s'est engagée, de nos jours, au sujet de ces deux syllabes. D'un côté, M. Charles Nodier et le savant auteur du *Romancero françois*, M. Paulin Pâris, veulent que nous revenions à *oi* dont ils établissent l'antique nationalité. Ils accusent Voltaire d'avoir, en faisant adopter *ai* par l'Académie, consacré une anomalie, et de s'être soumis à une innovation italienne entrée en France à la suite des Médicis. (Voyez *Bulletin du Bibliophile*, septembre 1835, p. 3; *ibid*., 1838, p. 59 ; *ibid*., 1841, p. 899. — Voyez aussi *Mélanges tirés d'une petite Bibliothèque*, pp. 139, 141 et 399.)

Tout comme ces maîtres, feu M. Génin, dont les

Oir finissant les substantifs, devient *oué*, la syllabe *oi* n'ayant pas dans ce cas la faculté de faire *ai :* ceux qui parlent le pur manceau disent invariablement un *lavoué* (lavoir), un *mouchoué* (mouchoir). A la fin des infinitifs de certains verbes, *oir* se change en *âs* comme on le verra plus bas à l'alinéa des *infinitifs*.

Ois se prononce très-long : *ouâseau* (oiseau), et en approchant du Bas-Maine *ouésiau*, *trouâs* (trois), *lés louâs* (les lois).

Pour toutes les autres syllabes, la pronon-

---

jugements, bien que trop agressifs dans la forme, dénotent une érudition et un esprit remarquables, demande avec énergie qu'on régularise la langue française en recherchant ses origines dans les idiomes populaires; mais il s'inscrit vivement contre *oi*, affirme que sa rivale *ai* se rencontre aussi souvent dans les anciens manuscrits (*Voyez Récréations philolog.*, t. II, p. 431), et veut que Voltaire, qu'il n'amnistie pas toujours, soit justifié au moins dans cette circonstance. Je ne m'aviserai pas de glisser un choix entre des autorités de cette taille : je constaterai seulement, et sans me permettre aucune induction, qu'en Picardie, berceau de notre langue d'oïl, on dit encore invariablement *oi* dans les campagnes.

ciation est indiquée aux diverses lettres dont elles se composent.

VERBES. INDICATIF PRÉSENT. La seconde personne du pluriel subit une apocope quand il y a interrogation : ainsi *a'vous?* (avez-vous?) *aim'vous?* (aimez-vous?) *ven'vous?* (venez-vous?) *vai'vous?* (voyez-vous?) C'est comme à l'impératif.

La terminaison de la troisième personne du pluriel de l'indicatif se prononce *ant*; ainsi, pour ils *aiment*, on dit *i-z-aimant;* au lieu de ils *furent, i furant*. On sait que c'est une réminiscence de la même terminaison dans les verbes latins : la grammaire romane de Raynouard prouve qu'il en était de même pour les verbes des idiomes méridionaux, qui ont conservé encore d'une manière bien plus marquée les traditions latines. Quand cette terminaison n'est pas en *ent*, comme dans : ils *ont*, ils *sont*, ils *vont*, ils *font*, on dit : *i-z-ayant, i-z-étant, i-z-allant, i faisant*. Il semble, d'après cela et d'après ce qui précède, que le participe présent doive, en toute circonstance, se substituer à la troisième personne du pluriel de l'indicatif présent.

IMPARFAIT DE L'INDICATIF. La première personne de l'imparfait de l'indicatif se termine souvent par *âs* au lieu de *ais*; *j'aimâs* au lieu de *j'aimais*. Nous avons une phrase de paysan ainsi conçue : *Si j'étas rové* (roi), *je ne bairâs que de la gresse, je ne mangeras que de la chiai, et je ne toucheras mes beus qu'o eun aiguillon d'ô* (d'or). C'est encore une observation à joindre à la controverse sur *ai* et sur *oi*, puisqu'on écrivait autrefois j'*étois*, je *mangerois*, etc. Quant à la troisième personne du pluriel du même temps, on dit *aint* au lieu de *aient*. Exemple : *i-z-avaint* au lieu de *ils avaient*.

PRÉTÉRIT. La première personne du prétérit défini, dans plusieurs verbes de la première conjugaison, est tantôt régulière et tantôt terminée en *is*. On dit bien *j'aimai*, mais on dit aussi souvent *j'aimis;* et dans ce cas, les deux autres personnes du singulier font de même : tu *aimis*, il *aimit*. Au pluriel, on continue : nous *aimîmes*, vous *aimîtes*, ils *aimirant*. Je me rappelle parfaitement avoir entendu cette phrase : *il patinit, il glissit, il tombit, et il se tuit.* Un vieux proverbe français, qui a fourni à Nodier le sujet de l'une de ses charmantes nouvelles, disait : « Malheureux comme le chien à Brisquet, qui n'*allit* qu'une fois au bois, et que le loup *mangit.* » Molière, notamment dans *le Médecin malgré lui*, fait parler ses paysans de même. Ce sont des exemples, entre bien d'autres, qui prouvent que cette manière de parler n'appartenait pas à nos seuls compatriotes. Dans ce même temps du prétérit, la 3ᵉ personne du pluriel se termine en *arent* (*ils aimarent*), sans préjudice de l'autre règle qui fait dire aussi *ils aimirant* comme on vient de le voir. Rabelais termine presque tous ces mêmes pluriels en *arent.* Tallemant des Réaux (1) raconte que le maréchal de La Force et sa femme, fille du maréchal de Biron, n'avaient jamais pu se défaire de cette manière de parler.

(1) Historiette xxviiiᵉ. Édition de M. Paulin Paris.

Futurs et conditionnels. On trouvera ci-dessous aux remarques touchant les infinitifs, une règle qui établit la suppression du *d* avant l'*r* dans les syllabes finales de ces temps, ainsi que des futurs et des conditionnels qui, comme on le sait, s'engendrent par les infinitifs.

Les troisièmes personnes se terminent au pluriel, dans le futur et conditionnel, en *aint* comme à l'imparfait.

Impératif. La dernière syllabe de la deuxième personne du pluriel se supprime à l'impératif comme dans l'interrogation. Exemple : *aim' vous* (aimez-vous). Il faut que le mot qui vient après commence par une consonne. (Voyez *Indicatif présent.*)

Subjonctif. Au subjonctif, on intercale un *g* ou un *j* avant la dernière syllabe : que je *baige*, que *je baigions* (que je boive, que nous buvions); que je *saige*, que *je saigions* (que je sois, que nous soyons); que je *meige*, que *je meigions* (que je mette, que nous mettions); que j'*âge*, que j'*âgions* (que j'aille, que nous allions), etc. M. Génin (1) cite ces deux vers d'Alain Chartier :

> Luy présentant un ardant cierge,
> Afin que je sa grâce *acquierge*,

et fait remarquer que le *g* ainsi placé fut la caractéristique du subjonctif, aucun écrivain du xii⁰ siècle ne se faisant faute de l'employer.

PRÉSENT DU SUBJONCTIF. Au présent du subjonctif, la 3⁰ personne du pluriel prend la terminaison *aint*, de même que pour l'imparfait de l'indicatif : qu'ils *aimejaint* (qu'ils aiment).

L'imparfait du subjonctif se termine en *isse* au présent, se conformant à celui de l'indicatif dont il est engendré ; la 3⁰ personne du pluriel est qu'ils *aimissiaint*.

INFINITIFS. Dans le pays de Mamers, les infinitifs de la première conjugaison ou terminés en *er* font *i*, comme *laissi* pour *laisser*. Ceci me semble un usage plus percheron ou bas-normand que manceau. Le véritable usage manceau est, pour ces mêmes infinitifs, de faire

---

(1) Récréations philologiques. T. I, p. 388.

sentir l'*r* final, contrairement à l'usage le plus ordinaire. On dit ainsi *aimerre* (aimer), *pourmenerre* (promener).

Les infinitifs de la 2ᵉ conjugaison en *ir* sont moins divergents de l'usage que ceux en *er*. On dit : *couri, fini*, pour *courir, finir*.

La grammaire française nous enseigne que le futur de l'indicatif se forme de l'infinitif : or, dans les verbes de la 2ᵉ conjugaison, je *tiendrai* et je *viendrai* sont les futurs de *tenir* et de *venir*. Une partie des habitants du Maine rend ces deux infinitifs par *tiendre* et *viendre;* est-ce l'usage manceau qui a raison, et alors l'usage français aurait-il fait passer à la 2ᵉ conjugaison des verbes qui devraient être de la 4ᵉ ?

Oir à la fin des infinitifs de la 3ᵉ conjugaison, fait *âs;* ainsi *je vas vâs* (je vais voir); *i va châs, i va pieuvâs* (il va choir, il va pleuvoir). Il est vrai que tout aussi souvent on reste, dans ce même cas, fidèle à la prononciation ordinaire de la syllabe *oi :* je vas *vair* ou *voèr*, il va *chair* ou *choèr*, il va *pieuvair* ou *pieuvoèr*.

Dans les infinitifs de la 4ᵉ conjugaison ou

terminés en *dre*, le *d* se supprime. On dit : *attenre* (attendre), *prenre* (prendre). Et c'est bien seulement dans les verbes que cette règle se rencontre, puisque si l'on dit *tenre* un piége, on dit fort bien du pain *tendre*. Elle atteint les futurs et autres temps qui s'engendrent par eux, dans les verbes des autres conjugaisons ; ainsi *je vaurai* (je vaudrai), *je vinrai* (je viendrai), *je renrais* (je rendrais).

Je terminerai ici ce travail sur les règles un peu fixes de prononciation, auxquelles devait déférer un bon Manceau : en le prolongeant, je craindrais d'arriver trop souvent à des remarques qui pourraient s'appliquer à un grand nombre d'autres provinces. J'ajouterai maintenant une observation que l'on concevra facilement, c'est qu'il s'établit d'un indigène à l'autre de nombreuses variantes, et qu'elles dépendent des caprices et des habitudes de chaque localité et de chaque individu. On s'en aperçoit surtout en approchant du Bas-Maine, dont la prononciation est moins traînante et plus nasale ; le Perche et l'Anjou ont aussi leurs influences. Il est donc impossible d'asseoir une loi rigoureusement générale, que tendraient encore à modifier les emprunts faits auxdites provinces par les habitants de nos frontières.

DU VOCABULAIRE

⌣

C'est surtout ici, je l'ai déjà dit, que mes compatriotes me reprocheront des omissions. Je confesse mon impuissance à réunir tous les mots usités, même seulement, comme le dit le titre de cet ouvrage, dans le Haut-Maine. Je ne verrais d'autre moyen à employer, pour atteindre un pareil but, que d'habiter successivement toutes les communes de cette contrée, presque chacune d'elles ayant, à vrai dire, des expressions qui lui sont particulières : encore faut-il ajouter qu'il n'est pas rare de trouver de braves Cénomans doués d'une élocution tout à fait indépendante, et parfaitement exempts de préjugés à l'endroit des néologismes. Je n'ai donc eu, encore une fois, l'intention de donner ici que les mots qui sont le plus généralement répandus, et je m'estimerai heureux s'il n'en reste plus à signaler que bien peu de ce genre. Pour composer mon recueil, il a fallu guetter les conversations d'un bon nombre de campagnards, parmi lesquels le tout se trouve éparpillé, pas un n'ayant conservé tout entier le souvenir de toutes ces locutions. Les consulter, c'est autre chose : leur amour-propre s'en étonne, et s'ils sont trop polis pour vous refuser, il répugne tout naturellement néanmoins de les froisser. Ainsi restreint dans mes moyens d'action, on m'accordera bien qu'il faudrait attendre de longues années avant d'arriver à être complet, et d'ici là un bon nombre des mots que nous avons conservés disparaîtraient, car nous avons aussi la prétention du progrès. Il y aurait un moyen de grossir mon volume, ce serait de rechercher tous les mots techniques à l'usage des divers métiers : aussi en ai-je inscrit quelques-uns, mais je m'en suis tenu la, les autres ayant une spécialité par trop restreinte.

Je donne tous nos mots tels qu'ils sortent

des bouches indigènes, et je me suis appliqué à ne leur attribuer d'autre orthographe que celle qu'on peut appeler locale. On trouvera que j'en ai reproduit quelques-uns qui sont conservés par le Dictionnaire de l'Académie (1) : j'ai cru devoir agir ainsi parce que les uns ne sont guère connus, malgré ce cachet d'authenticité, que des auteurs de dictionnaires, et parce que l'usage manceau me semblait avoir créé pour les autres une orthographe divergente. Il est bien entendu que je n'ai pas dû inscrire ceux qui ne diffèrent du français actuel que par la prononciation, dont je viens d'exposer les règles, non plus que ceux que notre usage a faits d'un genre autre que dans le français régulier, tels que *la poison* au lieu de *le poison, le fourmi* au lieu de *la fourmi*, etc. Dans sa *Requeste des Dictionnaires*, Ménage a dit :

> Ils veulent malgré la raison,
> Qu'on disc aujourd'huy *la* poison.

Cet usage existait donc contradictoirement aux lois de l'Académie. Avant cette époque, on

(1) Dernière édition. Didot, 1855.

le trouve complètement établi dans nos anciens auteurs. Montaigne a dit dans le livre IIe de ses *Essais*, au chapitre XII :

> Il voit des fourmys portants le corps d'*vn* fourmy.

On trouve de même dans Jacques Amyot :

> Le vin pur qui autrement est un certain remède contre *la* poison, si vous le meslez avec le ius de la cigüe, rend la force de *la* poison irrémédiable. (OEuv. de PLUTARQUE. *Comment on pourra discerner le flatteur d'avec l'ami.*)
>
> Il dit qu'il auoit un nombre de fourmys qui alloyent à vne autre fourmillière que la leur, portant le corps d'*vn* fourmy mort. (Le même. *Ibid.*, *Quelz animaux sont les plus auiséz.*)

Et enfin dans leur contemporain Pierre Charron :

> Le foye, le cœur, le cerueau.... se tenant par pointures déliées, qui puis se remplissent de chair à la façon d'*vn* fourmy. (*De la Sagesse*, liv. I, ch. I.)

Quand je dis que je n'ai pas *catalogué* les mots qui ne diffèrent du français actuel que par la prononciation, je suis quelque peu en contradiction avec la vérité. C'est qu'il arrive en certains cas que cette prononciation a été la véritable, ou du moins qu'elle a été en usage avec autant de droit et peut-être de raison que celle qui a été conservée. Les linguistes peuvent y trouver de l'utilité, et plus d'une de leurs remarques s'est appuyée sur des inductions puisées dans des faits de cette nature.

J'espère qu'on me pardonnera de m'être lancé par-ci par-là dans quelques étymologies ; on ne peut pas vivre aussi près de la tentation sans y succomber quelquefois. Je recommande à l'attention de mes compatriotes érudits certains mots qui peuvent faire la joie d'un amateur ; je puis même ajouter qu'il en est qui leur procureront un bonheur complet, s'ils parviennent à en découvrir la source.

J'ai puisé mes preuves principalement dans le *Glossaire* de Du Cange et le *Lexique* de Raynouard, qui donnent d'une manière bien supérieure aux œuvres analogues, les plus antiques origines de nos locutions. J'ai recueilli de même tout ce que j'ai pu trouver dans Rabelais, Montaigne et quelques autres écrivains choisis principalement parmi les plus connus ou les plus spéciaux du xvie siècle, époque à laquelle on fait remonter les transformations qui ont amené notre langue au point où elle en est. En donnant ces citations, je tiens plutôt à faire acte de bonne volonté, ce qui m'est permis, qu'à poursuivre une œuvre de science, ce qui est tout différent pour moi. Si, par suite, je n'avais d'autre rôle à prendre que celui d'observateur, je n'en sais pas moins qu'en pareille matière, les plus minces travaux ont quelquefois leur prix et leur portée, tout ainsi que les petits ruisseaux font les grandes rivières. Cet adage n'a pas le mérite de la nouveauté, j'en ai même déjà reproduit l'équivalent plus haut; j'y veux pourtant revenir encore, parce qu'il indique à la fois le but que je me proposais, et comment j'ai pu m'encourager dans mes efforts pour l'atteindre.

VOCABULAIRE
DU
HAUT-MAINE

A.

A se dit souvent au lieu de *elle*. *A* remplace aussi *avez* dans *avez-vous* : on dit *a'vous*, après avoir probablement dit *av'vous*.

Abas, *s. m.* Région du sud. Suivant Furetière, c'est le vent d'ouest.

Abbayer, *v. n.* Aboyer. (Du Cange. *Latria,* 2.) On le trouve dans tous les vieux Dictionnaires, dans tous les anciens auteurs et même dans quelques-uns assez modernes :

Et mon chien *m'abbayant* semble me reprocher.
(Régnier. *Dialogue sur Cloris et Philis.*)

Abéchée, *s. f.* Becquée.

Abécher, *v. a.* Donner la becquée. C'est un vieux terme de Fauconnerie.

Aberiau, *s. m.*, **Aberiette**, *s. f.* Abri. Voyez *Abrier*.

Aberier, *v. a.* Abriter. Voyez *Abrier*.

Abeutter, *v. a.* Butter ou garnir de terre le pied d'un arbre ou d'une plante, être près d'un but.

Abonminer, *v. a.* Détester, exécrer. On trouve *abominer* dans le dictionnaire de Robert Estienne, dans tous ceux qui l'ont suivi, et enfin dans le Dictionnaire historique de la langue française publié par l'Académie.

> J'*abhomine* les enhortements enragez de cette aultre asme desréglée. (Montaigne. *Essais*, liv. III, ch. I.)
>
> Cette loy qui nous commande de nous *abominer*. (Le même. *Ibid.*, liv. III, ch. v.)
>
> Quelqu'un lui dit que les Romains *abominoient* et redoutoient fort ce jour-là. (Amyot. OEuvres de Plutarque. *Lesdits notables des anciens.* Lucullus.)
>
> Or quittans cette orde et vilaine superstition que je veux estre *abominée* par celuy que je désire icy duire et instruire à la sagesse. (P. Charron. *De la Sagesse*, liv. II, ch. v. 14.)

Il faut *abominer* ces propos, que le droit est en la force, que l'issüe en décidera. (Le même. *Ibid.*, liv. III, ch. III. 18.)

A voir les nombreux exemples que fournit le Dictionnaire historique de l'Académie, on se demande pourquoi *abominer*, qui nous a légué *abominable* et *abomination*, n'est pas resté français, d'autant plus que ce Dictionnaire constate que sa suppression avait été l'objet de quelque opposition au sein des Quarante. En effet, dans sa 482e historiette, Tallemant des Réaux raconte que Nicolas Bourbon avait, à l'Académie, déclaré qu'il aimait mieux *abominer* qu'*exécrer*.

Abouter, *v. a.* Aboutir, borner, confiner. L'Académie le donne dans son Dictionnaire historique.

> Les nations qui *aboutent* les frontières de Scythie.
> (ROBERT GARNIER. *Dédicace.*)

Abraiger, Abrayer, *v. a.* Entourer un jeune arbre d'épines pour le garantir des bestiaux. Synonyme de *abrassar*, embrasser. (RAYNOUARD. *Abrassar* sous *Bratz*, 6.)

Abrâser, *v. a.* Brûler, donner trop de chaleur. (RAYNOUARD. *Abrasar* sous *Brando*, 9.)

Abre, *s. m.* Arbre de moulin, de rouage quelconque. A part ce cas, on dit *arbre*, comme partout ailleurs.

Abrier, *v. a.* Abriter, cacher, couvrir, habiller. (DU CANGE. *Abrica.* — RAYNOUARD. *Abriar* sous *Abric*, 2.)

> Je lui dis.... qu'il n'oubliast de reiecter ma robbe sur mon lit, en manière qu'elle les *abriast* touts les deux. (MONTAIGNE. *Essais*, liv. Ier, ch. xx.)
>
> Je leur donne loy de me commander de m'*abrier* chauldement. (Le même. *Ibid.*, liv. II, ch. xxvii.)

Montaigne, que je n'ai cité ici que deux fois, emploie très-souvent ce verbe. Le *Dictionnaire historique* de l'Académie fait remarquer qu'Estienne Pasquier le lui reprochait en ces termes :

> Tout de ceste même façon s'est-il dispensé plusieurs fois d'user de mots inaccoustumés, auxquels, si ie ne m'abuse, malaisément baillera-t-il vogue... *Abrier*, pour mettre à l'abry. (Lettre XVIII, i.)

N'en déplaise à Estienne Pasquier, notre verbe a eu encore d'autres partisans que

Montaigne, puisqu'on lit dans l'*Histoire universelle* de d'Aubigné :

> Les assiégez sans beaucoup de penc, *abrièrent* le rouage de fascines gouildronnées. (Tom. III, liv. II, ch. xxx.)

Abutter, *v. a.* Garnir de terre le pied d'un végétal, approcher d'un but.

Acantet, *prép.* Avec. C'est *à quant et.* Voyez *Quant et.*

A cause, *loc. adv.* Pourquoi?

Accas, *s. m.* Pluie torrentielle. Est-ce *occasus?* C'est possible, car le torrent qui court n'est pas un *accas*, l'eau qui se précipite pas davantage. Le nom n'appartient qu'aux pluies abondantes et dans le moment où elles tombent.

Accouer, *v. a.* Placer à la queue l'un de l'autre. Voyez *Coue.*

> Nous n'auons pas faict marché de nous tenir continuellement *accouez* l'un à l'aultre. (MONTAIGNE. *Essais*, liv. III, ch. ix.)

Accouflâs, *s. m.* Accroupissement.

Accoufler, *v. a.* Accroupir sur les talons.

Accouir, *v. a.* Affaisser, accouver. S'emploie le plus souvent pour la pâtisserie ou le pain mal levés ou affaissés; ne serait-ce pas alors pour *ancuit* ou *encuit* qui se trouvent dans plusieurs vieux dictionnaires, et qui signifiaient *mal cuit.*

Accoutrâs, *s. m.* Personne mal mise, mauvaise tenue.

Accourser, *v. a.* Achalander. (Du Cange. *Accursus.*)

Accoutre, *v. a.* Asseoir quelque chose et principalement la lessive. Le participe passé se dit communément *accoursé.*

Accrêter, *v. a.* Orner, parer. *Créter,* c'est évidemment faire la crête. Du Cange, au mot *Cresta,* lui donne le sens de *peigner,* mais comme expression populaire synonyme de *maltraiter.*

> Vrayement, tu es bien *accresté* à ce matin. (Rabelais. *Gargantua,* ch. xxv.)
> *Accresté* à la mode anticque. (Le même. *Pantagruel,* liv. II, ch. i.)

Achaler, *v. a.* Ennuyer, contrarier. C'est presque le même mot et c'est tout-à-fait le même sens que le vieux verbe *challoir*. On disait : Point ne m'en *chault*, ce qui voulait dire : cela m'est égal.

> Que *chault* il quand ce soit, puisqu'elle (la mort) est inévitable... Si vous n'en avez sceu user (de la vie), que vous *chault* il de l'avoir perdue. (MONTAIGNE. *Essais*, liv. I, ch. xix.)

Un gas point achalé est un garçon qui n'est pas bête ou ne s'étonne pas aisément.

Achée, *s. f.* Ver de terre dit lombric. C'est ce ver qui de tout temps a été employé par les pêcheurs comme appât au bout des lignes ; aussi son nom pourrait bien provenir de cet usage, *âchement* et *âchier* ayant signifié *appât* et *appâter*. (DU CANGE. *Allectatio*.)

Achenau, *s. m.* Petit canal, petite rigole, petit chenal. (DU CANGE. *Chenalis*.)

Achintre, *s. f.* Large haie. Voyez *Chintre*.

Acier, *s. m.* Coquilles agathisées qui se rencontrent dans divers calcaires.

Acitrer, *v. a.* Mettre une futaille dans un état propre à donner bon goût au cidre. — Griser avec du cidre.

Acouée, *s. f.* Suite de chevaux attachés à la queue l'un de l'autre. Voyez *Accouer* et *Coue.*

Acter, *v. n.* Pleurer et crier de manière à suffoquer, avoir le hoquet. C'est *hoqueter* que l'on devrait dire par conséquent. Voyez *Nacter.*

Action, *s. f.* On a une bonne ou une mauvaise action suivant que l'on a une figure plus ou moins rassurante, physiquement ou judiciairement parlant.

Actonner, *v. n.* Anonner en parlant, bégayer. Voyez *Hoquetonner* et *Nacter.*

Adelaisi, e, *adj.* Bête, mou, maladroit, languissant, dégingandé. D'où vient ce mot? *De lez* signifiait *à côté, lais* ou *las* un homme sans force et sans énergie. (Du Cange. *Lascivus* — Raynouard. *Lax.*)

Ademintiers, *conj.* Tandis que, en attendant. Voyez *Demintiers.*

Ademeshuy, *adv.* Dorénavant, désormais. Voyez *Demeshuy*.

Adent, *loc. adv.* Sur le ventre ou sur les dents : un pot est *à dent* quand il est renversé le creux tourné vers la terre. (Du Cange. *Indentare*. 2. — Raynouard. *Adens* sous *Dent*. 5. — Dictionn. de Trévoux. *Adenter*.)

A de soir. Ce soir.

Adeur, *adv.* Durement, fortement.

Adieu pas. Au revoir.

Adlà, *prép.* Au delà.

Adoumécher, *v. a.* Apprivoiser, amadouer. (Raynouard. *Adomescar* sous *Dolz*. 48.)

A d'soué. Ce soir.

Adur, *adv.* Durement, fortement.

Affaiter, *v. a.* Arranger proprement, élégamment. (Du Cange. *Faitare*. 2. — Raynouard. *Afaitar* sous *Far*.)

Pantagruel aperceut certaines petites andouilles *affaictées*. (Rabelais. *Pantagruel*, liv. IV, ch. xxxv.)

Affiement, *s. m.* Semailles, grains de semence,

plantation d'arbres, préparations diverses de la terre.

Affier, *v. a.* Planter, multiplier, semer, préparer la terre. (Dict. de Trévoux et autres.) C'est évidemment *ad ficare*, le verbe *ficare* étant, en basse latinité, synonyme de *figere*. (Du Cange.)

> Vraiment, dist Pantagruel, quand ie seray en mon mesnaige, i'en *affieray* et planteray en mon iardin de Touraine. (Rabelais. *Pantagruel*, liv. IV, ch. xliv.)

Affieux, se, *s. m.* et *f.* Qui affie ; prépare la terre, sème, etc.

> Un bon *uffieux* de chiendent nommé Pierre Faifeu. (Bonav. Despériers. *Contes et Devis*, nouv. xxvᵉ.)

Affiquet, *s. m.* Petit dé que les femmes s'attachent à la poitrine, et au fond duquel elles appuient une de leurs aiguilles en tricotant ; il est le plus souvent fait d'un noyau d'abricot. De *afique* qui signifiait aiguille. (Du Cange. *Affectura*.)

Afflonner, *v. a.* Faire sortir quelqu'un de son caractère, lui faire perdre la tête.

Dans les foires de bêtes à cornes, on a souvent des malheurs à déplorer par suite des terreurs paniques qui s'emparent de ces animaux, qui deviennent alors *afflonnés* et courent dans tous les sens. On impute ces accidents à des gens mal intentionnés qu'on ne découvre jamais, et que l'on prétend se servir, à cet effet, de foie de loup réduit en poudre qu'ils jettent aux narines des bestiaux.

Affourrée, *s. f.* Grande bouchée. *Affourrer* signifiait donner du fourrage aux bestiaux. De *feurre* ou *fourre* (foin ou paille), qui a donné *fourrage*. (Du Cange. *Foragare*. — Raynouard. *Forre*. — Dict. de Trévoux. *Affourrer*). Furetière veut que de ce mot se soit engendrée la locution *au fur* (*au feur*) et *à mesure*, en passant par *affeurer* (mettre le prix aux denrées), dont le sens serait un dérivé de celui de *affourrer*.

Affranchir, *v. a.* Châtrer. C'est aussi disposer un vase ou une barrique pour recevoir leur contenu, de manière à ce qu'ils n'en altèrent pas le goût.

Affranchisseur, *s. m.* Vétérinaire sans diplôme. Voyez *Saneur.*

Affribaudi, e, *adj.* Frileux, qui a le frisson.

Affût, *s. m.* Bonne disposition. *Un gas bin d'affût* est un garçon qui sait bien faire les choses. *Un outil* (n'importe lequel) d'*affût* est celui qui est remis en bon état. (Du Cange. *Affaitare.* 2.— Raynouard. *Fustar.*)

Affûter, *v. a.* Préparer, bien arranger.

> Parquoi craignant Gargantua que il se gastast... feist faire des arboutans a son berceau bien *afustez.* (Rabelais. *Pantagruel,* liv. II, ch. IV.)
>
> Il a besoing de trop de pièces... pour *afuster* iustement son desseing. (Montaigne. *Essais,* liv. II, ch. XXXVII.)

Agassiau, *s. m.* Arbre fruitier non greffé. Voyez *Aigrassiau.*

Ager, Aget, *s. m.* Terre rejetée hors d'un fossé pour former le terre-plein. Dérivé du latin *agger,* suivant Roquefort. Voyez *Jet,* qui a le même sens, mais qui semble avoir une autre origine.

Ageux, *s. m. pl.* Enjeu ; ce qui se donne à un

acheteur par-dessus le marché, pour-boire, pot-de-vin.

Agiot, te, *s. m. et f.* Qui gâte les enfants.

Agnelle, *s. f.* Agneau femelle. « Des agnelles de la Ferté-Bernard, il n'en faut que deux pour étrangler un loup. » Ce proverbe prend son origine d'une ruse de guerre imaginée par les Ligueurs de la ville de la Ferté-Bernard, en 1590 ; sous le commandement du gouverneur Comnène, ils se déguisèrent en femmes pour surprendre les Royalistes qui les assiégeaient ; mais René de Bouillé, chef de ceux-ci, ne s'y laissa pas prendre et repoussa vigoureusement la mascarade ligueuse. Malgré cet insuccès, le proverbe en question prit naissance.

Agonir, *v. a.* Injurier. C'est sans doute la même étymologie que *acanner*, qui avait le même sens. (Du Cange. *Acannizare*.— Raynouard. *Ganhar*.)

Agousser, *v. a.* Agacer les enfants, les faire rire, les chatouiller.

Agras, *s. m.* Engrais.

Agricher, *v. a.* C'est ce qu'on appelle familièrement *chipper.* Ce verbe a de la ressemblance avec *grincher*, qui a le même sens en argot.

Agrinche, *adv.* De mauvais gré, en *grichant*, aigrement.

Agueigner, *v. a.* Guigner. On dit aussi *aguingner*.

Agueignette, *s. f.* Regard en dessous, action de guigner.

La dame et la chambrière regardaient *d'aguignettes.* (Bonav. Despériers. *Contes et Devis*, lxvi.)

Aguilanleu, *s. m. et f.* Etrennes du premier de l'an. *Au gui l'an neuf !*

Aiger, *s. m.* Terre-plein des fossés. Voyez *Ager* et *Jet.*

Aigrassiau, *s. m.* Pommier ou poirier non greffés. Dans tous les vieux dictionnaires, on trouve *aigruns* pour toutes sortes de fruits aigres.

Aigrette, *s. f.* Fétu de chanvre.

Aigrin, *s. m.* Tige égrénée. Voyez *Egrun.*

Aigron, *s. m.* Héron. Voyez *Hégron.*

Aiguillard, *s. m.* Pièce de bois en forme de coin.

Aiguillettes, *s. f. pl.* Pot-de-vin. Je me suis laissé dire que les garçons bouchers ou charcutiers fournissaient jadis les petites aiguilles de bois ou aiguillettes nécessaires pour dresser la viande, et que les gratifications qu'ils recevaient en retour en avaient pris le nom, qui s'était étendu à tous les genres de pourboire. C'est à prendre ou à laisser.

Aiguillon, Aiguiller, *s. m.* Champ de forme longue et en pointe.

Aijet, *s. m.* Terre-plein d'un fossé. Voyez *Ager* et *Jet.*

Aillet, *s. m.* Ail sauvage.

Aimorche, *s. f.* Amorce, capsule pour fusil à piston, mais principalement bourre ou petit morceau de papier. Voyez *Emorche.*

Aimorcher, *v. a.* Bourrer un fusil, l'amorcer avec de la poudre ou une capsule.

Airai (j'). Futur du verbe avoir.

<small>Tez tai, j'en *airons* meilleure part.
(BONAV. DESPÉRIERS. *Contes et Devis*, nouv. XXVIIIe).</small>

De même pour le conditionnel *j'aurais*, qui se dit *j'airais*.

Airaigne, *s. f.* Grappin à plusieurs griffes.

Airdrille, *s. f.* Terre brûlante argileuse mêlée de pierres et de sable. (DU CANGE. *Ardilha.*)

Aissier, *s. m.* Egoût de l'eau. Voyez *Eissier* et *Essève*.

Aitre, *s. f.* Vieux mot qui voulait dire *maison*, *foyer*, du latin *Atrium*. On le retrouve sans cesse dans les noms de lieux, pour lesquels le cadastre le change en *être* et même en *hêtre*, ce qui n'a pas de sens. On dit encore proverbialement en parlant d'une maison : « J'en connais les *aitres*, » mais ordinairement on écrit *êtres*.

Aitrage et *Aitrise* sont le même mot.

Ajeu, *s. m.* Enjeu, pot-de-vin d'un marché, pour-boire.

Alarme, *s. f.* Gaule menue, longue et flexible.

Alayau, *s. m.* Chanteau de pain bénit.

Aleuser, *v. a.* Louer, faire l'éloge, complimenter. (Diction. de Trévoux, *Aloser*. — Du Cange. *Allocare, Losinga*. — Raynouard. *Alauzar* sous *Laus*, 17.)

Aliéner, *v. a.* Attacher les animaux à leur place dans l'étable ou dans l'écurie.

Alingé, *adj.* Usé. Se dit du linge ou des étoffes.

Aliser, *v. a.* Donner de la régularité à une lisière ou à une bordure.

Alleluia, *s. m.* Renoncule, bouton d'or; c'est qu'elle fleurit vers le temps de Pâques.

Alleuvir, *v. a.* Affamer. Voyez *Allouvir*.

Allouer, *v. a.* Embaucher. (Robert Estienne. *Alouer*.—Du Cange. *Allocagium, Allocare*, 3.)

Allouvir, *v. a.* Affamer comme un loup. (Robert Estienne. *Allouui*. — Du Cange. *Glotonus*.)

> Je suis *allouvy* et affamé. (Rabelais. *Pantagruel*, liv. IV, ch. xxiv.)

Alober, v. a. Tromper. Roquefort donne *Lobeur* comme synonyme de trompeur.

Aloger, v. a. Cacher, mettre à l'ombre ou à couvert.

Alouser, v. a. Louer, faire l'éloge. Voyez *Aleuser*.

Aloyau, s. m. Chanteau de pain bénit qui se donne aux prêtres, aux chantres et à celui qui fait l'offrande.

A matin. Ce matin.

Ambale, adj. Orgueilleux, faiseur d'embarras. *Fait-il son ambale c'gas là.*

Ambiet, Amblet, s. m. Hart tordue pour fixer le joug des bœufs. Voyez le mot qui suit.

Ambret, s. m. Trique pour assujettir les côtés d'une charrette. *Ambiet* et *Ambret* viennent tous de *Amblai* signifiant une claie ou plusieurs triques tordues en forme de harts. (Du Cange. *Amblacium.*)

Ambroise, s. f. Ciboulette.

Amelette, s. f. Omelette. En faisant connaître sa préférence pour *omelette*, Ménage n'en avoue pas moins que *amelette* était fort en usage de son temps, et son choix ne se base que sur celui de la cour.

> On m'a dit qu'une fois il entra dans sa cuisine : un laquais y faisait une *amelette*. (TALLEMANT DES RÉAUX. *Historiettes* xxve et xxvie.)

Amiauler, *v. a.* C'est agir à l'amiable, avec douceur, être amical pour quelqu'un, lui faire du bien, le réjouir, le restaurer. On a dit autrefois *amiaulement* (que je ne crois pas usité dans le Maine) pour *amiablement*. (DU CANGE. *Amicaliter* sous *Amicalis*. — RAYNOUARD. *Amigalmens* sous *Amar*, 21.)

Amignonner, *v. a.* Apprivoiser, calmer.

Amonition, *s. f.* Munition, poudre de guerre ou de chasse.

Amont, *s. m.* Région du Nord.

Amorillonner, *v. a.* Ratatiner.

Amulonner, *v. a.* Mettre le foin ou la paille en meules ou *mulons*. (DU CANGE. *Amulgare*.)

Ancier, *adv. pr.* En attendant, avant. *Anceis, anchois, ainçois,* etc., étaient des synonymes de notre mot.

Aneille, *s. f.* Anille.

Aneuillère, *adj. f.* Stérile. Voyez *Anouillère*.

Angelot, *s. m.* Petit enfant habillé en ange ou en saint Jean-Baptiste, et que l'on fait figurer aux processions de la Fête-Dieu ; de là, le nom est devenu générique pour tout petit enfant qui suit les processions, soit en costume, soit simplement avec un cierge.

Angelot, *s. m.* Fromage ainsi nommé, dit Ménage, à cause de sa ressemblance avec la monnaie anglaise de ce nom (il y en avait aussi de française), ce qui lui attribuerait des proportions bien minimes et toutes différentes de celles d'aujourd'hui. L'opinion de Ménage peut néanmoins être fondée, puisque le *Dictionnaire des rimes* de P. Richelet traduit *angelot* en latin par *caseus parvus*. Une autre opinion qui lui donne pour étymologie *Augelot*, par ce qu'il se fabriquait dans la vallée d'Auge en Normandie, semble encore plus acceptable, ce fromage étant le même que celui qu'on fait venir et qu'on nomme à

Paris, de Livarot. Cependant Furetière veut qu'il soit originaire de la Brie.

L'angelot est indiqué dans plusieurs versions du roman de *la Rose* :

> Ou de tartres ou de flaons
> Ou de fromages *angelons*.

Angevine, *s. f.* Fête de la Nativité de la sainte Vierge, le 8 septembre. (DU CANGE. *Festum Nativitatis sanctæ Mariæ.* — *Advertissementz* etc. *du synode du Mans* du 22 octobre 1598. Veuve Hiér. Olivier. 1598. p. 13.)

Du Cange explique l'origine de ce mot par l'usage où l'on était généralement, en Anjou, de payer les rentes et cens féodaux au jour de cette fête, et rejette l'opinion qui en fondait l'étymologie sur ce que saint Maurile, évêque d'Angers, avait institué la fête. Le Dictionnaire de Trévoux, qui veut qu'on écrive *Angeine*, fait venir le mot de *Anna genuit*. C'est ce qu'on peut appeler une étymologie recherchée.

Anguias, *s. m.* Marmelade ou pâté de prunes.

Anicler, *v. a.* Faire une mauvaise croissance. *Anichiler*, qui dérivait de *nihil* (on écrivait jadis *nichil*), et qui signifiait réduire à rien, doit avoir engendré son quasi-équivalent manceau. (Du Cange. *Adnichilare.*)

Annelet, *s. m.* Poulain de l'année.

Anoblesser (s'), *v. réf.* Dormir, ne rien faire, se laisser aller. De *noble*.

Anouillère, *s. f.* Vache stérile. (Raynouard. *Anuaillar* sous *Nul.*)

Antenas, *s. m.* Poulain d'un an. D'*antan* (*ante annum*), suivant l'ancien langage. Les zoologues disent *Antanois* pour les animaux de cet âge. (Du Cange. *Anniculus.*)

Annit, *adv.* Aujourd'hui, *en huy*. (Du Cange. *Ennutigium.*) D'un usage autrefois universel.

Aouteron, *s. m.* Travailleur qui se loue pour le temps de la moisson. C'est surtout à ceux qui, vers le mois d'août, émigrent en Beauce, que s'applique cette dénomination.

Apart, *s. m.* Part. Être à son *apart*, c'est être à son compte.

Apercevant, e, *adj.* Peureux, défiant.

Apiets, aplets, *s. m. pl.* Gros harnais. (Du Cange. *Aploidum.*)

Apiper, *v. a.* Piper, leurrer, amadouer.

Appétit, *s. m.* Espèce de cive.

Appette, *s. f.* Petite fille qui se mêle de ce qui ne la regarde pas.

A quant et. Avec. Voyez *Quant et*.

Aquédent, *s. m.* Accord, bonne entente. Je crois que c'est *accédant*. Voyez *Daquédent*, qui est beaucoup plus usité.

A qué faire, *loc. adv.* Pourquoi?

> *A quoy faire* fuit on la servitude des cours, si on l'entraîne iusques en sa tanière. (Montaigne. *Essais*, liv. I, ch. xiv.)
>
> *A quoy faire* nous allons nous gendarmant par ces efforts de la science. (Le même. *Ibid.*, liv. III, ch. xii.)
>
> Je ne me juge que par vray sentiment, non par discours : *à quoy faire ?* puisque je n'y veulx apporter que l'attente et la patience. (Le même. *Ibid.*, liv. III, ch. xiii.)
>
> *A qué faire* me faites-vous ainsi muser?
> (Bonav. Despériers. *Contes et Devis*, nouv. xvie.)

Aquemoder, *v. a.* Accommoder.

Aquetonner, *v. a.* Anonner en parlant, bégayer. Voyez *Nacter*.

Aquident, *s. m.* Accord. Voyez *Aquédent*.

Arable, *s. m.* Érable.

Araigne, *s. f.* Grappin à plusieurs griffes. Voyez *Iraigne*.

Arcancier, *s. m.* Églantier. Cet arbuste, surtout quand sa pousse est rapide, se recourbe souvent en arc; on peut croire que son nom vient de cette particularité.

Arcanier, *s. m.* Mauvais garnement. Voyez *Arquanier*.

Arconner, *v. a.* Entourer un objet d'un cercle qui le lie. On dit aussi *arsonner*, qu'il faut sans doute écrire *arçonner*.

Ardelle, *s. f.* Jeune fille. Voyez *Hardelle*.

Arder, ardre, *v. a.* Brûler. Le Dictionnaire de l'Académie l'accepte, mais comme ayant vieilli.

Ardrille, *s. f.* Terre argileuse mêlée de cailloux ou de sable, et par conséquent brûlante, comme le dit son nom. (Du Cange. *Ardilha*.)

Ardrilloux, se, *adj.* Argileux. (Du Cange. *Ardilha.*)

Argancier, *s. m.* Églantier. Voyez *Arcancier.*

Argelêtre, *s. m.* et *f.* Argile schisteuse, ou schiste argileux.

Armana, *s. m.* Almanach. Cette prononciation est fréquente dans nos provinces méridionales. L'*Armana* de *Matthieu Leinsberg* et le *Double Liégeois* sont les plus recherchés dans le Maine, à cause de leurs pronostics réputés infaillibles.

Arolle, *s. f.* Arroche (plante).

Arondale, *s. f.* Hirondelle. (Du Cange. *Hirundella, Arondela.* — Raynouard. *Arondeta* sous *Hyrunda.* On disait si convenablement *arondelle* autrefois, que, dans le français d'aujourd'hui, on entend par *queue d'aronde* une pièce de bois taillée en forme de queue d'hirondelle. (*Dict. de l'Acad.*)

> Puis en frotta vng coin de cendres d'vn nid d'*arondelles.* (Rabelais. *Pantagruel*, liv. II, ch. xxiv.)
> Je veoy bien que les brochets et les *arondes* se treuvent bien d'elle. (Montaigne. *Essais*, liv. II, ch. xxxvii.)

Arquanier, arquelier, *s. m.* Débauché, libertin. *Arquabot*, suivant Du Cange, au mot *Arlotus.*

Arquener, *v. a.* Entourer un objet d'un cercle quelconque.

Arrias, *s. m.* Embarras, tumulte, désordre, contrariété. Voyez *Arrier.*

Arrie, *s. f.* Talus d'une haie, rive surplombant au-dessus d'un cours d'eau.

Arrier, *s. m.* Exciter désagréablement, contrarier. (Du Cange. *Harrare, Harela.* — Roquefort. *Arrie, Harier.*) Voyez *Harier.*

Arrière, *adv.* S'emploie pour donner plus d'expression à une épithète désagréable. Exemple : *C'est core arrière une sarchée bête, au respé de vous.* — Le Dictionnaire de Richelet indique pour ce mot, dans certains cas, un sens analogue au nôtre.

Arrocher, *v. a.* Jeter au loin, lancer, ruer un coup. Se trouve dans Ménage et dans Roquefort.

Arrossir, *v. a.* et *n.* Maigrir, devenir à rien.

Arrouter, *v. a.* Mettre en train, en route.

> Et c'est chose difficile de fermer un propos et de le coupper depuis qu'on est *arroulé*. (MONTAIGNE. *Essais*, liv. I, ch. IX.)

Arseur, *s. f.* Démangeaison ardente, bouton d'échauffaison. (RAYNOUARD. *Arsum* sous *Ardre*, 7, et *Arsura* pour *Ardura*, ibid. 4.)

Arsoué, *adv.* Hier soir. C'est le vieux mot *arsoir*, *hersoir*, qui est si bien connu qu'il serait superflu d'en donner des citations. (DU CANGE. *Ab heri, Erinus.*)

Arsouiller, *v. a.* Rosser. Ailleurs, on ne connaît que le substantif *arsouille*, dont le sens n'est pas tout à fait conforme à celui de notre verbe.

Asme, *adj.* (l's se prononce). Asthmatique.

Assaigir, *v. a.* Rendre sage, calmer. (DU CANGE, *Sapire*, 2.)

> J'estudiay ieune pour l'ostentation depuis un peu pour *m'assagir*. (MONTAIGNE. *Essais*, liv. III, ch. IV.

Assaisonner une vache. Lui faire prendre un veau en saison convenable.

Assaut, *s. m.* Chagrin, vive contrariété.

Asseiner, *v. a.* Assigner.

Assez, *adv.* On dit *être à son assez,* pour *en avoir assez.*

Assiéter (s'), *v. réf.* S'asseoir.

Assillâs, *s. m.* Banc pour s'asseoir.

Assiller, *v. a.* Asseoir.

Assiner, *v. a.* Assigner.

Assire, *v. a.* Asseoir. *Assisez-vous,* pour *asseyez-vous.*

> Mes pensées dorment, si ie ne les *assis.*
> (Montaigne. *Essais,* liv. III, ch. iv.)

Asteure, *loc. adv.* (l's se prononce). A cette heure, maintenant. Nous le disons comme Montaigne.

> Moy *asteure* et moy tantost, sommes bien deux. (*Essais,* liv. III, ch. ix.)
>
> J'ay des pourtraicts de ma forme de vingt-cinq ans : ie les compare à celuy d'*asteure.* (Le même. *Ibid.,* ch. xiii.)

Atelle, *s. f.* Broche, grande aiguille. Voyez *Hâtelle.*

Attanez. Attendez.

Attendis (en). En attendant, tandis que. *En tandis* dans le glossaire de Du Cange (*Interdum*), *Entendis* dans celui de Roquefort.

Attigocher, *v. a.* Agacer, taquiner. Par corruption sans doute de *asticoter*.

Auboufin, *s. m.* Aubifoin, bluet. On disait *Aubefin*.

<blockquote>Aubépins blancs, Aubefins azurés. (Cl. Marot. Eglogue sur la mort de Loyse de Savoye.)</blockquote>

Aubour, *s. m.* Aubier. (Raynouard. *Alborn* sous *Alban*). Les vieux dictionnaires donnent *Aubier* et *Aubour* comme aussi bons l'un que l'autre. *N'y a pas d'aubour*, dit-on, quand une affaire va toute seule, qu'un marché est complétement bon, ou fait avec gens loyaux et sûrs.

Auboureux, se, *adj.* Qui a beaucoup d'aubier.

Aubrin, *s. m.* Osier jaune pâle ou blanc. C'est pour *aubin* (blanc).

Aumusser, *v. n.*, se dit des animaux quand ils

éventent ou flairent en levant et plissant le nez. Même origine que *Moussiner*.

Aurà, *prép.* Au delà. C'est par corruption.

Auribus, chandelle de résine. Voyez *Oribus*.

Auripeau, *s. m.* Maladie des oreilles. Voyez *Oripeau*.

Aussi vrai, *loc. adv.* En vérité.

Aussite, *adv.* Aussi. Se prononce ainsi seulement à la fin des phrases, ou avant les mots qui commencent par une voyelle.

Auteron, *s. m.* Moissonneur. Voyez *Aouteron*.

Autreplus, *adv.* Voyez *Outreplus*.

Auvet, **auvin**, *s. m.* Orvet, espèce de petit serpent. Voyez *Sourd*.

Avairie, *s. f.* Repos d'un champ pendant les troisième et quatrième années. Si l'on peut avancer que la première syllabe de ce mot est privative, il serait, par son étymologie, rigoureusement la traduction de *sans labour*.

Avalaison, *s. f.* Grande pluie, torrent.

Avaleux de chârtes, *s. m.* Fanfaron. *Bourdez donc l'avaleux de chârtes!*

Avanger, *v. a.* et *n.* Avancer.

> Auec ycelles nous n'*auangerons* que trop à manger nos munitions. (RABELAIS. *Gargantua*, ch. XXXII.)
>
> Il fouettoit sans rémission les paiges pour les *avanger* d'aller. (Le même. *Pantagruel*, liv. II, ch. XVI.)
>
> C'est, dist Panurge, comment ie pourray *auanger*. (Le même. *Ibid.*, ch. XXVI.)

Avangeux, se, *adj.* Qui travaille vite et bien.

Aveigneu, aveignu. Participe passé du verbe *Aveindre*.

Aveindu, e. Même signification qu'*aveignu*.

Avérâs, *s. m.* Jeune bête, avorton. (DU CANGE. *Averia, Avera* sous *Averium*.)

Avête, avette, *s. f.* Abeille. (ROB. ESTIENNE. Sous *Aueille*. — DU CANGE. *Abollagium*.)

Avieu, *s. m.* Vieux poteau, vieux tronc d'arbre.

Avirer, *v. a.* Donner la bonne direction, la bonne façon, la *vire*.

Avivander, *v. a.* Nourrir, élever.

Avocasser, (s') *v. réf.* Se promener de long en large dans le même endroit.

Avouguier, *v. a.* Aveugler. (Du Cange. *Avoculatio.*)

B

Babiole, *s. f.* Cerise sauvage, merise.

> Quand il pleut à la Saint-Georges,
> Il n'y a ni prunes ni *babioles*.

C'est quelquefois le nom d'une espèce de poire.

Babiolier, *s. m.* Cerisier sauvage.

Bâche, *s. f.* **Bâchot,** *s. m.* Hotte en osier, ou filet, tous deux de forme conique, pour prendre le poisson. (Du Cange. *Bacholata, Busta.*)

Bâcher, bachotter, *v. n.* Pêcher à la *bâche* ou au *bachot*.

Bâcu, *s. m.* Palonnier. Voyez *Bascul*.

Bafuraige, *s. m.* Amas d'objets inutiles ou hors de service, débris de fourrage qui restent dans les greniers. Composé probablement de *bé* et de *fourrage*. Voyez ce qui est dit de la syllabe *bé*, à l'article *Bécot*.

Bagorriau, *s. m.* Mélange d'orge et d'avoine.

Bagouillage, *s. m.* Paroles inutiles et oiseuses. En argot, on dit *Bagou*.

Bagouler, *v. a.* Parler mal à propos. (DU CANGE. *Bagori*.)

Baguer, *v. a.* Baguer une coiffe ou un bonnet, c'est y passer un fil de manière à réunir les plis du bord, pour que le brouillard ne les déforme pas.

Bahine, *s. f.* Cabane. Voyez *Bauhine*.

Baillevent, e, *adj.* Qui fait des embarras pour peu de chose, pour ne produire que du vent, comme l'indique le mot : c'est sans doute lui qui a inspiré à Villon le nom d'un de ses héros. (*Dialogue de Mallepaye et Baillevent*.)

Bairas, *s. m.* **Bairasse,** *s. f.* Mauvaise boisson.

Baire-fort, *s. m.* Boisson forte. On prononce *bairfô*.

Baite, *s. f.* Boisson. (Du Cange. *Bevriotus.*) Voyez *Bette.*

Baiturage, *s. f.* Boisson brassée pour les hommes ou les bêtes.

Baituras, *s. m.* **Baiturasse,** *s. f.* Mauvaise boisson.

Baiturier, *s. m.* Ivrogne. Voyez *Boiturier.*

Balet, *s. m.* Petit auvent, espèce de portique, petit toit au-dessus des boutiques en plein vent. (Du Cange. *Baletum.*) *Balen* signifiait une couverture de laine, et c'était un mot passé du breton en français. (Ibid. *Balinja.*)

Baller, *v. n.* Être suspendu, flotter en l'air. La langue française n'a conservé de ce verbe que le participe présent. On dit : *les bras ballants.*

Ballaine, *s. f.* **Ballier,** *s. m.* **Ballière,** *s. f.* Amas de balle, pour mettre sous les petits enfants.

Balloire, *s. f.* Partie d'une pièce de bois délardée pour qu'elle entre mieux dans une mortaise.

Ballonné, e, *adj.* Se dit du beurre acheté de côté et d'autre, mis en livres et revendu par des marchands coureurs.

Ballonnier, ère, *s. m.* et *f.* Marchand revendeur qui court la campagne pour acheter du beurre ou des œufs.

Ballotte, *s. f.* Poignée ballante de forme ancienne, au moyen de laquelle on ouvre les tiroirs : on la trouve surtout aux vieux meubles.

Ballotte, *s. f.* Jeu de balle. — Boule de neige, petite boule de papier. Les bulletins de vote avaient, chez les anciens, la forme de *ballottes :* il nous est resté le balotage, si connu dans notre vie civique.

> Epaminondas n'eust pas le cœur de prendre seulement les *balotes* en main. (MONTAIGNE. *Essais*, liv. I, ch. I.)

Balyer, *v. a.* Balayer.

Balyeure, *s. f.* Balayure. Voyez la citation reproduite au mot *Bourrier*.

Balyeux, balyoux, se, *s. m.* et *f.* Balayeur. Un livre assez recherché des bibliophiles, imprimé à Rouen vers 1600, a pour titre : *Les Ballieux des ordures de ce monde.*

Quand on bat les grains, après chaque airée, le balayeur est poursuivi de huées : *Qu'is qu'a l'balai! C'est le gas un tel pour la... fai! Hou! le balyoux!*

Bancelle, *s. f.* Long banc de bois portatif.

Baner, *v. n.* Pleurer.

Banne, *s. f.* Personne grosse, épaisse et commune.

Bannie, *s. f.* Ban, criée. (Du Cange. *Bannum vindemiarum.*)

Bannir, *v. a.* Publier à haute voix. (Du Cange. *Banerius.*) — L'Académie a conservé au mot *ban* le sens de publication.

Barate, *s. f.* Espèce de nymphea qui doit son nom au jouet que fabriquent les enfants avec son fruit.

Baraté, *s. m.* Ce qui reste dans la barate, après le beurre extrait.

Baratée, *s. f.* Mesure de grains, contenant cinquante litres.

Barbouiller, v. a. Bredouiller.

Bardeau, s. m. Petit ais mince et court. (*Dict. de l'Acad.*) Dans le Maine, on s'en sert en guise de tuile pour couvrir les toits.

Barge, s. f. Meule de foin ou de paille, pyramide de fagots. (Du Cange. *Berga.*)

Bas, s. m. Région du Sud.

Bascul, s. m. Bout de bois qui sert de palonnier. (Rob. Estienne. *Bacul.* — Du Cange. *Baculare* et *Baculus*, 2.) J'écris *bas*, quoique *baculus* et l'orthographe de Rabelais et des dictionnaires rende *bacul* plus régulier ; mais nous prononçons *bâ* très-long.

> Pauvre et chétif baudet, tu travailles journellement beaucoup : ie l'aperçois à l'usure de toñ *bacul.* (Rabelais. *Pantagruel*, liv. V, ch. vii.)

Bastiaux, s. m. pl. Mauvais meubles.

Bas-vestier, Bas-vestière, s. m. et f. Paysan et paysanne du Bas-Maine, surtout des arrondissements de Laval et de Mayenne. La forme de la veste ou du gilet a dû être pour quelque chose dans l'origine de cette qualification, que le dictionnaire de Trévaux indique comme injurieuse, je ne sais pourquoi. Il est probable que les habitants de cette contrée montraient autrefois, comme aujourd'hui, une propension bien plus marquée que les autres Manceaux à conserver religieusement les anciens usages et les anciens costumes de leurs pères. Je ne pense pas qu'il y ait en cela rien qui puisse donner lieu au mépris : bien au contraire.

Batte-lessive, *s. f.* Bergeronnette (oiseau). Elle doit ce nom au mouvement de sa queue.

Batterie, *s. f.* Espèce de *cinas* construit dans une grange, au-dessus de la place où l'on bat le grain.

Battre au noir. Chasser les oiseaux au filet, la nuit.

Baubant, *s. m.* Voyez *Boban.*

Baubayer, *v. n.* Bégayer, balbutier.

Baube, *adj.* Bègue. Notre mot est la traduction littérale du latin *balbus*, comme *baubayer* l'est de *balbuzare*, autant que *balbutier*. (Du Cange.)

Baubique, s. f. Grosse trique, gros brin des cepées.

Bauffrer, v. a. Manger goulument, bâfrer.

> Dont il feut conclud qu'ilz les *bauffreroyent* sans y rien perdre. (Rabelais. *Gargantua*, ch. iv.)
> Au diable l'vng qui se faignoit, c'estoit triumphe de les voir *bauffrer*. (Le même. *Pantagruel*, liv. II, ch. xxv.)

Bauge, s. f. Baguette coupée pour servir de mesure.

Bauger, v. a. Mesurer à la bauge ou à la toise.

Bauhine, s. f. Maisonnette, chaumière. Une *boherie* ou *bouherie* était une bouverie, une métairie, etc. (Du Cange. *Boeria*, *Bovaria*. — Raynouard. *Boaria* sous *Bov*.) Notre mot se dit aussi *bovine*, qui est plus près du latin.

Beau dommage. Locution ironique qui sert de réponse à ceux qui se plaignent indûment, et qui équivaut à celle-ci : Je vous conseille de vous plaindre.

Beau moyen. On ne dit pas : Avoir le moyen de faire une chose, mais bien : Avoir *beau moyen*.

Béchée, *s. f.* Becquée.

> Tout ainsi que les oyseaux en queste du grain le portent au bec pour en faire *béchée* à leurs petiz. (MONTAIGNE. *Essais*, liv. I, ch. XXIV.)

Bécot, *s. m.* Quand, de deux objets appareillés, un seul vient à rester, il est de *bécot;* de même, quand on ne peut faire deux portions égales en partageant des objets dont le nombre est impair, celui qui reste en sus des deux parts est de *bécot*, surtout si, par sa nature, il n'est pas divisible. La particule *bé* ou *bès*, jointe à un mot comme première syllabe, est synonyme de *mal*. (DU CANGE. *Bestancium*.) *Cot* ou *quot*, d'où l'on a fait *cote* et *quote-part*, signifiaient une position résultant d'une quotité. (*Ibid. Cotus.*) L'objet qui se trouve seul, quand tous les autres sont appareillés, a donc une mauvaise quote, et voilà comment il est de *bécot*.

Bédée. Agir de *bédée*, c'est agir tout d'un coup.

Bédiot, te, *s. m.* et *f.* Jeune bétail.

Bedouau, *s. m.* Blaireau. (BOREL. *Bedouau.*)

> Laissez-moy ces manteaulx de loup et de *bedouault*. (RABELAIS. *Pantagruel*, liv. IV, ch. xxiv.)
> Ce sont belles testes de mouton, testes de *bedouaulx*. (Le même. *Ibid.*, liv. V, ch. xxvii.)

Dans notre province, ce mot se dit aussi pour *bedeau :* serait-ce parce que la robe de ces fonctionnaires était souvent mi-partie comme la fourrure des blaireaux ?

Beffer, *v. n.* Marcher en se cachant, en se rasant près du sol ou le long d'un abri, d'une haie, d'un mur. Ce verbe, pris activement, a été synonyme de tromper, railler. (DU CANGE. *Beffa, Bifax.*) Voyez *Biffer*.

> Il veoit que ce n'est que *biffe* et piperie. (MONTAIGNE. *Essais*, liv. I, ch. xxv.)

Bégaud, *s. m.* Épi de blé long et plus élevé que les autres, mais vide de grains.

Bège, *adj.* Brun roux. (DU CANGE. *Bigera.*)

Bégeas, *s. m.* Stupidité, enfance des vieillards.

Bégler, *v. n.* Beugler.

Begnaude, *s. f.* Galanthine perce-neige. Voyez *Chandeleur*.

Bégue, *adj.* Sot.

Beille, *s. f.* Portion d'une clôture, qui force en dehors de son alignement. La *baille* était une palissade servant de première défense en avant et en dehors d'une ville. (Du Cange. *Bailleium* et *Ballium*.)

Beilleu, beillu, e, *adj.* Ventru, qui a une *beille*.

Béjoiter, *v. a.* Mal jointer, mal ajuster, ou ajuster les objets l'un dans l'autre en laissant du jeu, placer deux objets à côté l'un de l'autre et en sens contraire. De *bé* et de *jointer*.

Béjueler, *v. n.* Avancer l'un sur l'autre, comme des ardoises sur un toit.

Belluard, e, *s. m.* et *f.* Qui a de mauvais yeux. On a dû dire dans l'origine *berluard*, qui a la berlue.

Béluter, *v. a.* Bluter.

> Il y a d'autres subiects qu'ils ont *beluttez*. (MONTAIGNE. *Essais*, liv. II, ch. XII.)

Bénard, e, *adj.* Sot, hébété. (DU CANGE. *Bernarius*.)

Bennard, e, *adj.* Pleureur.

Benne, *s. f.* Personne grasse et courte.

Benner, *v. a.* Pleurer.

Bennoux, se, *adj.* Pleureur.

Ber, *s. m.* Berceau. Voyez *Bers*.

Berdanser, *v. a.* Mettre en branle, faire osciller.

Berdansière, berdansoire, *s. f.* Escarpolette.

Berdasser, *v. n.* S'amuser à des riens, s'occuper ou parler de choses insignifiantes ou nuisibles.

Berdassier, ère, *s. m.* et *f.* Qui berdasse.

Berdin, e, *adj.* Même signification. *Berdiner* est naturellement aussi synonyme de *berdasser*.

Berdir, *v. n.* Crier, hennir, braire. (DU CANGE. *Bragire*. — RAYNOUARD. *Braidiu* sous *Braire*, 7.)

Bergeas, *s. m.* Bélier châtré, mouton. La *Bergine* était la brebis. (Du Cange. *Berbix*, 1.)

Bergeon, *s. m.* Bout de sillon au moyen duquel on redresse les autres sillons.

Berier, *v. a.* Broyer. Voyez *Breyer*.

Berière, *s. f.* Bruyère. Voyez *Brière*.

Berlauder, *v. n.* S'occuper de choses insignifiantes.

Berliner, *v. n.* Délirer.

Berlin l'envers, *loc. adv.* Pêle-mêle, sens dessus dessous.

Berné, e, *adj.* Étonné, hébété.

Bernée, *s. f.* Mélange de son avec d'autres aliments, destiné aux animaux de basse-cour. Ce mot vient de *Bren*, son.

Berouaille, berouaillée, bérouée, etc. Brouillard, brume, brouée.

Berouailler, berouiner, *v. n.* Bruiner.

Berrichon, *s. m.* Petit oiseau nommé *troglodyte*. (Belon. *De la nature des oiseaulx.*)

Bers, *s. m.* Berceau. (Rob. Estienne. *Ber.* — Du Cange. *Bersa.* — Raynouard. *Bres.*)

Quand vous voyez les nourrices s'en aller esbattre..... car leur présence autour du *bers* sembleroit inutile. (Rabelais. *Pantagruel*, liv. III, c. XIII.)

Ce qu'on apprend au *bers*
Se retient jusqu'aux vers.
(Leroux. *Dictionnaire comique.*)

Bersiller, *v. a.* Briser, déchirer.

Bersiller, *v. n.* Cligner de l'œil.

Bersillon, *s. m.* Mouvement des paupières continuel et involontaire.

Béruère, *s. f.* Bruyère. Voyez *Brière*.

Beser, *v. a.* Peser.

Beson, *s. m.* Petit devidoir qui sert à diriger le fil et à l'enrouler au bout du rouet.

Besson, ne, *s. m. et f. et adj.* Jumeau, jumelle. (Borel. *Besson.* — Raynouard. *Besso.*)

.... Le bon Janot mon père
Vouloit gager à Jacques son compère
Contre un veau gras deux agnelets *bessons*.
(Cl. Marot. *Eglogue à François I*er.)

La (crainte) vicieuse, qui trouble et afflige, qui est l'engeance du péché, *bessonne* de la honte, toutes deux d'une ventrée. (P. Charron. *De la Sagesse*, liv. I, ch. xxxiii.)

Bestial, *s. m.* Bétail. (Rob. Estienne. *Bestiail*.)

Les loups ne mangeoient point le *bestial*.
(Bonav. Despériers. *Contes et Devis*, nouv. xve.)
Qui trop tond son *bestial,* il se deçoit.
(Le P. Cahier. *Proverbes français*.)

Bête rouge, *s. f.* Insecte presque microscopique. Voyez *Célot*.

Bette, *s. f.* Boisson.

Ma fy, commère, ie ne peuz entrer en *bette*.
(Rabelais. *Gargantua*, ch. v.)

Betun, *s. m.* Nom d'une espèce de poudingue ferrugineux, à cause de sa couleur de petun ou de tabac.

Betteler, *v. n.* Se dit du lait qui tourne.

Beu, *s. m.* Bœuf. On l'appelle *vermais* (vermeil), quand il est d'un pelage rouge foncé; *chauvin,* quand il est blanchâtre; *fauveau,* de couleur fauve; *rougeais,* du rouge ordinaire; *caille,* de couleur pie; *nobiais* (de noble), quand il est volontaire et indépendant. Ces expressions sont employées surtout pour exciter ces ani-

maux quand ils sont sous le joug.—*Beu villé*,
bœuf gras que l'on promène au carnaval.

Beuillu, e, *adj.* Ventru. Voyez *Beille.*

Beule, *s. f.* Petite tranchée dans les prés. Voyez *Boêle.*

Beulot, *s. m.* Meule de foin de petite dimension. Voyez *Mulon.*

Beurre de mai, *s. m.* Il jouit d'une grande réputation pour toutes les compositions d'onguents ou autres drogues.

Beurrichon, *s. m.* Petit oiseau. Voyez *Berrichon.*

Beuttiot, *s. m.* Petite meule de fourrage.

Beuvassier, *s. m.* Ivrogne.

Biaiche, *adj.* Sournois, qui biaise.

Biâle, *s. f.* Grande veste. (RAYNOUARD. *Blial.*) Voyez *Biaude.*

Bian, *s. m.* Curage d'une rivière, réparations de ses rives. Le béan ou bian était le travail exigé par les seigneurs à titre de corvée (DU CANGE, *Biennum*); et comme c'est en vertu de ce même droit qu'ils faisaient curer les cours d'eau par leurs vassaux, l'opération en a conservé ce nom collectif dans l'origine. — *Bian* désigne aussi le lit même d'une rivière ou un fossé plein d'eau.

Biannage, *s. m.* Même signification.

Bianner, *v. a.* Curer un cours d'eau, réparer ses rives.

Biard, *s. m.* Bard ou échelle mise en travers d'un fossé pour aider à le traverser, civière à bras.

Biaude, *s. f.* Blouse, vareuse. (Du CANGE, *Bialdus, Bliaudus.*) Voyez *Biâle.*

Bicher, *v. a.* Mesurer une distance contestée.

Bicle, *adj.* Qui cligne de l'œil, louche. C'est le même mot que le français *bigle ;* mais notre prononciation était parfaitement légitime autrefois.

> Les mères ont raison de tancer leurs enfants quand ils contrefont les borgnes, les boîteux et les *bicles.*
> (MONTAIGNE. *Essais*, liv. II, ch. xxv.)

Bicler, *v. n.* Cligner des yeux, loucher.

Bicoin, *s. m.* Coin ou angle de travers, qui n'est pas d'équerre. C'est *bécoin.* Voyez pour la particule *bé* l'article *Bécot.*

Biécher, *v. n.* Biaiser.

Bielle, *s. f.* Espèce de veste. Voyez *Biâle.*

Biennage, *s. m.* Curage d'une rivière. Voyez *Biannage.*

Bienner, *v. a.* Curer une rivière.

Biffer, *v. a.* Marcher en se cachant. On dit particulièrement des maraudeurs et des braconniers qu'ils *biffent* le long des haies. Voyez *Beffer.*

Biger, *v. a.* Mesurer dans certains jeux, comme dans celui de la boule, par exemple, des distances contestées.

Bignet, *s. m.* Beignet. (ROBERT ESTIENNE. *Bignet.* — DU CANGE. *Crespellæ.*)

> Et des tables toutes chargées
> Tant de *bignets* que de dragées.
> (LORET. *Muse historique,* 18 février 1652.)

Bigoucher, bigouger, *v. a.* Aiguillonner. C'est comme *Pigocher.*

Biguenette, *s. f.* Dévote outrée.

Bigueton, ne, *s. m.* et *f.* et *adj.* Bègue.

Biguetonner, *v. n.* Bégayer.

Biland, e, *s. m.* et *f.* et *adj.* Lambin, musard, nonchalant. Roquefort donne *bis lentus* pour étymologie de *biland*.

Bilander, *v. n.* Lambiner.

Bille, *s. f.* Argent dû à un ouvrier.

Bille, *s. f.* Tronc d'arbre sans nœuds, partie de ce tronc débitée pour la fente. C'est presque le même mot et la même chose que *billot*.

Bindeau, *s. m.* Espèce de tuile de bois ou bardeau.

Binelle (de). De travers.

Binosot, te, *s. m.* et *f.* Dévot ou dévote outrés.

Bions, *s. m. pl.* Probablement *blonds*. C'est le nom des épis qui dépassent les autres, sont tout droits et vides de grains.

Biosse, *s. f.* Espèce de prune. Voyez *Blosse*.

Bique, *s. f.* Prendre *eune bique*, c'est se griser très-joliment.

Biqueter, *v. a.* Se dit des chèvres qui mettent bas.

Biron, ne, *s. m.* et *f.* et *adj.* Louche. Je dois l'étymologie de ce mot à M. l'abbé Voisin, qui m'a indiqué *vironner* comme synonyme de *bironner*.

Bironner, *v. n.* Loucher.

Biroufle, *s. m.* Rouge-gorge.

Biser, *s. m.* et *v. a.* Baiser.

> Quand je m'en feus voèr ma métraisse
> Mon Isabiau
> Sapergoué !
> Mon père i m' dit : *Bis'* gui (lui) la goule,
> Mais n' la mords pas.
> (*Vieille chanson mancelle bouffonne.*)

Bissaichée, *s. f.* Contenu d'un bissac.

Bissée, *s. f.* Pain peu épais qui tient le milieu entre le blanc et le bis.

Bissêtre, *adj.* Bissextile. *Bissêtre* était synonyme de malheur, ce qui provenait, suivant le Dictionnaire de Trévoux et suivant Furetière, de ce qu'on regardait les années bissextiles comme malheureuses. (Du Cange. *Bissextus.* 1.)

Blaiche, *adj.* Sournois. Voyez *Biaiche.*

Blanche-putain, *s. f.* Viorne-obier, ou boule-de-neige sauvage.

Blaude, *s. f.* Grande veste flottante, blouse. (Du Cange. *Bialdum.*) Est français.

Blé d'Inde, *s. m.* Blé de Turquie.

Blèche, *adj.* Sournois. Voyez *Biaiche.*

Blin, *s. m.* Bélier. (Borel. *Belin.* — Du Cange. *Balens.*) On disait *Belin* quand on voulait personnifier le mouton.

> Où sont ceux de Thibault l'aignelet et de Regnault *Belin*, qui dorment quand les autres paissent.
> (Rabelais. *Pantagruel,* liv. IV, ch. viii.)

Blonde, *s. f.* Maîtresse d'un amoureux.

Blosse, *s. f.* Espèce de prune; son nom vient de ce qu'on ne la mange que lorsqu'elle est *blèche.* (Du Cange. *Balosius.* — Roquefort. *Bloce.*)

Boban, ne, *s. m.* et *f.* Dadais, sot. Du Cange, à l'article *Leonini versus,* cite des vers de

Guillaume Guiart où le mot *bobe* se trouve dans le sens de bagatelle, fadaise ; autrement et dans le langage ordinaire, *boban* était synonyme de vain, présomptueux, glorieux. Raynouard donne *babau* comme synonyme de sot.

Fidèle à la règle que je me suis tracée, j'écris *boban* comme je l'entends prononcer, mais il faudrait peut-être *bauban* ou *baubant*, pour nous rapprocher de *baube*, que nous avons pour synonyme de *bègue*, lequel lui-même est pour nous un sot. L'infirmité du bégayement n'implique certainement nullement pour nous la sottise ; nous disons ainsi parce que les sots ne savent pas s'exprimer convenablement. Cette orthographe de *baubant* nous rapprocherait aussi de *ébaubi*.

Bobancier, bobanier. Même signification.

Bobillon. Même signification.

Bobinette, s. f. Petit morceau de bois en forme de bobine, qui sert à ouvrir une porte au moyen d'une ficelle.

> Tire la *bobinette*, la chevillette cherra,

dit le loup au petit chaperon rouge, suivant la version de ce conte, accréditée dans le Maine.

Bôe, *s. f.* Boue.

Boêle, *s. f.* Tranchée étroite, pratiquée dans les marais ou les prés humides, pour retirer l'eau. On dit aussi la *boêle* pour la cloison du nez. C'est le même mot et le même sens que *boyau*, et anciennement *boyelle*. (Du Cange. *Boelli* et *Botellus*.) Leroux cite ces deux vers anciens :

> Par les flans l'a si profendu
> Que la *boële* li chei.
> (Dict. comique. *Eboëler*.)

> Ung soir que lheure estoit brune
> Veismes vng rayon plus clair
> Que le soleil ne la lune
> Flamboyant comme vng esclair
> Me cousche en vne *boyle*
> Pour regarder ceste estoille.
> (Noelz nouueaulx. Denys Gaignot. 1554.)

On trouve souvent *boèle* ou *boile* dans nos vieux écrivains.

Bogue, boguille, *s. f.* Cosse de pois, brou de châtaigne, de noix, etc.

Bohine, *s. f.* Petite maison, petit bâtiment. Voyez *Bauhine.*

Boîle, *s. f.* Tranchée faite dans les prés. Voyez *Boêle.*

Boiras, *s. m.* **Boirasse,** *s. f.* Mauvaise boisson.

Boire, *s. f.* Tranchée dans les prés, et toujours pleine d'eau. Si ce n'est pas la même chose que *boêle,* c'est alors *bure,* lieu propre à laver, suivant du Cange. (*Bura.*)

Boisdoux, *s. m.* Réglisse.

Boisseau, *s. m.* Il y avait plusieurs boisseaux dans l'ancien Maine. Celui de la Champagne du Maine, qui était devenu le plus en usage, contenait 25 litres ou 40 livres de blé. On l'appelle aujourd'hui le grand boisseau, et le boisseau légal est le petit qui contient 20 litres ou 32 livres.

Boisselée, *s. f.* Mesure agraire, ce que peut ensemencer un boisseau de froment; suivant d'autres, la mesure de terrain qui rend un boisseau de grain. (Du Cange. *Boicellata, Bussellata* sous *Butto*, 3.) Se dit aussi pour *boisseau*.

Boîte, *s. f.* Confessional.

Boîtier, *s. m.* Voleur de bois. — Habitant d'une contrée boisée.

Boitte, *adj.* Buvard : se dit du papier.

Boituras, *s. m.* Mauvaise boisson.

Boiturage, *s. m.* **boiture,** *s. f.* Eau coupée avec de la farine ou du son, pour les bestiaux.

Boiturier, *s. m.* Ivrogne. (Du Cange. *Vinum expensabile*.) Dans le Dictionnaire de Trévoux et dans celui de Furetière, *Boiture* signifie une débauche de vin.

Bonard, e, *adj.* Imbécile. Voyez *Bénard*.

Bondas, *s. m.* Bonde, bondon.

Bondrée, *s. f.* Femme très-grasse, comme un bondon.

Bonhomme, *s. f.* Homme âgé, paysan. C'est la désignation toute spéciale des journaliers à la campagne. *Bon* y est indéclinable : on dit des *bonhommes* et point des *bons hommes*.

Bonhommiau, *s. m.* Huttier, propriétaire ou locataire de terres de minime importance.

Bon moyen. Voyez *Beau moyen.*

Bonne da. Être à la *bonne da*, c'est agir tout bonnement, sans prétentions et sans cérémonies. On dit aussi *bonne dague*. Voyez *Da.*

Bonnet carré, *s. m.* Fusain, son fruit.

Bontivement, *adv.* Avec bonté, par bonté pure.

Bordage, *s. m.* Closerie, très-petite métairie. Le bordage était un droit seigneurial perçu sur une *borde* ou petite maison donnée à bail pour les vils services du château. (Du Cange. *Bordagium* sous *Borda,* 5.)

> Il en achète force métairies, force granges, force censes, force mas, force *bordes* et *bordieus*. (Rabelais. *Pantagruel,* Prologue du liv. IV.)

Bordager, *s. m.* Fermier d'un bordage.

Bordier, ère, *s. m.* et *f.* Qui fait valoir pour le compte d'un autre.

Borgneau, *s. m.* Nasse en osier. (Du Cange. *Borgnus.*)

Bosse, *s. f.* Capsule qui enveloppe certaines graines, notamment celle du trèfle.

Bossé, e, *adj.* Bossu.

<small>Je ne veis jamais père, pour *bossé* et teigneux que fust son fils, qui laissast de l'aduouer. (MONTAIGNE. *Essais*, liv. I, c. xxv.)</small>

Bosselée, *s. f.* Voyez *Boisselée*.

Bosselle, *s. f.* Épi de maïs.

Bosserelle, *s. f.* Nasse en osier, *borgneau*.

Botte ! Locution usitée lorsqu'on se reprend dans la conversation. *Botte ! ce n'est pas ça, je me trompe !*

Boubique, *s. f.* Grosse trique, gros brin des cepées.

Boucanne, *s. f.* Œil.

Boucanner, *v. n.* Bougonner, gronder fort.

Bouchaillon, *s. m.* Petit boucher.

Bouèrfô, bouèrfort, *s. m.* Boisson forte, bon vin ou bon cidre.

Bouet, *s. m.* **Bouette**, *s. f.* Petit trou, petit passage à travers lequel on voit le jour.

Bove signifiait un canal ou un lieu creux. (Du Cange. *Bova*.)

Bouffer, *v. a.* Manger goulûment.

> Pourquoy..... ne leur ordonnoit-il au moins quelques bribes, quelque *bouffaige,* quelque carreleure de ventre. (Rabelais. *Pantagruel*, liv. III, ch. xiii.)

Bouguenard, *s. m.* Petite fille qui court et joue avec ou comme les petits garçons.

Bougon, ne, *s. m. et f.* Qui gronde, qui est de mauvaise humeur. L'Académie n'accepte que le verbe *bougonner*.

Bouhine, *s. f.* Petite maison. Voyez *Bauhine*.

Bouillée, *s. f.* Petite cepée.

Bouillon blanc, *s. m.* Molène (plante).

Bouillon noir, *s. m.* Bardane (plante).

Bouis, *s. m.* Buis.

Boulin, *s. m.* C'est le support même de l'échafaudage, au lieu d'être le trou dans lequel on le fixe.

Bouliner, *v. n.* Rouler en tombant.

Boulonner, *v. n.* Courber le dos par suite de lassitude.

Boulot, *s. m.* Gâteau en forme de boule, fait avec une pomme.

Bourcette, *s. f.* Mâche, plante potagère. Est français.

Bourder, *v. a.* et *n.* Arrêter.

M. de J..... gentilhomme manceau, nommé depuis peu de temps page de la reine Marie-Antoinette, accompagnait la voiture de S. M. Cette princesse le chargea de galoper après un seigneur qui l'avait saluée en la croisant et qui s'éloignait à toute bride. A son retour, le page essoufflé ne put dire autre chose que : « Madame, je l'ai *juppé*, je l'ai *voalé*, il n'a jamais voulu *bourder*. » Que dit-il ? demandait la reine ; et le page de répéter. Ce fut tout ce qu'on en obtint.

Bourdigalier, ère, *s. m.* et *f.* Qui habite le bourg, par comparaison au paysan qui habite les champs. Les gens des bourgs ne se considèrent nullement comme des campagnards.

Bourdin, bourdon, *s. m.* Gâteau fait avec une pomme, et qui en a la forme.

Bourgeois, e. *s. m.* et *f.* Signifie proprement quelqu'un qui n'a pas besoin de son travail, et qui vit de ses rentes.

Bourginée, *s. f.* Progéniture. Voyez *Pourgeine*.

Bourjon, *s. m.* Sillon qui ne traverse pas tout un champ, et se confond dans un autre sillon.

Bournas, *s. m.* Terre à sous-sol argileux, un peu brûlante mais fertile.

Bourrasser, *v. a.* Faire des bourrées ou menus fagots.

Bourre! bourreau! Cris par lesquels on appelle les canards, qu'on désignait autrefois par ces noms. (Du Cange. *Boureta*.) Borel, qui donne *bourrée* pour le même usage, dit que ce mot nous vient des Goths : suivant Ménage, c'étaient les noms du canard en Normandie.

Bourreau, bourret, *s. m.* Grosse étoffe, bure. Voyez *Bureau*.

Bourre-coquin, *s. m.* Haricot sec.

Bourrer, *v. n.* Manger.

Bourrette, *s. f.* Toile de gros fil.

Bourri, *s. m.* Ane mâle.

Bourrier, *s. m.* Grain de poussière. Dérivé du vieux mot *pourrière*, qui voulait dire poussière. (Du Cange. *Pulvis*.) Au pluriel, il signifie ordures, balayures. Dans le *Scaligerana* (p. 127), il est dit que *bourra* signifiait balayures *in vetustissimo gallico*.

> Vont grattant les balyures et les *bourriers*.
> (Béroalde de Verville. *Moy. de parvenir*, ch. II.)
>
> Souffle les *bourriers* tout autour. (Le même. *Ibid.*, ch. XL.)
>
> Et cependant, tu vas dardant
> Dessus moy ton courroux ardent
> Qui ne suis qu'un *bourrier* qui vole.
> (Regnier. *Vers spirituels*.)

Avoir *un bourrier dans l'œil*, c'est être borgne, et au figuré c'est ne pas comprendre. Toute chose malpropre qui se balaie ou qu'on arrache du sol, est un *bourrier*, tels que la mauvaise herbe, des débris, etc.

Bourroche, *s. f.* Petit panier dont le fond est en forme de bourriche. (Du Cange. *Bertavellus*.)

Boursicot, *s. m.* **Boursicotte,** *s. f.* Châtaigne.

Bousiller, *v. a.* Ramasser des bouses, mal faire son ouvrage, salir.

Bousine, *s. f.* Vessie. *Je vas te défoncer la bousine,* dit-on, quand on veut menacer quelqu'un. De *Bottellus,* boyau, ou de *Bous,* petit vase à mettre des liquides. (Du Cange. *Butta.* 3.)

Boussard, *s. m.* Petite fille qui a les goûts d'un petit garçon.

Boussiau, *s. m.* Boisseau. Voyez *Boisseau.*

Boutoile, *s. f.* Bouteille.

Boutterie, *s. f.* Petit baril qui contient un demi-quart de busse. (Du Cange. *Boutellus.*)

Bouvart, bouvas, *s.* Bouvillon. (Du Cange. *Bovetta.*)

Bouvine, bovine, *s. f.* Maisonnette, masure. Voyez *Bauhine.*

Braie, *s. f.* Voyez *Breyoir.*

Brancard, brancas, *s. m.* Grandes balances suspendues avec de grosses cordes.

Branciller (se), *v. pr.* Se balancer à des branches d'arbre liées en forme d'escarpolette.

Brandilloire, *s. f.* Escarpolette. *Brander*, c'était s'agiter, branler. (Du Cange. *Palpare.* — Raynouard. *Brandir, Brandar.*)

Brandons. Voir l'article ci-dessous.

Branlons, *s. m. pl.* Le premier dimanche de Carême est celui des *Branlons* ou, pour mieux dire, *Brandons*. Ce jour-là, les paysans parcouraient la campagne avec des brandons de paille allumés pour conjurer les sortiléges jetés contre les arbres, et menaçaient ceux-ci de les couper s'ils ne donnaient pas de fruits. (Du Cange. *Brandonner* sous *Brande, Burœ*.— Dictionnaire de Trévoux. *Brandons.*) Cet usage n'existe plus dans le Maine, bien que le jour indiqué ait conservé ce nom. Suivant M. Cauvin, dans quelques paroisses, on en pratique un autre qui consiste à frapper avec un *cermeau* sur une *busse* qui n'a qu'un fond, de manière à produire un son qui s'entende au loin et qui sert à endormir les mulots et autres *vermeniers*. Voyez *Buie*. Peut-être disait-on *Branlons* au lieu de *Brandons*, à cause des rondes ou *branles* qui se dansaient autour des arbres. On trouve une notice dans le tome VIII du *Musée des familles*, p. 27, sur les branles qui se dansent en Normandie le premier dimanche de Carême, et de même avec l'éclairage des brandons.

Branne, *s. f.* Mamelle.

Brannée, *s. f.* Nourriture préparée pour les bestiaux et dans laquelle on met du son autrement dit *bran*.

Brannée, *s. f.* Femme paresseuse.

Brassiller (se), *v. réf.* Marcher deux en se tenant par une main et en se balançant les bras, comme font les promis. Voyez *Croche-dai*.

Bravette, bravotte, *s. f.* Pièce du tablier qui s'étend sur la poitrine. Je pense que c'est *bavette*.

Bréda, *s. m.* Ce mot était très-usité, il y a quelques années, dans le Maine, pour indiquer une soirée de jeu.

Bredasser, *v. n.* S'occuper de choses insignifiantes; lambiner nonchalamment.

Brénée, *s. f.* Mélange de son (*bren*) et d'autres aliments pour les animaux de basse-cour.

Brenne, *s. f.* Mamelle.

Brésiller, *v. a.* Briser. Voyez *Bersiller*.

Breunche, *s. f.* Résidu qui se forme au fond d'un pot ou d'un autre vase devant le feu. Roquefort le donne d'après Ménage. C'est un dérivé de *bren,* qui signifiait un résidu quelconque.

Breyer, *v. a.* Broyer. Se dit surtout pour séparer le chanvre du fétu.

Breyoir, *s. m.* Instrument pour broyer le chanvre et séparer la filassse de l'*aigrette* ou fétu.

Bricole (de). De côté et d'autre, sans but.

Bricoler, *v. a.* Aller de côté et d'autre, à l'étourdie. Se dit surtout des chiens de chasse.

Brider une oie. C'est lui passer une plume dans les narines ou une longue cheville au cou, afin qu'elle ne puisse traverser les clôtures.

Brière, *s. f.* Bruyère.

> Le roy alla le matin sur la *brière* de Marly.
> (*Journ. de* Dangeau. 7 et 9 novembre 1691.)

Brimbaler, *v. a.* Mettre en branle : est encore français. Le Dictionnaire de Trévoux fait venir ce mot du bas-breton *brimbalat* ; le contraire est tout aussi probable.

Brimbaloire, *s. f.* Escarpolette.

Brin, *s. m.* Filasse du chanvre le plus long et le plus mince.

Brin ! C'est une réponse négative. Demande : Avez-vous de l'argent à me donner ? — Réponse : *Brin !* Je crois que l'on dit ainsi au lieu d'un mot très-énergique, trop même, et qui est celui-ci à une lettre près.

Brincaudier, ère, *s. m.* et *f.* Domestique qui fait sa besogne trop vite pour qu'elle soit bien faite.

Brindelle, *s. f.* Femme qui n'est pas bonne ménagère.

Broc, *s. m.* Fourche à dents de fer. On prononce *brô*. (Du Cange. *Broca.* 4.)

Brode, *adj.* Mal tenu, lâche, efféminé, cancre, sale, grossier. (COTGRAVE. *Brode.*)

> Muleasses, roi de Thunes, reprochoit la mémoire de son père, l'appelant *brode*, efféminé, etc. (MONTAIGNE. *Essais*, liv. II, ch. VIII.)
> Si ce n'est pas pour être fort entendu en mon périgordin : c'est un langage *brode*, traisnant, esfoiré. (Le même. *Ibid.*, ch. XVII.)

Dans Rabelais, *brodier* signifiait le *derrière* :

> Puis s'en va deslascher son *brodier* si très-impétueusement que on cuydoit que la ville fondist toute en abisme..... Le bon roy Artus et toute sa cheuallerie ayant veu desbonder la patremuse du *brodier* de Gargantua, se prindrent tous à rire si trèsfort qu'ilz en eurent les passions pendant plus de sept jours. (*Chroniques admirables du puissant roy Gargantua.*)

Bronbronbrette, *s. f.* C'est une chanson à boire. On la chante à la ronde. Un buveur chante :

> Va pass' ta qu'nouille à c'tilla
> Si vous voulez qu'il file
> Va pass' ta q'nouille à c'tilla
> Il filera.
> Pendant qu'il filera
> Que son voisin s'apprête

> Et pendant qu'il boira
> Chantons la bronbronbrette
> La bronbronbrette ! ⎫
> La bronbronbra !   ⎭ *bis en chœur*.

Pendant que celui dont c'est le tour de boire s'en acquitte, le chœur continue lentement et autant de temps qu'il plaît au buveur de faire durer le plaisir :

> Il file, il file, il file, etc.

Et quand il a bu :

> Eh ! mais n'a-t-il pas bien filé
> Tandis que sa qu'nouille a duré.

Et ainsi de suite, à la ronde.

Bronbronbrette doit avoir une curieuse étymologie. Je ne trouve que *bro* (brouet) et *bronc* (âpreté), tous deux dans Raynouard, qui puissent approcher.

Bronne, *s. f.* Mamelle. De *bibere?*

Brôquin, *s. m.* Guêtre.

Brosse, *s. f.* Nom du chêne *Tauza* ou *Tauzin*.

Brosse est le même mot que *brousse*.

Brosse, *s. f.* Montant d'un *hachet*.

Broutard, *s. m.* Taureau d'un an.

Broutebiquet, *s. m.* Chèvrefeuille.

Bru, *s. m.* Bruit.

Brûleux, *s. m.* Distillateur d'eau-de-vie.

Brunche, *s. f.* Dépôt, résidu. Voyez *Breunche.*

Buaillon. Petite lessive.

Bue, *s. f.* Cruche. Voyez *Buie.*

Buée, *s. f.* Lessive.

> La pluie nous a *buez* et lavez.
> (Villon. *Ballade des pendus.*)
>
> Entendismes vng bruit strident et diuers comme si fussent femmes lauans la *buée*. (Rabelais. *Pantagruel*, liv. V, ch. xxxi.)

Ce mot, indiqué comme vieux par l'Académie, est encore très-usité dans les provinces de l'Ouest.

A Dijon, du temps de Ménage, on disait *linge maubué* (mal bué) pour linge sale.

Buie, *s. f.* Buire, cruche en grès munie d'une petite gargouille. On fait venir *buire* de *bibere :* on en a fait *burette*. Roquefort, au mot

Bures, rattache ce nom à certaines courses de lance qui se faisaient avant le dimanche de la Quinquagésime, et qu'on nommait ainsi, dit-il, parce qu'on y buvait beaucoup. Ces courses qui pourraient bien avoir quelque analogie avec celles en usage au Mans le jour des Rameaux (Voyez *Lanciers*), faisaient partie des jeux de Brandons. Voyez *Branlons.* Du Cange place ces mêmes courses au premier dimanche de Carême, qu'il nomme le jour des *Bures*, des *Bordes* ou du *Bouhourdis.* (*Buræ, Bohordicum, Bordæ.*)

Bulot, *s. m.* Petite meule de fourrage. Voyez *Mulon.*

Buon, *s. m.* Grand vase de terre en forme de cuvier, et dans lequel on fait la buée. (Du Cange. *Buheterius.*)

Bureau, buret, *s. m.* Bure.

> Mais ce n'est la guise des amoureux, auoir ainsy bragues aualades....., auecques robbe longue de *bureau*..... La couleur, respondit Panurge, est aspre aux potz, a propos, c'est mon *bureau.* (Rabelais. *Pantagruel,* liv. III, ch. vii.)

Buron, *s. m.* Lavoir formé naturellement par des eaux stagnantes. De *buer*, laver. (Du Cange. *Bura.*) En d'autres lieux, c'est un *douet* ou un *mortier*.

Busse, *s. f.* Tonneau de 230 à 240 litres. (Du Cange. *Buza* sous *Butta.*)

Bussonée, *s. f.* Buisson.

Bussonier, *s. m.* Lapin qui ne terre point, et se tient aux buissons. Voyez *Maisonnier*.

Buttiot, *s. m.* Petite meule de foin.

Buvassier, buvattier, *s. m.* Ivrogne.

C

Ça. Cette abréviation bien connue, et qu'on emploie généralement au lieu de *cela*, est très-souvent suivie, dans le Maine, de *qui*, et toujours quand elle précède immédiatement un verbe. *Ça qui fait bin, ça qu'est beau* (cela fait bien, c'est beau).

Cabaret, *s. m.* Mauvais toit.

Cabasser, *v. n.* Bavarder.

Caborgne, *adj.* Borgne.

Cabosser, *v. a.* Bossuer.

> Diogènes le tournoit..... le *cabossoit*.
> (RABELAIS. *Pantagruel*, liv. III. Prologue.)

Cacailler, *v. n.* Crier comme la poule ou la perdrix. *Cacabler* suivant Roquefort. — Bavarder.

Cacot, *s. m.* Terme qu'on emploie, avec les enfants, pour désigner un œuf ou une noix. (MÉNAGE. *Quecas.*)

Cagibitis, *s. m.* Mauvaise barraque, mauvais meuble, partie inférieure d'un bahut ou d'un buffet.

Cagiot, *s. m.* Animal de basse-cour trop petit pour marcher, et que l'on transporte dans des cages ou paniers.

Caguenas, *s. m.* Cadenas.

Caille, *s. f.* Cet oiseau passe pour avoir le don de pressentir le prix du grain. Les uns pensent que le grand boisseau (25 litres) de froment vaudra autant de francs qu'il y a d'appels dans le chant du courcaillet; d'autres estiment que chacun de ses appels équivaut à une augmentation de cinq sous, au-dessus du prix de quatre francs par chaque même boisseau.

Caille, *adj.* De couleur pie. Voyez *Beu*.

Caille-lait, *s. m.* On désigne ainsi plusieurs plantes dont les feuilles ou les fleurs ont la propriété indiquée par le mot.

Caillotin, *s. m.* Fromage blanc.

Caillou, *s. m.* Faïence qui se fabrique à Saint-Denis-d'Orques.

Caillou, *s. m.* Calus, callosité des mains et des genoux.

> En se traînant à quatre pieds, saillit sur les deux *cailloux*. (*Nouv. de la Reine de Navarre.* Préface.)

Caler, *v. n.* Reculer, céder. Cette locution est, je crois, assez usitée en France, dans le langage familier.

> Voilà par quels destours vague ma fantaisie
> *Calant* ore à l'amour, ore à la jalousie.
> (Phil. Desportes. *Élégies* xive, liv. I.)

J'ay faict *caler*, soubs l'interest de leur honneur, le plaisir. (MONTAIGNE. *Essais*, liv. III, ch. v.)

Cette superbe vertu eust-elle *calé* au plus fort de sa monstre. (Le même. *Ibid.*, ch. xii.)

Calorgne, *adj.* Borgne.

Calot, *s. m.* Noix verte, grosse noix, gros morceau de pain ou de viande.

Cambin, *adv.* Combien.

Cameloter, *v. a.* Comploter, se parler l'un à l'autre à voix basse.

Camelotte, *s. f.* Complot.

Camignon, *s. m.* Petite épingle.

Caminette, *s. f.* Camomille.

Canet, *s. m.* Caneton.

Canetée, *s. f.* Plante aquatique qui couvre entièrement les sources d'eau vive, pour peu qu'on la laisse pousser. On la nomme ainsi parce que les canards aiment à barboter au milieu.

Canette, *s. f.* Petite bille avec laquelle jouent les enfants. Le Dictionnaire de Trévoux explique les règles de ce jeu.

Canette, *s. f.* Petite bobine.

Caniveau, *s. m.* Rigole en terre ou en pierres. Dans le Dictionnaire de l'Académie, c'est une pierre percée par le milieu : à Paris, c'est un pavé.

Canne giloire, *s. f.* Clifoire, petite seringue en sureau que font les enfants. Ménage et le Dictionnaire de Trévoux citent ce mot. Voyez *Giler*.

Canne pétoire, *s. f.* Petite sarbacane très-courte ou canon de sureau, qui est un jouet d'enfants; il est d'un usage ancien. Elle se nomme ainsi *pétoire*, parce que lorsqu'on retire le manche avec lequel on la charge, ou lorsqu'on la fait partir, elle détonne avec un certain bruit.

> Comme quand les petiz garçons tirent d'vng canon de sulz (sureau), auecques belles rabbes. (RABELAIS. *Pantagruel*, liv. II, ch. XIX.)

On se sert encore aujourd'hui de ces mêmes petits projectiles faits avec des morceaux de raves ou de navets.

Caparaçonner, *v. a.* Rosser.

Capituleux, se, *adj.* Capiteux. *Un petit blanc bin capituleux.*

Caque, *s. f.* La caque du Maine se mesure par deux boisseaux *combles* et un boisseau *rais,* ce qui fait 65 ou 80 litres, suivant qu'on se sert du boisseau nouveau (20 litres ou 32 livres de blé), ou de l'ancien (25 litres ou 40 livres de blé.)

Caquot, *s. m.* OEuf, noix. Voyez *Cacot.*

Caquot, *s. m.* Caquet, hoquet.

Caquoter, *v. n.* Caqueter, jacasser, avoir le hoquet.

Carabin, *s. m.* Blé noir ou sarrazin.

Carinet, *s. m.* Tuile concave pour placer dans les angles des toits.

Carne, *s. f.* Mauvaise viande, charogne. (RAYNOUARD. *Carn.*) *J'l'haïs pus que d'la carne.* Au figuré, c'est un terme de mépris, un mauvais cheval, une femme de mauvaise vie, etc. De *Caro.*

Carreau, *s. m.* Planche épaisse.

Carrie, *s. f.* Baldaquin carré des vieux lits.

Carroé, carroi, carrouère, *s. m.* Carrefour. (Du Cange. *Carretum, Carrouellum, Carubium, Quarrum.*)

> Ouquel temps les fouaciers de Lerné passoient le grand *carroi*. (Rabelais. *Gargantua*, ch. xxv.)
>
> Les fouaciers..... proupousarent leurs complainctes..... disant le tout auoir esté faict..... près le grand *carroy* par de là Seuillé. (Le même. *Ibid.*, ch. xxvi.)
>
> A haste s'en alloit
> Par maint *carroy*, par maint canton et place
> Pour le chercher.
> (Cl. Marot. *L'Amour fugitif,* Ier chant.)
>
> Quand fut en plein *carroy*
> Sus vng hault lieu se mist en bel arroy.
> (Le même. *Ibid.*, IIe chant.)

Carte à tabac, *s. m.* Bureau de débit de tabac.

Casse-croûte, *s. m.* et *f.* Entremetteur de mariage. *Rouche-croûte*, qui est synonyme, est plus expressif.

Casseleau, *s. m.* Boisseau ou l'une de ses divisions. De *Cassula,* petite caisse; caisse était *cassa* en basse latinité.

Casse-pots, *s. m.* Voyez *Jeudi casse-pots.*

Cassine, *s. f.* Maison très-petite, cabane ; c'est comme *petite case*.

> Il en achète force mestairies, force granges, force *cassines*. (RABELAIS. *Pantagruel*, liv. IV, Prologue.)
> Les mena boire en vne *cassine*..... arrivant à la *cassine*. (Le même. *Ibid.,* ch. XIII.)

Cassine doit venir de *casa*. Plusieurs métairies et autres localités portent ce nom.

Castille, *s. f.* Groseille à grappes. Est-ce à cause de l'acidité de ces fruits, qu'on appelle *castilles* les querelles ou les paroles aigres ?

Castillier, *s. m.* Groseillier à grappes.

Castine, *s. f.* Marne blanche. On l'emploie, dans les forges, pour hâter la fusion.

Catherine, *s. f.* Coccinelle (plante).

Caufée, *s. f.* Consoude (plante).

Célot, *s. m.* Insecte presque microscopique, de couleur rouge et de la famille des pucerons ou des tiques ; il se nomme aussi *bête rouge, loup rouge, rouget*. On le rencontre principalement sur la renouée, dans les mois d'août et de septembre ; il s'insinue sous la peau et cause de vives démangeaisons. Dans d'autres provinces, on le nomme *vendangeron*. Son nom, suivant les savants qui s'adonnent à faire des catalogues d'histoire naturelle, est *lepte automnal*. Voyez *Sénot*.

Cénard, cénas, *s. m.* Mauvais plancher. (Du Cange. *Solarium.*)

Cendrine, *s. f.* Cendrée, très-petit plomb de chasse.

Censément, *adv.* A peu près, certainement, c'est-à-dire.

Centine, *s. f.* Baie de l'airelle ou myrtille. On désigne aussi la plante par le nom du fruit.

Cermeau, *s. m.* Grande serpe. (Du Cange. *Cerminiculum, Ferramentum.*)

Cetlà, ceutlà, *pr. m. pl.* Ceux-là.

Ceule, *pr. f.* Celle, féminin de *celui*. On dit *à ceule fin* pour *afin*. Voyez *Seule*.

Ceuli, *pr. m.* Celui, ceux.

Ceux, *pr. m. pl.* Ce pluriel du pronom personnel *celui*, ne s'emploie que précédé de l'article *les*. *Les ceux qui ont fait ça*. Voyez *Cieun* et *sien*.

Châble, *s. m.* Herse. Voyez *Châple.*

Châbler, *v. a.* Herser, briser, réduire en fragment. Voyez *Châpler.*

Châe, *s. f.* Chaleur.

Chaffourer, *v. a.* Fouiller, bouleverser, mettre en désordre. De là peut-être on a fait *échauffourée.*

> Gargantua..... ratissoit le papier, *chauffourroit* le parchemin. (RABELAIS. *Gargantua*, ch. XI.)
> Le iour subsequent, passasmes Procuration, qui est vng pays tout *chaffouré* et barbouillé. (Le même. *Pantagruel,* liv. III, ch. XII.)
> Leur retraicte mesme est pleine de corruption et d'ordures, l'idée de leur amendement *chaffourrée.* (MONTAIGNE. *Essais,* liv. III, ch. II.)

Chaillou, *s. m.* Caillou, silex.

Chairdron, *s. m.* Chardon.

Chairdronnet, *s. m.* Chardonneret.

Chaire, *s. f.* Chaise.

> Apportez moy à ce bout de table une *chaire*. (RABELAIS. *Pantagruel,* liv. III, ch. XXXIV.)
> Parmy ces humeurs, il auoit cette-cy bien contraire à celles des princes, qui pour despescher les

plus importants affaires, font leur throsne de leur *chaire* percée. (MONTAIGNE. *Essais*, liv. Ier, ch. III.)

S'élançant brusquement d'une *chaire* où elle estoit assise. (Le même. *Ibid.*, liv. II, ch. xxxv.)

Car il n'est pas conuenable que quand on se lève de la *chaire* d'un barbier, on se présente deuant un miroir. (AMYOT. OEuv. morales de Plutarque. *Comment il faut ouir.*)

Je trouué à la ruelle du lit vne *cherre* pour me seoir. (*Recueil général des caquets de l'accouchée.* Édit. de 1623, page 6.)

En revanche, pour dire une *chaire*, on dit une *chaise;* ceci se faisait aussi quelquefois ailleurs que dans le Maine.

> Les prédicateurs dans leur *chaize*
> Prônent maintenant tout à l'aise.
> (LORET. *Muze historique*, 2 août 1653.)
> D'Amiens l'evesque ou pasteur
> Admirable prédicateur.....
> Mercredy jour sainte Thérèse
> Monta l'après dînée en *chaize*.
> (Le même. *Ibid.*, 18 octobre 1653.)

Chairier, ère, *s. m.* et *f.* Loueur ou loueuse de chaises.

Chairier, *s. m.* Grand linceul qui se place dans le cuvier à lessive par-dessus le linge.

Chairpi, *s. m.* Charpie.

Chairpigner, chairpir, *v. a.* Déchirer, égratigner, écharper. Voyez *Charpeigner*.

Chalanberdin, *s. m.* Mauvais sujet, et qui surtout ne veut rien faire. Ne serait-ce pas *nonchalant* et *berdin?*

Challer, *v. a.* Écaler. Voyez *Échaller*.

Chaloigne, *s. m.* Chanoine.

Chaloignie, *s. f.* Canonicat, prébende.

Chambre, *s. m.* Chanvre. Nous appelons *chambre mâle* celui qui porte les graines, et *chambre fumelle* celui qui porte les étamines. C'est le contraire de la vérité.

Chambre, *s. f.* Salle de la mairie où se réunissent les conseils municipaux, et où se célèbrent les mariages. Etre marié à la *chambre*, c'est l'être civilement.

Chambrière, *s. f.* Porte-poêle qui se fixe à la crémaillère. — Morceau de bois placé à la tête d'un rouet.

Chamine, *s. f.* Tache blanche qui se voit sur le vin. Peut-être serions-nous plus conséquents en disant *chanine*, à cause de *channit*.

Champaier, *v. a.* Conduire les bestiaux en champ. (Du Cange. *Champeare.*)

Champaigne, *s. f.* Pays fertile, très-peu boisé, en culture et en champs depuis des temps reculés, plaine ou plateau.

Champaigner, ère, *s. m.* et *f.* Qui habite un pays de champagne.

Champéié, e, champeieux, se, *adj.* Se dit d'un pays de champagne, où il y a beaucoup de champs et peu de bois ou de haies.

Champi, e, *adj.* Enfant trouvé. Nous désignons ici le résultat par un mot qui convenait autant à ceux qui en étaient la cause. Du Cange (*Campenses*) cite *champil* pour *bâtard*, et *champisse* pour *fille débauchée*. De plus, le passage suivant prouve qu'on l'employait aussi pour *goguenard, indécent, ordurier*.

> Et ces *champisses* contenances de nos laquais y estoient aussy. (Montaigne. *Essais*, liv. Ier. ch. xlix.)

Pour être plus intelligible, il faudrait pouvoir citer tout ce qui précède dans Montaigne, ce qui serait un peu long.

Champleure, *s. f.* Robinet qu'on place ou qu'on enlève à volonté, cannelle.

Chandeleur, *s. f.* Pervenche naine qui fleurit à l'époque de la fête de ce nom, vers le commencement de février. — Galanthine perce-neige. Voyez *Begnaude.*

Channi, e. *adj.* Qui a des moisissures blanches.

Channit, *s. m.* Moisissure blanche, tache blanche sur le vin. De *canities*, blancheur.

Chapeau, *s. m.* Gale de la tête des enfants naissants.

Chaper, *v. n.* Se promener de long en large. Terme auquel a donné naissance l'usage des chantres d'église qui se promènent en chapes dans le chœur, à certains moments des offices.

Chapillon, *s. m.* Enveloppe du grain de froment dans l'épi.

Châple, *s. m.* et *f.* Herse. Quand les herses ont des dents de fer, ces dernières sont assez souvent en forme de lames de couteau; or, *chaple* indiquait les blessures ou les effets produits par des instruments tranchants.

(Du Cange. *Capulatura* sous *Capulare*.) Les boulangers appellent *chapelure* les râpures du pain.

Châpler, *v. a.* Herser, mettre en morceaux, hacher. On disait autrefois *chapouler*. (Du Cange. *Capulare*. — P. Chompré. *Capulo*.)

Chapon, *s. m.* Graisse qui s'amasse sur le cou ou sur le dos du porc.

Chapper, *v. a.* Appeler quelqu'un à haute voix. C'est *Jupper*.

Chaquer, chaqueter, *v. a.* Agiter vivement un objet, secouer la tête à droite ou à gauche, heurter les mâchoires les unes contre les autres. *Quiens! regard'mon qu'ment qu'i chaquete*. Voyez *Saquer*.

Châre, *v. n.* Choir. Le verbe *choir* existe au Maine dans tous ses temps. L'Académie n'en autorise que l'infinitif et le participe passé.

Charitons, *s. m. pl.* Confréries de charité fondées autrefois dans les temps d'épidémies, pour l'ensevelissement des morts. Il en existe encore quelques-unes.

Charpeigner, *v. a.* Déchirer, mettre en charpie.

> *Charpinasset* eum.... *charpinauit* eos. (Ant. Arena. *Meygra entrepriza.*)

Le Glossaire de Du Cange le cite pour *carder* (au mot *Cardura.*) *Carpant* était synonyme de hachis.

Charpir, *v. a.* Même signification. La *charpie* est le substantif de notre verbe.

Charrière, charroière, *s. f.* Allée d'exploitation dans les bois ou à travers les champs. (Du Cange. *Carreria.*)

> Les sentiers doivent avoir cinq pieds de large, les *carrières* dix pieds. (Monteil. *Histoire des Français de divers états.* xive siècle, Épître 42e.)

Chârte, *s. f.* Charrette.

Chârtillage, *s. m.* Bois propre à la confection des corps de charrette.

Chârtis, *s. m.* Corps de la charrette, moins les roues.

> Greniers, granges, *chartis,* et caues et celliers. (Regnier. *Satyres,* xv^c.)

Chas, *s. m.* Colle grossière faite avec de la farine.

Chasse-artu, chasse-mâlé, chasse-marre ou **mâro**, *s. m.* Bruit qu'on prétend entendre la nuit dans l'air et ressembler à la voix d'un chien. Borel donne *chasse-mare* comme synonyme de *cauchemar*; c'est, dans le Dictionnaire de Trévoux, le nom des sorcières. Suivant Du Cange, le *mar* était le mal (Gloss. *Mar.* 2), *mare* le diable ou un monstre (Ibid., *Lama.* 2), et enfin *mâlé* ou *maloit*, un maudit (Ibid., *Malemittere*). Guillaume Coquillart a dit quelque part :

> Elle chasse les loups-garous
> Et les *chasse-mares* de nuit.

Voilà bien de quoi satisfaire le plus scrupuleux *étymologophile*, en ce qui touche *mâlé*, *mâre* et *mâro*; mais *artu*, *ertu*, ou *r'tu?* Est-ce *arsus*, brûlé? Est-ce *erte* venant, suivant Ménage, de l'italien *erta* ou du latin *erecta*, qui indique une position sur un point élevé, et dont on a fait *à l'erte*, puis *alerte?* ou bien *artabatitæ*, monstre, *artahut*, cercueil (Du Cange)?

Ce *mare*, qui se prend toujours ainsi en mauvaise part, est-il pour quelque chose dans *maraud, marloup, tintamarre*, etc.? Voyez *Nocet*.

Chasser, *v. a.* Saillir. On dit faire chasser une vache par le taureau.

Chassière, *s. f.* Cage à faire sécher les fromages. (Du Cange. *Casearius.*)

Chat de mai, *s. m.* Les jeunes chats qui naissent dans le mois de mai, passent pour avoir la *malchance*, être sujets à la rage et à toutes sortes de défauts. Ils ne sont bons qu'à noyer, et c'est l'usage qu'on en fait assez généralement.

Châtonner, *v. a.* Se dit des chattes qui mettent bas.

<blockquote>Mais, monseigneur, elle a *chatonné*, dit Boisrobert. (Tallemant des Réaux. *Mlle de Gournay.*)</blockquote>

Chatonner, *v. a.* Remuer la queue.

Chatte. Voyez *Ma chatte*.

Chaubourre, *s. m.* Enduit fait avec de la chaux bourrée.

Chaudefouace, *s. f.* Petit chardon qui pousse dans les terres rocailleuses et brûlantes. Ce doit être l'*eryngium* des botanistes. Son nom semble avoir de l'analogie avec *panicaut*, qui est aussi celui d'un chardon, du même peut-être.

Chauffaud, *s. m.* Échafaud, échafaudage. (Du Cange. *Chaufarium, Chauffaudus, Echaffaudus, Martinetus.*)

<small>Ne structuras vulgariter *chauffaux* pro ipsis precantibus vel predicare volentibus erigant. (Concilium apud civitatem Andegavensem, anno 1448. ms.)</small>

<small>Logez-nous en vostre *chauffault*
Ou grant tranuillez de la hault.
(Jehan Daniel dit maistre Mitou. *Noels nouueaulx.*)</small>

Chauffauder, *v. a.* Échafauder.

Chauffe-couche, *s. m.* Homme qui se mêle des détails féminins du ménage, des toilettes et des ouvrages de femmes. On dit aussi *chauffe-la-couche*. Voyez *Manette*.

Chauffourer, *v. a.* Bouleverser, fouiller, mettre sens dessus dessous. Voyez *Chaffourer*.

Chaufouace, *s. f.* Chardon. Voyez *Chaudefouace*.

Chaufroidie, *s. f.* Refroidissement subit du corps, pleurésie.

Chaulatte, *s. f.* Pièce de bois sciée de biais dans l'épaisseur, et qui porte sur les *coyaux*.

Chausse, *s. f.* Ce mot n'a conservé, dans le Maine, que l'une de ses anciennes significations, supprimée par l'Académie ; il s'emploie pour désigner les bas ou chaussures des jambes.

Chausser, *v. a.* Se dit du coq quand il couvre la poule.

Chaussumer, *v. a.* Chauler.

Chaussumier, *s. m.* Chaufournier.

Chauvin. Voyez *Beu.*

Chauvir, *v. n.* Outre sa signification ordinaire, ce verbe veut encore dire : blanchir des cheveux, pâlir du visage. Au figuré, c'est être désagréablement impressionné, rire jaune.

Cheau, *s. m.* Petit chien. Voyez *Chiau.*

Chéiais (je). Imparfait de l'indicatif du verbe *choir.*

Chéiant. Participe présent et troisième personne du pluriel de l'indicatif du verbe *choir*.

Cheignon, *s. m.* Bon morceau de viande ou de pain. Pour *chignon*. Voyez *Quignon*.

Chen, *s. m.* (Prononcez *chin*.) Chien.

Chenarde, *s. f.* Colchique des prés, quelquefois navet ou raifort sauvages. La *chenarde* se nomme ainsi parce qu'elle a, dit-on, la propriété de faire mourir les chiens. On fait sécher la racine au four, ce qui la réduit considérablement; quand on est parvenu à en faire avaler une partie à un chien, elle reprend dans son estomac un volume tel que cette dilatation amène la mort. C'est par cette même raison que Furetière appelle le colchique de la *chiennée*.

Chenau, *s. m.* Chenal, petit conduit. (Du Cange. *Chenalis*.)

Chenevière, *s. f.* Chanvre, au lieu d'être le champ où il est semé.

Chenolle, *s. f.* Larynx, glande dite pomme d'Adam ou thyroïde. (Du Cange. *Cannolla*.)

Chérir, *v. a.* Caresser.

Cherpigner, cherpir, *v. a.* Écharper. Voyez *Charpigner.*

Cherrai (je). Futur du verbe *choir.*

Cherrée, *s. f.* Charrée.

Cherrier, *s. m.* Grand linceul qui s'étend par-dessus le linge dans le cuvier à lessive.

Cherrue, *s. f.* Charrue.

Chésière, *s. f.* Espèce de cage dans laquelle on fait sécher les fromages. (Du Cange. *Casearius.*)

Chésis (je), ou *je chus.* Prétérit défini du verbe *choir.*

Chétiver, *v. a.* Épargner, économiser un peu trop.

Cheulue, *s. f.* Radicules des plantes. Ce doit être *chevelue.* Du Cange croit avoir trouvé *chevelée* pour *provin* (au mot *Chenellus.*)

Cheurgien, *s. m.* Chirurgien.

Cheute, *f.* Participe passé féminin de *choir.* Voyez *Chute.*

Chevergne, *s. m.* Espèce de carpe.

Cheviller, *v. a.* Craindre de se fatiguer ou de fatiguer les autres, se soulager ou les soulager.

Cheviller, *v. a.* Mettre en tête ou en *cheville* devant des chevaux ou des bœufs un cheval bien dressé. (Du Cange. *Limonerius.*) En bon français, on dit de celui qui conduit bien une affaire, qu'il en est la cheville.

Chevir, *v. a.* Jouir de son bien. Le substantif *chevance* est encore français.

Cheye (que je). Subjonctif du verbe *choir.*

Chiai, *s. f.* Chair, viande.

Chiart, chiau, *s. m.* Rejeton qui pousse sur les racines des végétaux. (Du Cange. *Capriolus.*)

Chiau, *s. m.* Chien qui vient de naître. En fauconnerie, on nommait *cheaus* ou *chaux* les petits loups. (Du Cange. *Canis alanus.* — Dictionnaire de Trévoux. *Cheau.*)

Chiaulée, *s. f.* Bande de petits chiens, et par extension, de petits animaux.

Chiauler, *v. a.* Se dit des chiennes qui mettent bas et des arbres qui tracent.

Chichard, e, *adj.* Chiche, avare.

> Nul n'y sera vsurier, nul eschart, nul *chichart*, nul refusant. (RABELAIS. *Pantagruel*, liv. III, ch. IV.)

Chicheté, *s. f.* Avarice. Ce mot devrait être resté français, puisqu'on dit *chiche* et *chichement*.

> Cependant qu'il se contente de l'espargne et *chicheté* de sa table. (MONTAIGNE. *Essais*, liv. II, ch. VIII.)
>
> Toutesfois il y en a qui par espargne méchanique et par *chicheté* refrenent bien leur cupidité. (AMYOT. OEuv. de Plutarque. *Les Règles et Préceptes de santé.*)
>
> Au diable soit *chicheté*. (BONAV. DESPÉRIERS. *Contes et Devis*, nouv. LXIXe.)

Chignon, *s. m.* Bon morceau de viande ou de pain. C'est comme *Quignon*.

Chiguerdi, e, *adj.* Pâle, maigre et défait.

Chinchon, *s. m.* Terme d'affection à l'égard des petits enfants. *C'est mon Benjamin, mon chinchon.*

Chinchonner, *v. a.* Câliner.

Chintre, *s. f.* Hallier, haie large, taillis étroit. (Du Cange. *Cinctada.*)

Chintrer, *v. a.* Cingler de coups.

Chiou, *s. m.* Petit enfant. De *chiau.*

Chipoit, te, *adj.* Avare, qui chipotte.

Chippe, *s. f.* Chiffe.

Chôlue, *s. f.* Radicules. Voyez *Cheulue.*

Chômer, *v. a.* Ce verbe n'a que bien rarement son sens régulier, qui est manquer de travail. Avec nous, il veut dire *être dans la misère, manquer de pain.*

> Ainsy sans doute il *choumera* moins que les aultres. (Montaigne. *Essais,* liv. Ier, ch. xxv.)

> Que chommes-tu, o poure misérable !
> Boi moi d'autant. La viande est sur la table.
> (Amyot. OEuv. de Plutarque. *Qu'on ne scauroit viure suivant la doctrine d'Épicurus.*)

Chonchon, *s. m.* Coche de graisse des personnes grasses qui se sanglent trop.

Chopet, *adv.* Peu.

Choquet, *s. m.* Espèce de cruche.

Chouan, *s. m.* Chat-huant. (Du Cange. *Cauanna.* — Raynouard. *Chau.*)

> Aulcuns le dirent, estant ieune aignelet, par quelque duc ou *chauant* la rauy. (Rabelais. *Pantagruel*, liv. IV, ch. lvii.)

La chouette doit tirer son nom de la même origine que le chouan.

Personne n'ignore que, dans les temps modernes, le nom de *chouan* est devenu une qualification politique. On dit en outre des royalistes, qu'ils ont des *pieumes* (des plumes) *aux pattes*, parce que c'est une particularité de l'oiseau en question.

Chuergne, *s. m.* Poisson blanc de l'espèce des carpes.

Choue, *s. f.* Chaleur.

Choulle, *s. f.* Grosse pelotte. Voyez *Soule*.

Chuiller, *v. a.* Garantir quelqu'un de peines, le traiter avec ménagement, lui donner de l'aide. Voyez *Cheviller*.

Churgien, *s. m.* Chirurgien. Voyez *Surgien*.

Chus (je). Prétérit défini du verbe *choir*.

Chute. Participe passé féminin du verbe *choir*.

> Duquel coup estant *cheute* de son long. (MONTAIGNE. *Essais*, liv. II, ch. LVII.)
>
> Les anciens prophètes..... disans les vains songes estre cachés sous les feuilles *cheutes* en terre. (RABELAIS. *Pantagruel*, liv. III, ch. XIII.)

Chuter, *v. a.* et *n.* Faire tomber, tomber.

Cieun, *pr. m. pl.* Ceux, pluriel de *celui*. On le fait toujours précéder de *les*. *Les cieun qui ont dit ça, c'est des bègues.* On dit aussi *sien*.

Cinard, cinas, *s. m.* Plancher fait avec des gaules ou de mauvais bois. (DU CANGE. *Solarium*.)

Cinelle, *s. f.* Senelle, toute sorte de baie (fruit), prunelle.

Cintième, *adj.* et *s. m.* Cinquième. Nous voici d'accord avec tous les concierges de Paris.

Cinton, *s. m.* Séton.

Citrailler, *v. a.* Griser avec du cidre.

Civerée, *s. f.* Ce que contient une civière ou une brouette, cette dernière surtout.

Civière, *s. f.* Brouette à roues, au lieu d'être un brancard.

Civière, *s. f.* Courlis de terre, ainsi nommé parce que son cri rappelle le bruit de l'essieu mal graissé d'une brouette.

Clan, *s. m.* Petite barrière à deux battants (1).

Clanche, *s. f.* Verrou de bois. (DU CANGE. *Clingere, Pessulum.*)

Cliche, *s. f.* Diarrhée.

Clincailler, *s. m.* Quincaillier. On disait *clinquer* pour désigner l'action de produire un bruit métallique ; de là, on avait fait *clincaille*. Le *clinquant* ou *cliquet* était le son de la cloche. (DU CANGE. *Cliquetum.*)

Closcu, *s. m.* Petit oiseau éclos ou pondu le dernier de sa couvée. (MÉNAGE. *Closcu.* — Dictionnaire de Trévoux. *Closcu.*)

Closerie, *s. f.* Petite métairie.

Closier, ère, *s. m. et f.* Fermier ou fermière d'une closerie.

---

(1) Beaucoup de ces mots commençant par *Cl*, se prononcent comme s'ils commençaient par *Qui*.

Cloteau, clousiau, *s. m.* Petit champ, petit clos.

Cochelin, *s. m.* Gâteau qui se fait pour Noël et qui doit probablement son nom à de petits ornements de pâtisserie en forme de coqs. C'est par ce mot que l'on désigne aussi les cadeaux faits à un filleul par ses parrain et marraine. Le *cochet* était un présent en viande, en vin ou en argent, qu'un nouveau marié offrait à ses compagnons. (Du Cange. *Cochetus,* 3.)

Cocher, *v. a.* Compter au moyen de coches ou entailles faites sur une baguette de bois. C'est encore un usage universel pour nos boulangers et nos laitières.

Cochet, *s. m.* Scorsonère.

Coconier, *s. m.* Marchand d'œufs, de volaille et de gibier.

Dans l'*Histoire et recherches des antiquitez de Paris*, Sauval assure que : « anciennement *cossoniers* et *cossonerie* voulaient dire la mesme chose que poulailliers et poulaillerie. » *Coq* et *Cost* étaient synonymes. (Raynouard. *Cost.*)

Cocquantin, *s. m.* Volant du jeu de raquettes. Cité le 162e parmi les jeux de Gargantua énumérés par Rabelais, liv. 1er, ch. XXII.

Coëssin, *s. m.* Coussin. (Du Cange. *Coysinus*. — Raynouard. *Coyssin*.)

> Puis avec son bragmart, fendit la coitte et *coissin* en deux. (Rabelais. *Pantagruel*, liv. V, ch. XV.)

> D'antique ouurage a composé Nature
> Le boys du lict, ou n'a vng poinct obmis :
> Mays au *coissin* plume très blanche et pure
> D'ung blanc coulomb le grand Ouurier a mis.
> (Cl. Marot. *Chant royal de la Conception Nostre Dame.*)

Coëtil, *s. m.* Coutil. (Rob. Estienne. *Coiti*.)

Coffir, *v. a.* Fausser ou bossuer un objet de métal. *Cophe* signifiait *creux*. (Du Cange. *Cophrus*.) En français familier, on dit *escoffier*. (Raynouard. *Escophiment*.)

Coffisseure, *s. f.* Bosse faite à un vase ou à un autre objet.

Cognairie, *s. f.* Coin ou angle saillant d'un bâtiment.

Coissin, *s. m.* Coussin. Voyez *Coëssin*.

Colin-fumelle, *s. m.* Petit garçon qui aime les jouets de petite fille, homme qui fait des ouvrages de femme.

Communs, *s. m. pl.* Espèce de toile blanche.

Compaignie (être de). Être sociable, aimer le plaisir.

Compère-loriot ou **louriot,** *s. m.* Bouton d'échauffaison qui se forme sur les paupières et ferme quelquefois complètement l'œil. On l'appelle aussi *grain d'orge. Lours* s'est pris pour *borgne.* (Du Cange. *Luscus.*)

Concrire, *v. n.* Se dit des objets qui se forment dans la terre, y durcissent ou y fermentent, et des animaux qui s'y engendrent. On dit de beaucoup d'insectes qu'ils se *concrient* ou *concrillent* dans la terre; les scarabées et particulièrement *l'hanneton* sont dans ce dernier cas. La *concrétion* est un substantif français qui doit correspondre à *concrire.*

Cône, *s. f.* Corne. Voyez *Crônier.*

Cônu, e, *adj.* Cornu.

Conroi, *s. m.* Corroi, argile, marne argileuse.

Conroie, *s. f.* Courroie.

Conroyer, *v. a.* Corroyer, parer une pierre et surtout une meule de moulin. Dans son *Dictionnaire françois-latin*, Robert Estienne indique *conroyer* comme synonyme de *menuiser*.

Conroyeux, *s. m.* Corroyeur ; ouvrier chargé de piquer et parer les meules de moulin.

Conséquent, e, *adj.* Important. C'est une locution parfaitement condamnée, mais aussi parfaitement répandue dans le peuple, ici comme ailleurs.

Content, e, *adj.* Rassasié, repu. *V'là nos gorins bin contents.*

Contenter, *v. a.* Rassasier. *Queu chère goule! rin n'la contente.*

Contrepointe, *s. f.* Escrime.

Cô-pie, coq-pie, *s. m.* Le coq-pie passe pour être très-méchant. On l'obtient en faisant couver des œufs de poule par une pie dont on déménage le nid. Les coqs qui en proviennent sont très-batailleurs.

Coquas, s. f. Œuf. (MÉNAGE. *Quecas.*)

Coquassier, ère, s. m. et f. Marchand d'œufs, de volaille et de gibier. Voyez *Coconier.*

Coqueleiner, v. a. Irriter, mettre dans une colère de petit coq.

Coquentin, s. m. Jeu de volant. Voyez *Cocquantin.*

Coquerette, s. f. Cardamine ou cresson des prés.

Coquonier, s. m. Marchand d'œufs. Voyez *Coconier.*

Corder, v. a. S'accorder ensemble.

Core, adv. Aphérèse pour *encore.*

Corée, s. f. Intestins. Voyez *Courée.*

Cormé, s. m. Boisson de cormes.

> Et à boyre belle piscantine et beau *cormé*. (RABELAIS. *Pantagruel*, liv. II, ch. XXXI.)

Corporence, s. f. Corpulence. On n'est pas bel homme sans cet appoint.

Cosse, s. f. Variété de silex dite cornée.

Cossiau, *s. m.* Petite auge portative dans laquelle on donne aux bestiaux du son ou des cosses de légumes.

Cossiau, *s. m.* Sabot ou cornet en bois que les faucheurs portent à la ceinture, et qui contient le vinaigre destiné au repassage de la faux.

Cotaison, *s. f.* Assolement. Voyez *Coutaison*.

Cotatibi, cotativi, *s. m* Écot, quote-part. Si ce n'est pas tout simplement du latin, il ne s'en faut guère.

Côtier, ère, *adj.* Qui a une côte saillante, de travers, ou la taille mal faite.

Côtre, *s. m.* Coutre de charrue.

Cottir, *v. n.* Jaillir.

Cotisseure, *s. f.* Éclaboussure.

Couaë, *s. f.* Corbeau, par onomatopée.

Couaille, *s. f.* couaillon, *s. m.* Couches des enfants, guenilles de laine ou de toile. Suivant Borel, *coaille* viendrait de *coue,* parce que c'est à la queue du mouton que se trouve la plus mauvaise laine. On dit encore aujourd'hui et partout *écouvillon*, pour désigner le torchon avec lequel les boulangers essuient le four, et ce nom a passé à la brosse avec laquelle les artilleurs nettoient l'intérieur des canons. Tous ces mots ont de la ressemblance avec *couaille* et *couaillon*, qui se disaient pour *serviette, essuie-mains*. (Du Cange. *Toacula*. — Raynouard. *Toalhon* sous *Teisser*.)

Couapiau, *s. m.* Copeau.

Couart, *s. m.* Queue. Voyez *Coue*.

Coue, *s. f.* Queue. C'est de ce mot qu'est venu celui de *couard*, poltron, par comparaison aux chiens qui mettent la queue entre les jambes quand ils ont peur. *Couard* se disait *caudatus* en basse latinité. (Ménage. *Brode, Couard, Coué*.) — Les Anglais de la province de Dorchester étaient dits *couéz*, à cause d'une tradition qui leur attribuait le désagrément de naître avec un appendice caudal. A la fin du vi⁰ siècle, saint Grégoire le Grand, alors pape, envoya dans cette contrée, pour prêcher l'Évangile, un légat que les habitants païens insultèrent, en attachant des grenouilles à la queue de sa robe, ce qui constituait un outrage sanglant. Le prolongement rachidien fut imposé à ces mécréants en punition de leur méfait, et leurs descendants durent aussi subir ce honteux stigmate d'un nouveau péché originel.

Couême, *adj.* Couard, poltron.

Couetter, *v. n.* Remuer la queue. Se dit surtout des chiens.

Couflas, *s. m.* Jeu d'enfants, qui consiste à sauter en restant à peu près assis sur les talons. Voyez *Accoufler*.

Couisseter, *v. n.* Crier de détresse. Se dit des petits animaux : c'est une onomatopée.

Coupeau, *s. m.* Filasse d'étoupe mise en poupée.

Couquerette, *s. f.* Cardamine ou cresson des prés.

Couquier, ère, *adj.* Qui a une côte de travers ou la taille mal faite.

Courassier, *s. m.* Coureur, flâneur, libertin. *C'est un courassier, un fumellier.*

Couratier, ère, *s. m. et f.* S'entend de tous les petits marchands qui vont acheter à domicile pour revendre. C'est un peu le même mot et tout à fait la même chose que *courtier*. (Du Cange, *Corraterius..*)

<small>C'est le grand entremetteur et *courratier*. (P. Charron. *De la Sagesse*, liv. 1er, ch. xi. 3.)</small>

Courbeton, *s. m.* Grande cheville de bois à laquelle on adapte une branche courbée qui sert à attacher les bœufs, conjointement avec l'*ambiet*. Du Cange donne *Corbesson* (au mot *Corba*.)

Courcer, *v. a.* Courir. On ne l'emploie que dans le sens actif, comme je l'indique. Ainsi on ne dira pas *courcer* après un lièvre, mais bien *le courcer*.

Courcière, *s. f.* Litière pour les bestiaux.

Courcière, *s. f.* Désignation des champs sur lesquels on a jeté du tuffeau en poudre pour les amender, pendant que le chaume y est encore.

Courée, *s. f.* Intestins, fressure, rate ou mésentère. (Du Cange. *Corallum*, *Corata*. — Raynouard. *Corada* sous *Cor*, 9.) — Lorsqu'on meurt d'une chute ou d'une violente secousse, c'est qu'on s'est démanché la *courée*.

> Le curé lui manda qu'il seroit le bienvenu, et incontinent s'en va acheter force *courées* de veau et de mouton. (Bonav. Despériers. *Contes et Devis*, nouv. xxxvie.)

Courgeon, *s. m.* Escourgée, petit cordon de montre, cordon de cuir dont on garnit les bâtons, les cannes, les parapluies, etc. (Du Cange. *Correseyria*, *Corrigiola*. — Raynouard. *Coreja* et *Coritja* sous *Cuer*.)

Courtil, *s. m.* Petit jardin. (Du Cange. *Curticuli*, *Curtile* sous *Cortis*.) Il est inutile d'insister sur le droit de nationalité de ce vieux mot.

Courtillerie, *s. f.* Très-petite métairie.

Cousiner, *v. n.* Se frotter les jambes l'une contre l'autre en marchant. Avec beaucoup de bonne volonté, on pourrait faire venir ce verbe de *cauche,* qui était et est encore la prononciation picarde de *chausse.* On consentirait alors à supposer qu'on a dû dire d'abord *cauchiner.*

Cousiot, *s. m.* Mauvaise couturière.

Cousson, *s. m.* Gousset de l'aisselle.

Coutaison, *s. f.* Assolement. La *coutaison* d'une vache est l'époque où elle doit produire, suivant les lois de la nature. Voyez *Décotaisonner.*

Coûtier, ère, *adj.* Qui a une côte saillante ou rentrante, la taille de travers.

Coutisse, *s. f.* Lacet ou cordon en cuir comme on en met aux gros souliers, aux fléaux à battre les grains, etc.

Couvarte, Couverte, *s. f.* Couverture de lit.

> Il fut contraint de s'apaiser pour une *couverte* de Catalogne que lui donna le sire André. (BONAV. DESPÉRIERS. *Contes et Devis,* nouv. XIe.)

> Un garderobe gras servoit de pavillon
> De *couverte* un rideau.
> (RÉGNIER. *Satyres.* XIe.)

Coyau, *s. m.* Pièce de bois qui s'ajoute à l'extrémité inférieure des chevrons, pour relever le bord du toit.

Coyauder, *v. a.* Mettre des coyaux ou relever le bord d'un toit.

Craillard, e, *adj.* Braillard.

Crailler, *v. a.* Brailler, criailler. Du Cange donne *Grailler*. (*Gracilla, Creticare,* 3.)

> C'est une chose fâcheuse et malplaisante que d'ouïr une poule croqueter et une corneille *crailler*, et toutefois celui qui contrefait la poule croquetante et la corneille *craillante*, nous plait. (AMYOT. OEuv. de Plutarque. *Cinquième livre des propos de table*, Question Ire.)

Craindre (se) de quelqu'un. Le respecter; se craindre de la peine de quelqu'un, c'est craindre de lui en donner. De même pour *être en crainte*.

Cramailler, *v. a.* Égratigner fortement et jusqu'à faire des blessures, couper avec des griffes tranchantes. On trouve, dans Grégoire de

Tours, le nom d'une arme qui a de l'analogie avec l'action indiquée par ce verbe.

> Tunc duo pueri cum cultris validis, quos vulgo *scramasaxos* vocant..... utraque ei latera feriunt. (Lib. IV, cap LI.)

Cramper, *v. n.* Se cramponner.

Crâpe, *s. f.* Femme de mauvaise vie. Voyez *Grâpe*.

Crapelle, *s. f.* Laitue ou oseille vivace.

Crassier, *s. m.* Ordures, balayures.

Créiateure, *s. f.* Jeune fille. On dit plus souvent *Queriateure*.

Crêpelette, *s. f.* Herbe qui se mange en salade, comme la *crapelle*.

Crêté, *adj.* Propre, bien mis. Voyez *Accrêter*.

> La dispense que mesme des hommes ecclésiastiques, des nostres et des plus *crestéz*, iouissent en ce siècle. (MONTAIGNE. *Essais*, liv. III, ch. v.)

Cretelle, *s. f.* Laitue vivace. Elle doit son nom à la forme de ses feuilles qui sont *crêtelées*, ce qui veut dire *dentelées*. (DU CANGE. *Cresta*, 3.)

Creucher, *v. a.* Accrocher. Voyez *Encrucher*.

Crevaison, *s. f.* Mort. On ne le dit que des animaux.

Cricher, *v. n.* Crisser, grincer des dents.

Crinet, *s. m.* Tuile concave qui se place dans les endroits où les toits se rencontrent.

Croche-doigt, *s. m.* Usage en vertu duquel deux personnes qui veulent s'engager leur foi l'une à l'autre, s'entrelacent mutuellement le même doigt d'une main quelconque, ordinairement le petit doigt.

Les enfants le pratiquaient encore dans le Maine, il y a quelques années, pour leurs jeux, et disaient : *Croche-di, croche-dé !* Il n'est pas rare de voir, dans les rues de nos villes, les fiancés campagnards se promener ainsi, couple par couple. Cet usage est d'une haute antiquité, puisque Tacite mentionne quelque chose d'analogue. Je laisse parler Montaigne à ce sujet :

> Tacitus récite que parmy certains roys barbares, pour faire une obligation asseurée, leur manière

estoit de ioindre estroictement leurs mains droictes l'une à l'aultre, et s'entrelacer les poulces; et quand, à force de les presser, le sang en estoit monté au bout, ils les bleceoient de quelque légère poincte, et se les entresuceoient. (*Essais*, liv. II, ch. XXVI.)

Croix blanche ou rouge, s. f. Julienne blanche ou rouge (plante).

Crônier, s. m. Équarrisseur. On dit aussi, mais bien plus rarement, *cônier*. *Cosne* c'était *corne*. Faut-il en conclure que *crônier* vient de *corne* ?

> Y m'est aduis que ie vay un diesbe tout *cosnu*.
> ..... J'ay opinion qu'elle est faicte non de la *cosne* d'un bélier..... Et ne finira de *cosnez* et d'appellez l'Antechrin. (J. ROUSSON. *Dialogue des trois Vignerons*. Édit. de 1629, pp. 214 et 331.)

Cropet, te, Cropichon, ne, adj. Petit, court de taille. (DU CANGE. *Croupi, Cropa.* — RAYNOUARD. *Acropit, Crupir* sous *Cros*.) *Il est bin résous l'gas, mains eune miette trop cropet.*

Crôpière, s. f. Croupière.

Croqueter, v. a. Travailler la terre avec le croc.

Crotton, ne, adj. Malpropre.

Crouillé, *s. m.* Verrou. (Du Cange. *Corale.* — Ménage. *Crouillet.* — Roquefort. *Crouillet* sous *Crouchet.*) — On disait en bon français *correil*, que l'Académie n'a pas admis.

> S'il la trouuoit ouuerte (la porte), qu'il entrast doucement et qu'il la refermast hardiment au *correil*. (La reine de Navarre. *Nouvelles.* xive.)

Crouiller, *v. a.* Verrouiller. (Du Cange. *Vectare.*)

Crouse, *s. f.* Terrier, cave naturelle, creux (Du Cange. *Crosus.* — Raynouard. *Croza* sous *Cros*, 3).

Crouser, *v. a.* et *n.* Terrer.

Crousille, *s. f.* Débris, vieux objets en loques, vieux meubles brisés, coquilles de menuisier. C'est sans doute *croustille.*

Cru, *s. m.* Engelure.

Crucher, *v. a.* Accrocher, embarrasser dans un arbre, sur un toit ; loger un objet dans un endroit où on ne peut l'atteindre. Voyez *Encrucher.*

Ctilla, *pr. m.* **C'tella,** *pr. f.* Celui-là, celle-là. Abréviation du vieux pronom *cestuy-là*.

> *Ctillà* qu'a pincé Berg-op-zoom
> C'est un vrai moule à *Te Deum*.
> (*Vieille chanson.*)

Cueudre, *s. f.* Coudrier.

Cuilli, *s. m.* Récolte, cueillette.

Cuiseux, se, *adj.* Fabricant de conserves alimentaires. Expression moderne nécessairement.

Cul-terreux, *s. m.* Fille qui a beaucoup de terres en dot.

Curieux, se, *adj.* Soigneux, industrieux. (RAYNOUARD. *Curios* sous *Cura*, 10). *Curieux* indique particulièrement, à la campagne, le paysan qui aime à planter et à soigner ses arbres fruitiers.

Cusser, *v. n.* Gémir, se plaindre. *C'est pas cétlà qui cussant le pus qui ont l'pus de mau.* Voyez *Cussoux*.

Cussoux, se, *adj.* Qui aime à se plaindre. De *questus*, participe passé de *queror*, se plaindre.

D

Da (à la bonne), *loc. adv.* Sans façon, sans prétention. De deux petits membres de phrases «.il est tout à la bonne, da! » on n'en aura fait qu'un : « Il est tout à la bonne da. »

Dâbée, *s. f.* Grande quantité de quelque chose, grande pluie. Dans le Dictionnaire de Robert Estienne, *Dâblée* est une cueillette abondante.

Dâbot, *s. m.* Enfant plus aimé que les autres.

Dagotter, *v. a.* Daguer, frapper de pointe.

Dagrinche, ou **d'Agrinche,** *adv.* De mauvais gré, aigrement. Il y a *greins* qui veut dire contrariété, chagrin. (Du CANGE. *Gravedo.*) Dans le Maine, nous avons encore *Grichu*.

Dague (à la bonne). Sans façon, sans prétention. *Il est tout à la bonne dague.* Voyez *Da*, qui a dû donner *dague*, à moins que ce ne soit *dague*, plaisanterie. (Du CANGE. *Dagha.*)

Daim, *s. m.* Bouc de l'espèce ordinaire.

Daitre, *s. f.* Côté droit.

Dâlée, *s. f.* Grande pluie ou grande quantité d'eau répandue. Voyez *Dâbée.*

Damaiger, *v. a.* Endommager. (Du Cange. *Damnare.*)

Damoiselle, *s. f.* Demoiselle, hie, instrument qui sert à enfoncer les pavés.

Dan, *prép.* La préposition *dans* perd l's, quand elle est suivie d'une voyelle. *Dan' eune bouteille, dan'un penier.*

Daquédent, daquident, *adv.* D'accord, c'est-à-dire qu'on est *accédant.* Voyez *Taquédant.* Suivant Borel, *quédent* était synonyme de *disant,* et suivant Du Cange (*nihilominus*), et Raynouard (*nequedonc*), l'adverbe *néquédent, néquident, nékédant* ou *nékidant* indiquait une contradiction.

Dârot, *s. m.* C'est tantôt le ventre et tantôt le derrière des petits enfants, quand on parle *gnangnan* avec eux. De *darrière* (derrière).

Daurà, *prép.* Au delà, par delà. *D'où donc qu'vous êtes? — Je sai daura de la Trugalle.* Ce mot est évidemment dit par corruption.

Dayau, *s. m.* Linge qui enveloppe un doigt malade.

Débarger, *v. a.* Défaire une barge. Voyez *Barge*. On dit aussi *débarger* pour hâter la fin d'une opération qui ne marche pas. *Débarge donc, feignant !* On l'emploie de même pour *débarrasser*. *Faut débarger la voie. Je m'sai débargé de c't einnocent.*

Debas, *adv.* A bas.

Débécotter, *v. a.* Réappareiller deux objets. Voyez *Bécot*.

Débeiller, *v. a.* Redresser un alignement, supprimer les parties saillantes. Voyez *Beille*.

Déberger, *v. a.* Hâter, débarrasser. Voyez *Débarger*.

Débeûler, déboêler, *v. a.* Combler des tranchées où se tenait l'eau. Voyez *Boêle*.

Déblaver, *v. a.* Déblayer. (Du CANGE. *Bladire*.) Voyez *Emblaver*.

Débord, *s. m.* Dévoiement.

Déborder, *v. n.* Avoir un fort dévoiement.

Débouliner, *v. n.* Dégringoler.

Débourrer (se), *v. réf.* Se découvrir dans son lit.

Débourrichonner, *v. a.* Démêler, dégourdir. — *V. n.* Commencer à grandir.

Débrider un chien. Se donner beaucoup de peine pour rien.

Décaupir, *v. a.* Ruiner, briser. (DU CANGE. *Circulatus.*) Voyez *Récaupir*.

Décaver, *v. a.* Déterrer.

Déchannir, *v. a.* Enlever la moisissure. Voyez *Channir*.

Décharnir, *v. a.* Berner, taquiner, agacer. Voyez *Écharnir*.

Déchauvir, *v. a.* Rendre plus foncée une teinte pâle. Voyez *Chauvir*.

Déchiauler, *v. a.* Arracher les rejetons du pied des arbres. Voyez *Chiau*.

Déchintrer, *v. a.* Détruire une haie. Voyez *Chintre*.

Déchippier, *v. a.* Déchirer.

Décoffir, *v. a.* Redresser une bosse à un objet de métal. Voyez *Coffir*.

Décorder, *v. n.* Être en désaccord.

Décotaisonner, *v. a.* Changer l'assolement d'un champ, ou l'époque de production des animaux domestiques. Voyez *Coutaison*.

Décoter, *v. a.* Enlever à un objet son appui.

Décoter, *v. a.* Enlever les *écots* de la terre. Au figuré, on le dit aussi pour les enfants et les jeunes animaux qui commencent à marcher, à grandir, qui ne sont plus à l'état d'*écot*. *V'là un queniau qui qu'mence à se décoter.*

Décrapitaison, décrapitance, *s. f.* Décrépitude.

Décrapité, e, *adj.* Décrépit.

Décrouiller, *v. a.* Tirer le verrou ou enlever la barre d'une porte. Voyez *Crouillé*.

Décrouser, *v. a.* Arracher d'un trou. Voyez *Crouse*.

Décrucher, *v. a.* Aveindre ou débarrasser un objet accroché. Voyez *Encrucher*.

Décrucher, *v. n.* Dégringoler.

Dedepuis, *prép.* Depuis. *Ded'puis c'temps-là.*

Defais, defas, *s. m.* Désignation de quelques portions de terres ou d'étangs, comme dans la forêt de Sillé où l'on trouve l'étang des *Defas.* C'était par ce nom que l'on indiquait les terres, bois, étangs, garennes, etc., dont l'approche était interdite. (Du CANGE. *Defensa*, 3, *Defesium, Deffaia.*)

Déféger, *v. a.* Faire fondre ce qui est figé.

Défeinir, *v. a.* Finir un travail qui n'a pas été trop vite. *En défeiniras-tu, grand bilan !*

Déferdir, *v. a.* Réchauffer.

Défiamber, *v. a.* Éteindre la flamme en maintenant le feu.

Définir, *v. a.* Finir. Comme *défeinir.*

Défraichir, *v. a.* Défricher. (Du CANGE. *Defrondare.*) Voyez *Fraiche.*

Dégouttière, *s. f.* Gouttière.

Dégras, *s. m.* Huile grasse donnée par le dégraissage des peaux en préparation.

Dégrêler, *v. a.* Quereller, murmurer avec bruit, comme la grêle qui tombe, ou comme une *grêle* (moulin à vanner.)

Dégriller, *v. a.* Dégriser. Voyez *Griller.*

Dégroler, *v. n.* Dégringoler.

Déheuder, *v. a.* Enlever les entraves des pieds des animaux. Voyez *Enheuder.*

Déhucher, *v. n.* Se dit des poules qui s'envolent.

Déjour, *s. m.* Prolongation d'une échéance. Terme expressif qui porte son étymologie avec lui.

Déliser, *v. a.* Supprimer une bordure ou la laisser venir régulièrement.

Démaier, *v. a.* Distraire d'une contrariété. Voyez *Émai.*

Démanché, e, *adj.* Qui ne sait que faire, qui est ennuyé de son oisiveté.

Démarcher, *v. a.* Marcher en arrière, reculer. (NICOT. *Desmarcher.*)

> Entre ceulx qui iouent à la paulme, celuy qui soutient, se *desmarche* et s'appreste... selon le coup. (MONTAIGNE. *Essais*, liv. III, ch. XIII.)

Demaune, *s. f.* Demi-aune.

Dementer (se), *v. réf.* Se lamenter. (DU CANGE. *Dementare, Rocta.*)

Demeshuy, *adv.* Dorénavant. C'est la même chose que *meshuy*, que l'on a supprimé.

Demiau, *s. m.* Demi-boisseau. (Du Cange. *Demellus.*)

Demi-gas, *s. m.* Petit domestique, petit groom.

Demintiers, *conj.* Tandis que, avant que, en attendant. (Raynouard. *Dementre* sous *Mentre.*) Voyez *Endemintiers*.

<blockquote>
Et dementières qu'il le prent.
(Roman de Partonopeus de Blois. Vers 3375.)
</blockquote>

Demitoux, *s. m.* Espèce de chaîne de fer avec laquelle on soulève les objets dont elle ne fait que le *demi-tour*.

Dénétir, *v. a.* Nettoyer.

Déniger, *v. a.* Dénicher.

<blockquote>
La conscience comme ung dénigement de héronneaux. (Rabelais. Pantagruel, liv. IV, ch. xxx.)
</blockquote>

Dénouser, *v. a.* Enhardir. Voyez *Ouser*.

Dent (à), *loc. adv.* Se dit quand on est couché sur la bouche ou sur les dents. Voyez *Adent*.

Denuit, *s. m.* Toilette de nuit.

Dépainer, *v. a.* Déchirer une étoffe, la mettre en franges. (Du Cange et Chompré. *Depanare.*) Voyez *Paine.*

Dépaisser, *v. a.* Décoller deux objets poissés.

Déparcher, *v. a.* Enlever les tiges de certains légumes. Voyez *Parche.*

Dépiaisant, e, *adj.* Contrarié, chagrin. Voyez *Déplaisant. Que j'sai donc dépiaisant de nos avéras qui n'profitant point.*

Dépiauler, dépiauter, *v. a.* Écorcher.

Dépiesser, *v. a.* Détruire une haie. Voyez *Piesse.*

Dépiqueter, *v. a.* Travailler la terre avec un pic.

Dépiter, *v. a.* Provoquer, défier.

Déplaisant, e, *adj.* Contrarié, marri. Voyez *Dépiaisant.*

> Je suis bien *desplaisant* qu'ils en vaillent moins. (Montaigne. *Essais,* liv. III, ch. IX.)

Dé qui? de quoi? *interrog.* Qui? quoi?

Dérinser, *v. a.* Couper les épines d'une haie en laissant le franc bois. C'est sans doute *Déroncer*.

Déras, *s. m.* Intestins du porc. Faut-il rapporter ce mot à l'action de *dérater?*

Déris, *s. m.* Ruisseau qui ne coule que l'hiver. *Ris* était synonyme de ruisseau. (RAYNOUARD. *Ris* sous *Riu*.)

Désaberier, *v. a.* Découvrir, enlever d'un abri. Voyez *Abrier*.

Désairer, *v a.* Donner le premier tour de charrue dans une jachère. Le verbe latin *arare* est évidemment pour quelque chose dans la formation de celui-ci.

Désenferger, désenforger, *v. a.* Enlever les entraves, débarrasser. Voyez *Enferger*. (COTGRAVE. *Désenferger*.)

Désenheuder, *v. a.* Enlever les entraves mises aux pieds des animaux. Voyez *Enheuder*.

De soué. Ce soir, ou le soir.

Dessaissonner, *v. a.* S'emploie à l'égard des vaches, quand on leur fait prendre un veau dans une saison qui n'est pas l'ordinaire. (Du Cange. *Satio.*)

Desseigner, *v. a.* Dessiner.

> Je ne veoid enfin ses affaires que par une image disposée et *desseignée.* (Montaigne. *Essais*, liv. II, ch. viii.)

> Je les *desseigne* toutes au hazard et en crainte. (Le même. *Ibid.*, ch. xvii.)

> Laissez à part votre chagrin, votre ire
> Et vos discours de trop loin *dessignés.*
> (Bonav. Despériers. *Contes et Devis.* Sonnet-Prologue.)

> Le sculpteur excellent *desseignant* pour ouvrage
> Une plante, un lion, un homme, un élément.
> (Phil. Desportes. *Cléonice*, sonnet xvie.)

> Sur l'heure, elle en fit le dessin, car naturellement elle scayt *desseigner.* (Tallemant des Réaux. *La marquise de Rambouillet.*)

Dessourage, *s. m.* Menues broussailles qui poussent à l'ombre des taillis.

Dessourer, *v. a.* Degarnir le pied des cepées d'un taillis, de leurs menus brins et des broussailles.

Détorter, *v. a.* Détordre.

Détouper, *v. a.* Déboucher une haie, un trou, un passage. (Du Cange. *Stupare.*)

<blockquote>
D'autant que les (boissons) chaudes ouurent médiocrement et *destoupent* les pores. (Amyot. OEuv. de Plutarque. *Troisième liure des Propos de Table*, Question Ire.)
</blockquote>

Détourbe, *s. f.* Trouble, fraude. C'est le vieux mot *Destourbier.* (Du Cange. *Desturbium.*) De *Turbare.*

<blockquote>
Que la licence des iugements est vng grand *destourbier* aux grands affaires. (Montaigne. *Essais*, liv. II, ch. xvi.)

Où cuidez-vous pouvoir estre sans empêchement et sans *destourbier.* (Le même. *Ibid.*, liv. III, ch. ix.)

Democritus... s'esteignit la veüe en fichant et apuyant ses yeux sur un miroir ardent, afin qu'ilz ne luy apportassent aucun *destourbier.* (Amyot. OEuv. de Plutarque. *De la curiosité.*)
</blockquote>

Détourber, *v. a.* Troubler, tromper. (Robert Estienne. *Destourber.* — Du Cange. *Disturbare.* — Raynouard. *Destorbar* sous *Turba.*)

Détras, *s. m.* Trace suivie, piste. (Raynouard. *Detras* sous *Reire*, 16, et *Detras* sous *Tras*, 3.)

Détrempe, *s. f.* Pâte délayée pour faire, soit des fritures, soit des crêpes ou des galettes.

Deugé, e, *adj.* Fin, délié. (RAYNOUARD. *Delguat* sous *Let.*) De *Deligatus.*

Deu, *s. m.* Peine, chagrin. C'est *deuil* avec la prononciation du pays. *J'ai grand deu que vous m'ayez refusé.*

Deurer, *v. a.* et *n.* Endurer, rester tranquille. Voyez *Durer.*

Devallée, *s. f.* Descente, pente.

> Puis trouuai une petite bourgade à la *devalée.*
> (RABELAIS. *Pantagruel*, liv. II, ch. XXXII.)

Devantée, *s. f.* Ce que peut contenir un *devantiau* quand on en relève les coins derrière la taille.

Devantiau, *s. m.* Tablier commun que portent les femmes du peuple. (DU CANGE. *Antependium, Limas.*— Dictionn. de l'Académie. *Devantier.*)

> Je veis qu'elle mist son *devanteau* sur sa teste.
> (RABELAIS. *Pantagruel*, liv. II, ch. XVII.)

Dévenir, *v. n.* Se déjeter, s'amoindrir. *Il est tout devenu par les grands fieuvres.*

Devers, *prép.* Être devers quelqu'un, c'est demeurer sur les terres ou dans la maison de cette personne. Être devers soi, c'est être propriétaire de la maison qu'on habite ou des terres qu'on fait valoir. *Le v'là bourgeois, il est devers li.*

Devinaille, *s. f.* Énigme. (Du Cange. *Divinus.*)

Devinée, *s. f.* Idée saugrenue. *En v'là core eune devinée !*

Dévire, *s. f.* Rebours, sens inverse.

Devirer, *v. n.* Aller à contresens, se tourner d'un sens à l'autre.

Diêbe, *s. m.* Diable. Voyez *Crônier*, où un passage de J. Rousson se trouve cité.

Dieu merci, *adv.* C'est l'occasion d'une singulière battologie. *Dieu merci et le bon Dieu !*

Diffamer, *v. a.* Blesser, à la figure principalement.

> Il lui a donné du taillant de son épée, et lui a tout *diffamé* le visage. (Furetière et Dict. de Trévoux.)

Diganne, *s. f.* Mauvaise viande. On trouve dans le Vocabulaire de Chompré, *Deguno* pour *manger*.

Digonner, *v. a.* Blâmer, trouver à redire. De *Dicax*, railleur.

Disette, *s. f.* Cancan, médisance.

Dodeleiner, dodeiner, *v. n.* Remuer la tête à droite et à gauche. Un *dodin* était un homme qui ne savait pas se tenir. (Du Cange. *Dodus.*)

Dogre, *s. m.* Dogue.

Don, *adv.* L'adverbe *donc* perd le *c* quand il est suivi d'une voyelle. *Viens don' icite*.

Donnaison, *s. f.* Legs, don naturel.

Donrai (je). Futur du verbe *donner*. De même pour le conditionnel *je donnerais*, qui se dit *je donrais*.

> La charge de gouverneur que vous luy *donrez*.
> (Montaigne. *Essais*, liv. I, ch. xxv.)

> Je te *donroys* un aultel pour ce faict. (Le même. *Ibid.*, ch. xxviii, sonnet xviie.)

> Il se *donra* tantost garde qu'elle en veult à luy.
> (*Cent Nouvelles nouvelles.* xxiiie.)

> Mais de ce costé là je leur *donrois* quittance.
> (Regnier. *Satyres.* xiie.)

Dorée, *s. f.* Tranche de pain frite avec des œufs, dite aussi *pain perdu*. (Du Cange. *Panis perditus.*)

Dorsière, *s. f.* Courroie qui passe sur le dos du cheval.

Douâner, *v. a.* Battre quelqu'un à coup de bâton. Voyez *Tohaner*.

Doublier, *s. m.* Essuie-mains. (Du Cange. *Doublerium*, 1, *Duplarium*, 2.) On l'enroule autour d'un cylindre, en sorte qu'il puisse tourner ; c'est ce qui fait qu'il est en double, comme l'indique son nom.

Douelle, *s. f.* Douve d'un tonneau. (Du Cange. *Doela.*)

Douet, *s. m.* Mare dans les champs ou dans les bois. (Du Cange. *Digitus*, *Ductus*, *Dovra*, *Flachia*. — Ménage. *Dois*. — Raynouard. *Dotz*. — Cauvin. *Doitum.*)

> S'en va porter un faiz de drapeaux à un douet. (Bonav. Despériers. *Contes et Devis*, nouv. xxxvie.)

Dougé, e, *adj.* Fin, délié. (Raynouard. *Delguat* sous *Let.*) Comme *Deugé*.

Dourdée, *s. f.* Volée de coups.

Dourder, *v. a.* Battre, rosser, rouer de coups. Voyez *Hourder*.

Doutance, *s. f.* Doute.

Douve, *s. f.* Large fossé plein d'eau. (Du Cange. *Doa, Doga, Doha, Dova.* — Chompré. *Doga.* — Raynouard. *Dogua.*)

Douzil, *s. m.* Fausset d'un tonneau, clef d'un robinet, petit bondon. (Rob. Estienne. *Dousil.* — Du Cange et Chompré. *Duciculus.* — Raynouard. *Dozil* sous *Dotz*, 3.)

Il faudra tordre le *douzil* et bouche close. (Rabelais. *Gargantua,* ch. III.)

Le *douzil* est en la pinte. (Bonav. Despériers. *Contes et Devis*, nouv. XLVIIe.)

L'homme du labourt a dit qu'il n'avait touché à la monnaie que lorque le pommé était descendu au-dessous du *douzil*. (Monteil. *Histoire des Français de divers états,* XIVe siècle, épître 42e.)

Doyau, *s. m.* Linge qui enveloppe un doigt malade.

Draine, *s. f.* Habitude, ce qu'on appelle train ordinaire.

Drapiau, *s. m.* Chiffe de drap ou d'étoffe. *Drapiaux! drapiaux! Le marchand de toile en petite laise!* C'est le cri de ceux qui achètent des chiffons.

Drettier, ère, *adj.* Qui n'est pas gaucher.

Drugir, *v. n.* Devenir dru, grand, fort, bien portant.

Dudas, *s. m.* Pierre du genre des poudingues.

Dudepuis, *prép.* Depuis.

Durer, *v. a.* et *n.* Endurer, rester tranquille, patienter. Se trouve, avec ces significations, dans Robert Estienne.

> Quel remède est plus propre au travail que j'endure. — Dure !
> (PHIL. DESPORTES. *Mascarade des chevaliers agités.*)

Que voul' vous ? faut bin durer. C'est ce qu'on dit devant les malheurs auxquels on ne peut rien.

E

E, *pron.* (se prononce très-long). Elle, quand ce pronom se trouve le dernier d'une phrase, comme dans une interrogation, ou quand le mot qui suit commence par une consonne. *Vient-ê* (vient-elle)? *Ê vient* (elle vient).

Ebeluir, *v. a.* Éblouir.

Ebeluition, *s. f.* Éblouissement.

Ebeziller, *v. a.* Mettre en pièces.

> Bruslez... *desbezillez* ces meschants hérétiques.
> (RABELAIS. *Pantagruel*, liv. III, ch. LIII.)

Ebliner, *v. a.* Disperser les fourmilières ou les taupinières, pour niveler le sol.

Ebobé, e, *adj.* Sot. Voyez *Boban*.

Eboguer, *v. n.* Éplucher, enlever les *bogues*.

Ebosser, *v. a.* Enlever les *bosses* de certaines graines.

Ebouiller, *v. a.* Ébouler, écrouler.

Eboulonnée, *s. f.* Grande affluence, foule qui se précipite.

Ebourgeonneux, *s. m.* Bouvreuil.

Ebourrer (s'), *v. réf.* Se découvrir dans son lit.

Ebrannée, ébronnée, *adj. f.* Femme qui montre trop sa poitrine. Voyez *Branne* et *Bronne*.

Ebrâser, *v. a.* Brûler, embrâser. Voyez *Abrâser*.

Ecabouir, *v. u.* Écraser un corps mou. *Scaber* a signifié, suivant Chompré, quelque chose comme *en désordre,* mal assemblé ; je me garde bien d'en inférer quoi que ce soit, la plus grande probabilité étant d'ailleurs pour que *écabouir* soit une onomatopée.

Ecaigne, écairgne, *adj.* Taquin. Voyez *Écharnir.*

Ecalé, e, *adj.* Fatigué de chaleur. De *Calor.*

Ecarcelle, *s. f.* Carcasse d'animal ; les deux mots ont la même racine.

Ecarrisseur, *s. m.* Écorcheur. C'est ainsi que ce mot s'écrivait dans le Maine. Aujourd'hui *équarrir* une poutre et *équarrir* un cheval ont la même orthographe. *Écarrir* venait de *caro.*

Ecaubuaige, *s. m.,* **Ecaubue,** *s. f.* Feu de broussailles, de bruyère, etc., qu'on a enlevées du sol en écobuant. La manière dont nous prononçons ces mots et le sens que nous leur donnons semblent les rapprocher de *échaubouiller,* soit dit sans aucune intention d'étymologie, et pour faire remarquer, au contraire, que ce serait un non-sens. A ce sujet, voyez *Écobuaige.*

Echaffourrer, *v. a.* Effrayer. Voyez *Chaffourer.*

Echairgne, *adj.* Taquin. Voyez *Écharnir.*

Echalier, *s. m.* Petite claie fixe qui sépare les champs, sur le parcours des sentiers, et par-dessus laquelle on enjambe. De *Scala,* échelle. On a étendu le nom à toutes les petites barrières fixes de même nature, qu'elles soient en pierres, en ardoises ou autrement. Dans le Dictionnaire de l'Académie, ce mot a le sens collectif de *clôture.*

Echalle, *s. f.* Brou de noix, écale. De *Calla.* (P. Chompré.)

Echaller, *v. a.* Enlever l'*échalle.*

> Cependant les mestaiers qui là auprès... *challoient* des noix. (RABELAIS. *Gargantua,* ch. xxv.)
> Pertinax... *eschalleur* de noix. (Le même. *Pantagruel,* liv. II, ch. xxx.)

Echarnir, *v. a.* Berner, railler, agacer. (DU CANGE. *Carina, Subsannatio.* — ROQUEFORT. *Escharner, Escharnisseur.* — RAYNOUARD.

Escarnir sous *Esquern*. On dit encore de quelqu'un qui raille d'une manière trop mordante, qu'il enlève la pièce, et en ce cas on veut dire la *chair*. Ce doit être la vraie origine d'*écharnir*.

Echart, *s. m.* Écharde.

Echaubotti, e, *adj.* Bien vivant, éveillé.

Echaubouiller, *v. a.* Brûler, étouffer de chaleur, échauder.

Echaudé, *s. m.* Sorte de pâtisserie que le Dictionnaire de l'Académie indique comme très-légère, et qui, dans notre province, a la qualité opposée. (DU CANGE. *Escaudetus, Escaudeis, Eschaudati, Eschaudetus.*) C'est, dit Furetière, un gâteau fait en forme de triangle ou de cœur, avec de la pâte échaudée, de l'eau, du sel, et quelquefois avec du beurre et des œufs. Nos échaudés manceaux sont encore faits d'après cette recette, répétée d'une manière à peu près conforme par le Dictionnaire de Trévoux. Quant à leur configuration en cœur, elle ne date pas d'aujourd'hui, puisque Robert Estienne traduit *eschaudé* par *crustulum bicorne*, et que Du Cange indique *Cornuyau* comme synonyme, sous *Cornuta*.

Echauguette, *s. f.* Aguets, espionnage. (Du Cange. *Eschargaita, Scaragayta*.) L'échauguette était et est encore une petite guérite, au haut d'un rempart ou d'une tour.

Echauguetter, *v. a.* Se cacher pour guetter, espionner. (Raynouard. *Eschirgaitar*, sous *Gaitar*.)

Echeigne, *s. f.* Echine.

Echenailler, *v. a.* Déchirer.

Echenau, *s. m.* Petit canal, petite gargouille au bas d'un tuyau de gouttière. (Du Cange. *Chenalis*.)

<blockquote>Auecques les gouttières qui issoient... ou finissoient en grand *eschenaulx*. (Rabelais. *Gargantua*, ch. liv.)</blockquote>

Echiarder, échiauler, *v. a.* Arracher les rejetons du pied des arbres. Voyez *Chiart*.

Echias, échiau, *s. m.* Éclat de bois. On est arrivé à prononcer *échias*, pour *équiat*, qui se dit continuellement pour *éclat*, suivant l'usage de cette province.

Echirer, *v. a.* Déchirer.

Eclaché, e, *adj.* Fatigué de chaleur.

Eclancher, éclocher, *v. n.* Travailler trop, se nourrir mal, maigrir.

Eclocher, *v. n.* Boîter. (Nicot. *Eslocher.*) Montaigne dit *Eslochement* pour *claudication.*

> Nostre iustice n'en fait compte, comme si ces esboitemens et *eslochemens* n'estoient pas des membres de nostre chose publicque. (*Essais*, liv. II, ch. xxxi.)

On trouve *Esloissié,* avec cette même signification, dans le Glossaire de Du Cange (au mot *Disligare*).

Ecloscu, *s. m.* Oiseau pondu ou éclos le dernier de sa couvée, le plus jeune des enfants d'une famille. Voyez *Closcu.*

Eclotoir, *s. m.* Filet carré pour prendre les oiseaux la nuit. (Du Cange. *Exclotorium.*)

Ecobarrer, *v. a.* Casser ou briser, réduire en fragments. Se dit principalement de la vaisselle. Je ne sais s'il convient d'en référer à

Scobs, qui se traduit par sciure de bois, limaille, quelque chose comme menu débris, selon Chompré; peut-être aussi, à cause de l'état de balayures auquel sont réduits ces débris, faudrait-il prendre pour intermédiaire entre *scobs* et *écobarrer,* *escoube* qui signifie *balai ?* Voyez *Ecobuaige* ci-dessous.

Ecobuaige, *s. m.* Feu de broussailles. A l'article *Écaubuaige,* j'ai placé une observation qui porte sur la manière dont nous prononçons ce mot et sur le sens que nous lui donnons; simple observation, comme je le dis, qui ne tend qu'à constater un rapprochement, et à signaler le danger qu'il y aurait à aller au delà, puisqu'on ne peut refuser à *écobuer* une origine commune avec *escoube,* balai de broussailles. (Du Cange. *Escobare.*)

Ecoïne, *s. f.* Petite scie dont on se sert d'une seule main, et qui est employée surtout par les jardiniers. Voyez *Egoïne.*

Ecoinneter, *v. a.* Enlever un coin ou un angle à un objet.

Ecoperré, e, *adj.* Vif, étourdi, hardi, effronté.

Ecot, *s. m.* Tige desséchée, ce qui reste sur pied après qu'on a coupé les cepées, qu'on a fauché la paille ou le chaume; écharde ou éclat de bois ou de tout autre corps dur; racine de la plume ou du poil qui reste dans la peau.

> Luy s'approchant tout doucement de moy, me présentant sa patte offensée, ie luy ostai lors un grand *escot* de bois. (MONTAIGNE. *Essais*, liv. II, ch. XII.)

Ecotais, *s. m.* Taillis dont il ne reste que les écots; lieu qui contient beaucoup d'écots ou en a contenu.

Ecoter, *v. a.* Arracher les écots d'un taillis, le dernier duvet de la peau d'un animal, les dents de la bouche. Tout cela est la même chose à peu près que *écoter*, *étêter*. (DU CANGE. *Excotere*.)

Ecoter (s'), *v. réf.* Grandir et s'amincir en même temps, s'allonger.

Ecot-perche, *s. m.* Perche d'échafaudage,

s'écrit aujourd'hui *Écoperche* dans les Dictionnaires universels ; il n'est pas dans celui de l'Académie. (Du Cange. *Escoperius.*)

Ecourter, *v. a.* Couper la queue.

Ecousiner, *v. a.* Faire une écorchure, une plaie, écraser la chair. *Mes sabots m'écousinant les pattes.* Voyez *Cousiner.*

Ecramailler, *v. a.* Égratigner, déchirer la peau, couper et enlever la chair en égratignant. De *Scrama,* pointe (P. Chompré), ou *Scramasaxus,* couteau, rasoir. Voyez *Cramailler.*

Ecrassier, *s. m.* Églantier. Voyez *Arcancier.*

Ecrilloir, écrioir, *s. m.* Rigole, grillage d'égout. *Ecrilloir* (on dit aussi *égrilloir*) indique pour son étymologie *grille,* mais *écrioir* ne pourrait-il pas faire penser que le mot se rapporte à *écrier,* glisser ?

Ecuisseter, *v. a.* Écuisser.

Ecussonner, *v. a.* Vacciner. Bien que ce mot ne puisse être d'un usage ancien, j'ai pensé qu'il valait la peine d'être mentionné.

Efant, *s. m.* Enfant. (Du Cange. *Homicida.*

— Raynouard. *Effan* sous *Far*, parler, et *Efanta* sous *Far* à l'Appendice.)

Effouille, *s. f.* Eclaircie, bénéfice obtenu en vendant ce qu'on a de trop, en éclaircissant un bois, un troupeau.

Effouiller, *v. a.* Arracher des feuilles, éclaircir un bois, un arbre ou un fouillis. Au figuré, c'est se débarrasser des choses inutiles ou bonnes à vendre, et, par conséquent, tirer un bénéfice ou une *effouille* de ce qu'on a de trop, des bestiaux principalement.

Efreuler, *v. a.* Couper les *freules*.

Egabouir, *v. a.* Écraser quelque chose de mou. Voyez *Écabouir*.

Egailler, *v. a.* Étendre, disperser. (Du Cange, *Gajardus*.) *Le jour où le Saint-Esprit s'est égaillé sus l's apôtres, tu n'y étais point, mon pauv' gas.*

Egaloche, *s. f.* Échasse. Voyez *Gaulicelle*.

Egalochée, *s. f.* Enjeu des joueurs de *galoche*, nombre de sous qu'elle porte.

Egassiau. *s. m.* Pommier ou poirier sauvages. Voyez *Aigrassiau.*

Egoïne, *s. f.* Petite scie dont on se sert avec une seule main. La *goye* était une serpe. (Du Cange, *Goia, Legoy.*)

Egouler (s'), *v. réf.* S'arracher le gosier ou la *goule* à force de crier.

Egrafigner, *v. a.* Égratigner. Voyez *Grafigner.*

> Eusthènes lequel vng des géans auoit *égrafigné* quelque peu au visage. (Rabelais. *Pantagruel*, liv. II, ch. xxx.)
>
> Ses ongles assez grands pour faire des lanternes, ou bien pour *s'égraffigner.* (Bonav. Despériers. *Contes et Devis*, nouv. lxxxve.)

Egrain, *s. m.* Fétu, tige égrénée. Voyez *Égrun.*

Egrassiau, *s. m.* Pommier ou poirier sauvages. Voyez *Aigrassiau.*

Egraver, *v. a.* Se dit des objets qui causent des blessures aux pieds pendant que l'on marche, par conséquent des pierres sur lesquelles le pied glisse ou porte à faux, des souliers qui gênent, etc. De *grave* (gravier), parce que c'est principalement dans les terrains graveleux ou pierreux qu'on éprouve cet inconvénient.

Egredon, *s. m.* Édredon.

Egreniau, égrenot, *s. m.* Premières graines ou premiers fruits mûrs qui tombent avant la récolte ; ce sont à peu près exclusivement les châtaignes ou les marrons ainsi recueillis, qui portent ce nom. Tout naturellement, on dit très-souvent *Éguerniaux*.

Egrilloir, *s. m.* Rigole, grillage d'égout. Voyez *Écrilloir*.

Egrigner, *v. a.* Briser du verre ou des objets de même nature en petits fragments. Est-ce une onomatopée ? On peut voir plus bas que *grigne* signifie de petits fragments de croûte de pain. — On dit encore *égrigner* pour égratigner.

Egron, *s. m.* Héron. Voyez *Hégron*.

Egrun, *s. m.* Tige égrenée. (Raynouard. *Esgrunar* sous *Gran*, grain, 17.) Un végétal qui pousse à l'*égrun* est celui qui vient maigrement, sans petites branches ou sans feuilles. On dit la même chose d'un enfant malingre, et pour une affaire d'un maigre profit, etc.; mais il y aurait sans doute lieu, dans ces derniers cas, de rapporter *égrun* à *œger*, malade.

Eguerniaux, *s. m. pl.* Fruits mûrs tombés de l'arbre. Voyez *Égreniau*.

Eguerre, *s. m.* Variété de lycopode qui a la mauvaise réputation de faire perdre la mémoire de leur chemin, aux personnes qui marchent dessus. *Éguerre* vient de *égairer,* qui est notre prononciation pour *égarer*.

Eguiller, éguillon, *s. m.* Champ en pointe en forme d'aiguille. Cette orthographe est fréquente dans les vieux titres. Le cadastre l'emploie aussi; espérons que c'est pour abréger.

Eguirre, *s. m.* Lycopode. Voyez *Éguerre*.

Efflonner, *v. a.* Faire perdre le sens. Voyez *Afflonner* et *Flonner*.

Eissève, eissier, *s. m.* Pente ou rigole par lesquelles l'eau se tire d'une pièce de terre, soit naturellement, soit par travail de main d'homme. De *exitus*, issue, sortie, et de *aqua*, eau. Beaucoup de ces mots terminés en *ève* ou en *ier* indiquent la présence de l'eau. Voyez *Essève, Mortier*. (Du Cange. *Eisseguum*. — Raynouard. *Eissir* sous *Ir*.)

Ejarder, *v. a.* Enlever le *jard*, la plume, l'écaille ou le poil d'un animal. Voyez *Jard*.

Ejet, *s. m.* Terre-plein d'un fossé. Voyez *Aiger* et *Jet*.

Elaiger, *v. n.* Élaguer.

Elément, *s. m.* Aimant magnétique.

Eliser, *v. a.* Couper une lisière ou une bordure, les redresser.

Emai, *s. m.* Ennui, contrariété. (Rob. Estienne, *Esmoy*. — Du Cange. *Pavagium*. — Dictionnaire de Trévoux. *Esmai*. — Raynouard. *Esmai*.)

Emaiance, *s. f.* Angoisse, anxiété, attente pénible.

Emaier, *v. a.* Ennuyer, contrarier, émouvoir. (RAYNOUARD. *Esmaiar* sous *Esmai*, 2.)

> L'éphore... ne *s'esmoie* pas si elle en vaut mieux. (MONTAIGNE. *Essais*, liv. I, ch. XXII.)
>
> Le vieil tient bon : et du mort ie *m'esmaye*. (CL. MAROT. *Chant royal dont le Roy bailla le refrain*.)
>
> Fol est qui tant pour vn bouclier *s'esmaie*,
> J'ai bien ietté le mien dans vne haye.
> (AMYOT. OEuvres de Plutarque. *Dits notables des Lacédæmoniens*.)

Emballe, *adj.* Orgueilleux, faiseur d'embarras. *Hélas! mon pouvre emballe !*

Embarger, *v. a.* Construire une meule de foin, de paille ou un tas de fagots. Voyez *Barge*. C'est aussi commencer un travail.

Embargeaige, *s. m.* Action d'embarger une barge de foin, etc., de commencer une opération.

Emblaver, *v. a.* Encaisser un chemin, le remblayer. (DU CANGE. *Bladire*.)

Embobeliner, embobiner, *v. a.* Envelopper de linge, empêtrer.

Embonnir, *v. a.* Donner ou prendre de l'embonpoint, améliorer.

Emiotter, *v. a.* Émier.

Emorche, *s. f.* Amorce, bourre de fusil, petit morceau de papier qui traîne. De *mors* qui a fait *morceau*. (Du Cange. *Morsus*, 1.) Rabelais emploie ce mot dans un quatrain trop pantagruélique, pour que je puisse le reproduire. (*Gargantua*, ch. XIII.)

Emorcher, *v. a.* Amorcer un fusil, mettre une bourre dans le canon.

Emoussaige, *s. m.* Action d'émonder une trouesse.

Emousse, *s. f.* Souche émondée.

Emousser, *v. a.* Émonder un arbre.

Emouturer, *v. a.* Moudre.

Empaigement, *s. m.* Empêchement, littéralement position de ce qui est pris dans la poix ou *pai*. (Du Cange. *Impechementum*.)

Empaiger, *v. a.* Poisser, prendre dans la poix, empêtrer, embarrasser.

Et par ce moien demeuroit empestré comme vne souris *empeigée*. (Rabelais. *Pantagruel*, liv. II, ch. III.)

Empanser, *v. a.* Faire manger beaucoup.

Empanseure, *s. f.* Action d'empanser.

Empendancer, *v. a.* Suspendre.

Empulantir, *v. a.* Empuantir. (Du Cange. *Impuricia.*)

En, *prép.* Cette préposition se change en *n* chaque fois qu'elle est directement précédée d'un pronom personnel, et cette *n* se prononce comme si elle était redoublée. *Je n'n'ai, tu n'n'as, i'n'n'a, nous n'n'avons, vous n'n'avez, i'n'n'ont* (j'en ai, etc.). Quand il y a une négation, on n'ajoute rien de plus. *Je n'n'ai pas* (je n'en ai pas). Voyez *Guien* et *N'en.*

Enarter, *v. a.* Semer. Voyez *Enherter.*

En attendis, *loc. adv.* En attendant. Voyez *Attendis.*

Encarte, *s. f.* Entrave. (Du Cange. *Incartio.*) Ce mot vient de *chartre*, prison. (Du Cange. *Carcer.* — Dictionnaire de Trévoux. *Encharté.*)

Encarter, *v. a.* Mettre des entraves aux pieds des animaux.

Encaver, *v. a.* Enfouir le cadavre d'un animal.

Encherdir, *v. a.* Enchérir.

Encitrailler, *v. a.* Griser avec du cidre.

Encrenuche, *s. f.* Vent qu'on laisse échapper dans des circonstances où c'est commettre une inconvenance. Voyez *Engrenuche*.

Encrucher, *v. a.* Embarrasser, arrêter, accrocher un objet dans les branches d'un arbre ou sur un point élevé. (Du Cange. *Incrocare.*) *La parole m'a resté encruchée dans la goule.* On dit de quelqu'un qu'il est *encruché*, quand il a la taille ou le cou trop courts.

Endémené, e, *adj.* Agité, tourmenté, emporté. (Rob. Estienne. *Endémené.*)

> Cest fleur d'aage est fort chatouilleuse et *endemenée* à prendre tous ses plaisirs. (Amyot. OEuvres de Plutarque. *Comment on nourrit les enfants.*)

Endemintiers, *conj.* Tandis que, en attendant. (Du Cange. *Interdum.*) Voyez *Demintiers*.

Endouver (s'), *v. réf.* Fléchir, s'envoiler, comme un toit, une surface quelconque, comme une douve de tonneau.

Enerter, *v. a.* Semer. Voyez *Enherter.*

Enfaiter, *v. a.* Amonceler des objets l'un sur l'autre jusqu'au faîte d'un bâtiment, remplir un vase jusqu'à dépasser les bords.

Enferge, *s. f.* Entrave de fer. L'étymologie est évidente.

Enferger, *v. a.* Mettre des fers, des entraves aux pieds. (Du Cange. *Disferiare, Inferrare.*)

> Entre les Scythes, quand les devins avoient failly de rencontrer, on les couchoit *enforgez* de pieds et de mains sur des charriotes pleines de bruyère. (Montaigne. *Essais*, liv. I, ch. xxx.)
>
> Du plaisir qu'il sent à gratter sa jambe après que les fers en furent hors, accuse il pas une pareille doulceur en son âme pour être *désenforgée* des incommoditez passées. (Le même. *Ibid.*, liv. II, ch. xi.)

Enfiamber, enflamber, *v. a.* Mettre en flammes.

Enfle, *s. f.* Météorisation, accident auquel sont sujets les bestiaux, après avoir mangé certains fourrages verts, la luzerne particulièrement.

Enflume, *s. f.* Enflure, tumeur. (Dictionnaire de Trévoux. *Enflume.*)

Enfondrer, *v. a.* Enfoncer, effondrer.

> Il print quand et quand, des préceptes d'Attalus, de ne se coucher plus sur des loudiers qui *enfondrent*. (Montaigne. *Essais*, liv. III, ch. xiii.)

Enforge, *s. f.* Entrave. Voyez *Enferger*.

Enforger, *v. a.* Entraver. Voyez *Enferger*.

Enfouger, *v. a.* Enfouir. Voyez *Fouger*.

Enfume, *s. f.* Enflure.

Englober, *v. a.* Enjôler, cajoler.

Engoillas, *s. m.* Marmelade de prunes. *Gula* pourrait être pour quelque chose dans l'origine de cette expression, comme pour *gouléiant*.

Engorinée, *s. f.* Se dit d'une truie pleine. Voyez *Gorin*.

Engrediner, *v. a.* Empêcher quelqu'un ou quelque chose de réussir, de s'améliorer, en s'interposant au-dessus ou à côté, en privant de soleil, d'air, etc. Un arbre est *engrediné* par un autre qui l'empêche de croître.

Engrenuche, engronuche, *s. m.* et *f.* Vent qu'on laisse échapper, alors qu'il y a inconvenance marquée à le faire. Peut-être de *en grons, grons* signifiant *giron*. (Du Cange. *Gyro.*) On trouve dans le Vocabulaire de Chompré plusieurs mots commençant par *gron* et par *grun,* et indiquant des bruits de diverse nature.

Enguias, *s. m.* Marmelade de prunes. Voyez *Engoillas*.

Enherter, *v. a.* Semer, préparer pour ensemencer, mettre une terre en valeur, en produit. *Ertaye* ou *Ertoye* indique une terre inculte. (Du Cange. *Hertemus.* — P. Chompré. *Herthus.*) *En hers*, le produit quelconque donné par le labour. (Du Cange. *Adhœrere*, 3.)

Enheuder, *v. a.* Mettre des entraves aux pieds d'un animal. De *heuse,* botte. Suivant le Dictionnaire de Trévoux, ce mot se trouve dans les vieilles Coutumes. (Du Cange. *Heusia, Osa.*)

Enjaquer, *v. a.* Engoncer, porter la tête enfoncée dans ses habits. Le *jacque* d'où l'on a fait la *jaquette*, était une casaque ou cotte de mailles.

Ennuit, *adv.* Aujourd'hui. Voyez *Anuit*.

Ennuyer (s'), *v. réf.* S'ennuyer de quelqu'un, c'est avoir de la peine à supporter son absence.

> Mais r'amenez Mademoiselle,
> Je commence à *m'ennuyer* d'elle.
> (LORET. *Muze historique*, 29 mars 1653.)

Empommer (s'), *v. réf.* Se dit des bestiaux qui s'étranglent en avalant des pommes sans les mâcher.

Enrayer, *v. a.* Mettre en train, et non arrêter.

Ensauver (s'), *v. réf.* Se sauver, fuir.

Ensément, ens'ment, *adv.* Ensemble, en même temps. (DU CANGE. *Suria. Pariformiter*. — RAYNOUARD. *Ensems.*)

Ensouilleure, ensouillure, *s. f.* Enveloppe d'un matelas, taie d'oreiller. De *touaille* ou *touaillon ?* C'étaient des nappes, des serviettes, de la toile. (DU CANGE. *Toacula*. — RAYNOUARD. *Toalhon* sous *Teisser*.)

Ensursemaine, *loc. adv.* Dans le courant de la semaine, moins le dimanche.

Entendoir, *s. m.* Discernement, jugement, intelligence.

> J'ay assez belle *entendouoire*, voire. (RABELAIS. *Pantagruel*, liv. IV, ch. XXVII.)

Entortre, *v. a.* Entortiller, tordre.

En tout, *adv.* Du tout. *C'est point vrai en tout.*

Envelimer, *v. a.* Envenimer, empoisonner.

> Sa personne par moy fut *envelimée*.
> (VILLON. *Ballade de la fortune.* Strophe 3e.)

Envie, *s. f.* Petite peau qui se soulève auprès des ongles. Voyez *Nuisant*.

Environ, *prép.* Être ou faire environ quelque chose, c'est s'en occuper. C'est un adverbe dont nous avons fait une préposition, et nous avons eu des complices.

> Il fut *environ* les guerres des Perses. (AMYOT. OEuvres de Plutarque. *Les vies des dix orateurs.*)
> Elle se mit *environ* son beurre. (BÉR. DE VERVILLE. *Moyen de parvenir*, ch. XLIV.)
> Il tâtonna tant par cette cave *environ* ces tonneaux. (BONAV. DESPÉRIERS. *Contes et Devis.* nouv. XLVIIe.)

Envoirai (j'). Futur du verbe *envoyer*. Le conditionnel fait de même j'*envoirais*.

En vrai, *loc. adv.* En vérité.

Epainer, *v. a.* Réduire un tissu en franges, le mettre en pièces. (Du Cange. *Despaner* sous *Despanare*.) Voyez *Paine*.

Epantal, *s. m.* Épouvantail. (Du Cange. *Territorium*.) Le pluriel fait *Épantas*.

Eparcher, *v. a.* Arracher les *parches*.

Eparée, *s. f.* Éclaircie dans une forêt, un bois, etc.

Eparer, *v. a.* Éclaircir, éclairer. (Du Cange. *Fulgetra*.)

> Je voy le ciel du cousté de la transmontane qui commence à *s'esparer*. (Rabelais. *Pantagruel*, liv. IV, ch. xxii.)
>> Mon œil *s'espart* au trauers de la porte
>> Faicte de fleurs.
>>> (Cl. Marot. *Temple de Cupido*.)

Epeilleter, *v. a.* Épiler. De *Pai*, poil.

Epenailler, *v. a.* Déchirer, mettre en pièces un tissu. Voyez *Paine*.

Eperpain, *s. m.* Parpaing.

Epiauler, épiauter, *v. a.* Écorcher, dépouiller. De *Piau,* peau.

Epi-croix, épine-croix, *s. f.* Épine-vinette. Il est singulier que nous ayons changé ainsi le nom de cet arbuste, tandis que nous avons laissé celui de *vinette* à l'oseille, dont les feuilles ont le même goût acide que les feuilles et les fruits de l'épine-vinette. Il est possible, après tout, que cette singularité ne soit pas notre fait. La fleur de l'épine-vinette jouit de la mauvaise réputation de faire *fiâtrir* les champs de blé qui se trouvent dans le voisinage.

Epiécer, *v. a.* Dépécer, déchirer.

Epierrer, *v. a.* Lapider, poursuivre à coups de pierres.

Epiesser, *v. a.* Détruire une haie, une clôture. Voyez *Piesse.*

Epiétant, e, *adj.* Se dit d'un ouvrage qu'on peut faire vite et bien. Voyez *Epléter.*

Epiétant, e, *adj.* Se dit d'une route sur laquelle on marche facilement. Ici, l'étymologie peut ne plus être la même que pour le mot semblable qui précède; elle peut se trouver dans *pied*. Voyez *Piétant*.

Epiéter, *v. a.* Faire vite et bien son ouvrage; se dit, au sens neutre, de l'ouvrage qui se prête à être terminé. Voyez *Épléter*.

Epiéter, *v. a.* Arracher une plante par le pied, racines et tout.

Epiochon, *s. m.* Légume ou fruit mal venus, avortés; mauvais épi.

Epivauder (s'), *v. réf.* Se prélasser. Notre verbe tire son origine de *pie*, comme *se pavaner* doit la sienne au *paon*.

Epléter, *v. a.* Faire vite et bien son ouvrage; c'est *exploiter*. (Du CANGE. *Explectare*.)

Epouantal, *s. m.* Épouvantail. Au pluriel, *Épouantas*. Voyez *Épantal*.

Epouffer, *v. a.* et *n.* Étouffer de chaleur, essouffler.

Eprendre, *v. a.* Prendre fortement, avec ténacité. *La chaud m'a bin éprins*.

Epuceter, *v. a.* Épucer.

Equantage, *s. m.* Inclinaison des rais d'une roue sur le moyeu.

Equanter, *v. a.* Donner aux rais d'une roue l'inclinaison convenable.

Ê-que, *interrog.* Est-ce que? *Ê-que tu vas mollir ?*

Equerier, *v. a.* Écrier. — *V. n.* Glisser, faire un faux pas, parce que d'ordinaire on s'écrie en glissant. *Y fait bin équériant à matin.*

Equerioche, *s. f.* Échasse (qui fait *équerier*).

Equerbiche, équerviche, *s. f.* Écrevisse.

Equioché, e, *adj.* Amaigri, qui travaille trop.

Equiocher, *v. n.* Boiter. Voyez *Écloché.*

Eraigne, *s. f.* Grappin à plusieurs branches.

Erdrille, *s. f.* Terre argileuse mêlée de sable ou de gravier, brûlante. (Du Cange. *Ardilha.*)

Erdrilloux, se, *adj.* Argileux et brûlant. (Du Cange. *Ardilha.*) Ce mot et le précédent sont des provenances de l'orthographe cadastrale. J'ai donné la véritable en écrivant *Airdrille.*

Ergancier, s. m. Églantier. Voyez *Arcancier*.

Ermena, s. m. Almanach. Voyez *Armana*.

Eronce, s. f. Ronce.

Erquanier, erquenier, s. m. Mauvais sujet, garnement. Voyez *Arquanier*.

Eruble, adj. Qualité d'une terre chaude et précoce. Voyez *Heurible*.

Erussaige, s. m. Action d'*érusser*. L'*érussage* des ormes constitue une grande ressource pour les bestiaux et pour les porcs, dans les années où les fourrages sont rares. On fait sécher les feuilles de ces arbres pendant l'automne, et on les donne durant l'hiver.

Erusser, v. a. Arracher les feuilles d'un végétal ou le poil d'un animal. Signification qui se rapproche de celle du latin *eruere*. On dit encore au figuré *érusser* pour *affaiblir, amaigrir*, et pour *chagriner, affecter* par la douleur. *Le mau que j'ai endeuré m'a bin érussé.*

Espérer, v. a. Attendre, patienter. *N'on n'espêre pus que la mô*, dit-on des gens très-malades.

Espion, *s. m.* Curieux, voleur.

Esponse, *s. f.* (Prononcez l's.) Réponse.

Essaileter, *v. a.* Couper les plumes des ailes.

Essaimer, *v. n.* Maigrir, s'en aller peu à peu. *Passé que n'on veillit, tout essaime.* Montaigne dit *Essimer.*

> Il nous la faut *essimer* (la santé) et abattre. (*Essais*, liv. II, ch. xxii.)
>
> J'aimerois presque également qu'on m'ostast la vie, que si on me *l'essimoit.* (*Ibid.*, liv. III, ch. x.)

En prononçant l'*i* comme *ai*, suivant notre usage, les deux verbes sont identiques. *Essaimer*, au reste, nous rapproche davantage de la racine qui doit être *Essaim*, dont le sens indique ici une dispersion.

Essarder, essarer, *v. a.* Essorer, sécher au vent.

Essart, *s. m.* Cepée arrachée. (Du Cange. *Exartus.* — Raynouard. *Eyssart.*) *Essarter* a été conservé.

Essève, essier, essiève, *s. m.* ou *f.* Pente ou sortie de l'eau d'un lieu quelconque. (Du Cange. *Essavare, Goterius.*) Voyez *Eissève. Essève* est la traduction textuelle de *Exitus aquæ*, *ève* étant synonyme d'eau. (Du Cange. *Ewaria*.)

Essor, *s. m.* Vent sec et bon pour sécher le linge ; on aurait aussi bien pu conserver ce mot en français, que le verbe *essorer* pour *sécher*.

Essorer, *v. a.* S'entend des femmes qui se coiffent de manière à laisser la figure très-découverte.

Essuiau, *s. m.* Essuie-main.

Essuiner, *v. a.* Enlever le suint de la laine.

Essuint, *s. m.* Graisse ou suint de la laine.

Essume, *s. f.* Écume. Notre prononciation est un peu plus voisine de *spuma*.

Estomalle, *s. m.* Poitrine, estomac. Ce mot est une dérogation à notre règle ordinaire, qui voudrait qu'on prononçât *estoma*. Avoir *eune bonne estomalle*, n'est pas l'indice d'un grand bonheur dans les digestions, c'est avoir une poitrine bien constituée. *Faut qu'il ait l'estomalle bonne pour jupper comm' ça.*

Estoquer, *v. a.* Embaucher un ouvrier ou un domestique.

Etaim, *s. m.* Gros drap fait avec de l'étaim de laine tissé.

Etant (ils). Ils sont. Troisième personne du pluriel de l'indicatif du verbe *être*.

Etaupiner, *v. a.* Faire disparaître les taupinières.

Etommes (nous). Nous étions. Cette terminaison en *ommes* de la première personne du pluriel est indiquée par Borel pour d'autres verbes ; il cite *avômes* (avons) et *ferômes* (ferons). Je ne me rappelle pas avoir jamais entendu ces deux derniers dans le Maine, et je ne connais que *fommes* (faisons) qui y soit aussi usité, ce qui m'a empêché de mentionner cette irrégularité au chapitre *De la Prononciation*. Si cet usage a quelquefois été une loi française, il n'en reste plus de souvenir que *nous sommes*; elle rappelait les terminaisons en *mus* des mêmes personnes des verbes latins.

Etonné, e, *adj.* Être étonné de quelqu'un, c'est supporter son absence avec peine. *Je sai bin étonné de mon pouvre éfant.*

Etoupas, *s. m.* Couvercle de la gueule d'un four.

Etouper, *v. a.* Boucher un trou d'une manière quelconque. Le seul sens consacré par l'Académie est : boucher avec de l'étoupe.

> Ores est a scauoir si ce trou par ceste cheuille peut entièrement estre *estouppé*. (RABELAIS. *Pantagruel*, liv. IV, ch. ix.)

> Cette menace... m'*estouppa* de manière le gosier, que ie ne sceus avaller une seule goutte. (MONTAIGNE. *Essais,* liv. II, ch. xvii.)

> Cest épigramme œnigmatique... qui signifie des vases de terre pleins de vin bouchez et *estoupez* d'ache. (AMYOT. OEuvres de Plutarque, *Cinquième livre des Propos de Table*, Question iiiᵉ.)

> Quant à moy, je n'y vois point de différence... qu'ils soient *estoupez* ou ouverts. (Le même. *Ibid.*, *Sixième livre*, Question iiᵉ.)

Etrançonner, *v. a.* Couper les branches d'un arbre, faire une *tronce* ou un tronçon.

Etre. Voyez *Aitre.*

Etri, *s. m.* Querelle, contrariété. C'est le vieux

mot *Estrif*. On connaît l'*Estrif de fortune* de Martin Franc.

> Attendu qu'ils sentent réalement et de faict en eux-mêmes, non vne mutation d'vn ou deux, mais vn *estrif* et combat de deux l'vn contre l'autre. (Amyot. OEuvres de Plutarque. *De la vertu morale*.)

Etriver, *v. a.* Contrarier, agacer, combattre. (Rob. Estienne. *Estriuer*.)

> On les hurloit et maudissoit si on les veoyoit *estriver* a recevoir la mort. (Montaigne. *Essais*. liv. II, ch. xxiv.)

> Si le condamné *estrivoit* à leurs ordonnances, il menoit des gents propres à l'exécuter. (Le même. *Ibid.*, ch. xxxv.)

> Au contraire, ils rebutent et dépriment ceux qui *estriuent* et s'eforcent de s'égaler à eux. (Amyot. OEuvres de Plutarque. *De l'amitié fraternelle*.)

> Auecque tes voisins iour et nuict *estriuer*.
> (Regnier. *Satyres*. xiiie.)

Etronçonner, étrongner, étrouesser, *v. a.* Émonder un arbre. *Estroincer* suivant Roquefort.

Et tout, *adv.* Aussi, tout de même. Moins usité en ce pays que *itout*.

> Toutes choses ont leur raison, les bonnes *et tout*. (Montaigne. *Essais*, liv. II. ch. xxviii.)

> La mort... nous intéresse de leur interest quasi

autant que du nostre et plus *et tout* parfois. (Le même. *Ibid.*, liv. III, ch. ix.)

Eudrir, *v. a.* Faner, mourir, se dit des végétaux. Voyez *Oudrir*.

Euets, *s. m. pl.* Yeux. Voyez *Uets*.

Eules, *pr. f. pl.* Elles. Il est à remarquer que ceux qui se servent de ce mot, prononcent très-bien *elle*, quand il s'agit du singulier. On peut s'expliquer cette différence par l'ancienne orthographe de *eux* (masculin de *elles*), qui s'écrivait *eulx*. Nous disons de même *ceules* au lieu de *celles*, ce qui a lieu encore pour tous les pronoms en *el*, et c'est la vieille loi. Voyez *Queu*.

Eurible, euruble, *adj.* Qualité d'une terre chaude et précoce. Voyez *Heurible*.

Evailler, *v. a.* Étendre, disperser. (Du Cange. *Gajardus.*) Voyez *Égailler*.

Everrer, *v. a.* Couper le filet de la langue, opération que l'on prétendait jadis souveraine pour guérir de la rage. *Évirer* se dit en blason.

Exempt-du-ciel, *s. m.* Huissier. Cette dénomination sarcartisque est en même temps un jeu de mots, à cause du rôle de sergent ou d'huissier que remplissaient autrefois les *exempts* de certains corps et dans diverses juridictions.

Exprès (à l'), *adv.* On ne dit pas : faire *exprès* de, mais bien *à l'exprès*.

F

Facelle, fachelle, *s. f.* Vase de terre cuite, dans lequel on tient le lait, pour faire monter la crème. (Du Cange. *Fiscina*. — Chompré. *Fasculum*.) En bon latin *Fiscellus*.

Faduchet, te, *adj.* Chétif, malingre, qui a le teint pâle ou fade.

Faflu, e, *adj.* Bien nourri, dodu à pleine peau.

> Il étoit si gras et si *fafelu* qu'on l'eût fendu d'une arête. (Bonav. Despériers. *Contes et devis*. Nouvelle xxixe.)

Fagotier, *s. m.* Bûcher.

Fagrelin, faguelin, eine, *adj.* Délicat, faible. Voyez *Fiacre*, sous lequel on trouve *Fiaguerlin*, qui est nécessairement la même chose que *Fagrelin* ou *Faguelin*.

Faignance, *s. f.* Fainéantise.

Faignant, e, *adj.* Fainéant. C'est un terme populaire ailleurs que dans le Maine.

Faigne, *s. f.* Foutelaie, lieu planté de hêtres. (Du Cange. *Fagia, Fania.*)

Fain, *s. m.* Foin. (Du Cange. *Carca.* — Raynouard. *Fen.*)

> Humilité
> Donne bien à congnoistre
> Quand sur du *feing* il voulut naistre.
> (Bibliothèque du Mans, n° 3657. *Vieux noël.*)

Fainé, e, *adj.* Faible, malheureux, qui n'est pas chanceux. Faut-il le faire venir de *feiné* ou *finé*, synonymes de *fini?* Ou de *fané?* Ou bien encore de *vain*, qui s'est dit pour *abattu, faible.* (Du Cange. *Vanitas.*)

Faire, *s. f.* Foire, marché. Je donne ici ce mot, qui n'est qu'une prononciation, parce que

Du Cange le cite sous *Feriæ*, 3, ce qui semblerait indiquer *férie* pour son étymologie, tandis qu'on regarde communément *forum* comme celle du mot *foire* prononcé régulièrement. On y trouve aussi, sous *Feriæ*, 2, *foirer* (*feriare*) pour *fêter*, chômer. Enfin, à l'article *Festum*, et comme pour confirmer la relation entre *foire* et *fête*, on voit que chacune de ces locutions peut traduire le substantif latin en question.

Fairier, ère, *s. m.* et *f.* Marchands forains, personnes qui reviennent d'une foire.

Faisant (ils). Ils font, troisième personne du pluriel de l'indicatif du verbe *faire*.

Fait, *s. m.* Biens, meubles, effets, avoir. Être d'un *petit fait*, c'est être économe.

Faiteau, *s. m.* Enfaiteau.

Fait-y ? Plaît-il ?

Fambrayer, *v. a.* Renouveler la litière des bestiaux, charroyer le fumier dans les champs. *Fanc* était de la fange. (Du Cange. *Fangus*.) *Bray* était synonyme. (Le même. *Braïum*.—

RAYNOUARD. *Brac*); et *Fambrayer* signifiait principalement fumer une terre. (DU CANGE. *Exfelcorare, Fimbriatum, Marla.*)

Fameux, se, *adj.* Grand et vigoureux.

Far, *s. m.* Oseille cuite. Peut-être faudrait-il écrire *fars* et dire *oseille farcie*.

Farâche, *s. m.* Terres communes à plusieurs; il est probable que dans l'origine on disait *Frarâche*. Voyez ce mot.

Fâre, Voyez *Fût et fare.*

Farer, *v. a.* Fréquenter quelqu'un, s'accorder bien avec lui, se mettre en *frarage* ou *farâche* avec lui.

Farer, *v. n.* User d'un droit de passage sur une terre.

Farer, *v. n.* S'entend encore des animaux qui s'esquivent quand on en chasse un autre; on dirait en bon français qu'ils sont *effarés*.

Fargon, *s. m.* Fourgon ou bois fourchu avec lequel on remue le feu dans le four. Voyez *Fourgonneux.*

Fatique, *s. m.* Faim, ou plus spécialement besoin de manger.

Fatiquer, *v. n.* Avoir besoin de manger.

Faussier, ère, *adj.* Capricieux.

Fauveau, *s. m.* Bœuf fauve. Voyez *Beu*.

> Voicy trippes de ieu, goudebillaux d'enuy, de ce *faulueau* à la raie noire. (RABELAIS. *Gargantua*, ch. V.)
> Ce *fauueau* à la raie noire doit souuent bien estre estrillé. (Le même. *Pantagruel*, liv. IV, ch. IX.)

Fau, fay, faye. Noms qui indiquent la présence de hêtres. De *Fagus*.

Fècelle, *s. f.* Vase à faire monter le lait. Voyez *Facelle*.

Féger, *v. a.* Figer.

Fendais, *s. m.* Sillon fendu ou à moitié ouvert par la charrue.

Feni, *s. m.* Poussière et parcelles de foin, et, par extension, de toute autre chose.

Fercel, *s. m.* **Fercelle,** *s. f.* Estomac, poitrine. Voyez *Fourcel*.

Ferdir, *v. n.* Froidir.

Ferduriau, *s. m.* Fromage frais, écrasé et salé pour faire de la fromagée.

Fergane, *s. f.* Bouche, gueule, visage, gosier. Voyez *Fourgane*.

Fergon, *s. m.* Fourgon, morceau de bois ou tringle de fer avec lesquels on remue le bois dans le four. Voyez *Fourgonneux*.

Fermine, *s. f.* Tout meuble qui se ferme au moyen d'un couvercle à charnière, comme une huche, un coffre, etc.

Ferouésse, *s. f.* Herse triangulaire avec laquelle on froisse ou brise les mottes.

Ferouésser, *v. a.* Briser les mottes de terre. Dans le Glossaire de Du Cange, on trouve *froer* employé dans le même sens que *Ferouésser*, sous *Fragiatus*.

Ferrer du chanvre. C'est le scrancer ou bien le piler.

Ferrer un cochon. C'est lui fixer au bout du groin un fer qui s'enfonce dans la chair, au moyen de crampons, et qui est destiné à empêcher cet animal de fouir.

Ferreux, *s. m.* Qui *ferre* du chanvre.

Ferrimêe, *s. f.* Scorie de fer.

Fersäe, *s. f.* Fresaye, nom improprement donné à la bondrée, et qui est celui d'un oiseau nocturne.

Ferte, *s. f.* Longue perche ferrée à un bout. Les paysans d'Anjou s'en servent encore pour franchir les fossés et les barrières, en appuyant le bout ferré par terre au fond de l'obstacle ou tout contre, suivant sa nature, et en s'élançant cramponnés à la perche.

Fertiner, *v. a.* Glaner le chanvre, dont les menus brins qui restent après la récolte, se nomment *fretin* ou *feurtin*.

Fesser, *v. a.* Ne signifie pas seulement fouetter, mais frapper sur n'importe quoi et n'importe comment.

Fessoé, fessoir, fessouère, *s. m.* Instrument servant à fouiller la terre ou à écobuer. Son nom dérive de *fouir* par *foussoir*. (Du Cange. *Fasculum*, 2, *Fessorius*, *Fossare*, *Fossorium*.)

Feumelle, *s. f.* Jeune fille, femelle. Voyez *Fumelle*.

Feunique, *adj.* Sujet à s'effrayer. Voyez *Founique*.

Feupes, *s. f. pl.* Mauvaises hardes, guenilles. *Flespe* suivant Du Cange. (*Ferperia, Ferperius, Frepatœ vestes.*)

Feupier, *s. m.* Fripier. (Du Cange. *Dossagium.*) Voyez *Foupir*.

Feupir, *v. a.* Fripper, chiffonner.

Feurieux, se, *adj.* Gros, grand, fort.

Feutrer, *v. a.* Chercher, remuer tout et dans tous les sens, brouiller et mêler comme du feutre.

Fiâcheux, se, *adj.* Qui a du *flâche*.

Fiacre, fiagre, fiaguerlin, eine, *adj.* Faible, délicat, malingre. C'est la même chose que *Flacre*.

Fiâraige, *s. m.* Frarage. Voyez *Farâche* et *Frarâche*.

Fiâter, *v. a.* Dénoncer. Voyez *Flâter*.

Fiâtrir, *v. a.* Flétrir.

Fiau, *s. m.* Fléau pour battre le grain. Voyez *Flau*.

Ficard, ficas, *s. m.* Lanterne faite d'ordinaire avec une vessie de cochon ; on la fiche sur les charrettes au moyen d'un long manche. (Du Cange. *Ficare.*) Il est donc quelquefois permis de prendre des vessies pour des lanternes.

Fierté, s. f. Ce mot a souvent, dans le Maine, un sens qui n'est pas tout à fait l'ordinaire ; ainsi, quand on attend pour faire une réparation qu'elle soit devenue urgente, on dit qu'on ne la fait pas par fierté.

Fieur, fieurer. Voyez *Fleur* et *Fleurer*.

Fillot, s. m. Filleul.

Filotier, s. m. Marchand de fil.

Filou, s. m. Enjôleur.

Filtoupier, s. m. Filassier, tisserand.

Fin, e, adj. Se dit d'un point extrême par sa position. On dit le *fin* bout, le *fin* loin, le *fin* haut, le *fin* fond, etc.

> On négocie du *fin fond* de son courage. (Montaigne. *Essais*, liv. Ier, ch. xxvii.)

> Jamais, jamais, au grand *fin* jamais. (Rabelais. *Pantagruel*, liv. III, ch. xi.)

> Lédit cheval heureuzement
> Recula deux pas en arrière
> Sur le *fin* bord d'une carrière.
> (Loret. *Muze historique*, 8 nov. 1653.)

Fin (à seule ou **ceule),** *loc. conj.* Afin. Je crois qu'on devrait dire *à celle fin, ceule* étant synonyme de *celle;* cependant, il y a des personnes qui disent *à la seule fin,* et il faut bien, en ce cas, changer de mot comme d'orthographe.

Fini, e, *adj.* Fini se dit comme expression superlative. *C'est fini bon, c'est fini beau.*

Finiment, *adv.* Complètement, parfaitement. C'est l'adverbe de nos deux adjectifs *fin* et *fini*. Il indique quelque chose de fini, d'achevé. C'est *finiment* bon, c'est *finiment* beau.

Finte, *s. f.* Foi. N'est employé que comme serment : *Ma finte.*

> Ils jurent par ma *finte*. (BER. DE VERVILLE. *Moyen de parvenir*, ch. XXXVII.)
>
> Ma *finte!* cela ne vaut rien. (Le même. *Ibid.*, ch. CVI.)

Fiscal, e, *adj.* D'un prix élevé, ou qui est susceptible de l'atteindre.

Fite, *s. f.*, **Fitet,** *s. m.* Bague, anneau d'alliance ou de mariage. *Feuté, fi, fiz,* etc., indiquaient la foi due à quelqu'un (Du Cange. *Fiducia, Hominium*), et l'anneau a toujours été l'emblème de la foi promise, et pour la femme celui de l'alliance, ou, dans l'origine, de la servitude.

Flâche, *s. m.* Solution de continuité de la vive arête de la pierre ou du bois.

Flacre, flagre, *adj.* Faible, chétif, flasque. (Raynouard. *Flac.*) Dans le Vocabulaire de Chompré, on trouve *Flaccesco,* se faner, s'affaiblir.

Flambe, *s. f.* Flamme.

> Il vit devant lui un grand monstre les yeux plus allumés que *flambe* de fournaise. (*Cent nouvelles nouvelles,* lxxe.)

Flâter, *v. a.* Dénoncer, parce que ceux qui font le métier de dénonciateur, cumulent presque toujours avec celui de flatteur.

Flâteux, se, *adj.* Se dit des enfants qui rapportent sur le compte des autres.

Flau, s. m. Fléau pour battre le grain.

> La Gourdon fille de la Reine
> Soufre, par un triste revers
> A la fois cent *fleaux* divers.....
> L'efroyable guerre civile
> Le plus rude des *fleaux* de Dieu...,.
> Un colonel nommé la Miche
> *Fleau* des païzans et bourgeois.
> (LORET. *Muze historique*, 12 mars et 5 novembre 1651, 7 janvier 1652.)

La mesure de ces vers indique que Loret prononçait *flau*.

Flein, e, adj. Faible, flasque, chétif. Voyez *Flève*.

Fleume, flumatique, flume, adj. Flegmatique, délicat. (ROB. ESTIENNE. *Fleume.* — DU CANGE. *Fleuma.* — RAYNOUARD. *Flegma.*)

Fleur, s. m. Flair. (DU CANGE. *Fragrare.*)

> Vn au milieu pour les esprits metoyens.... qui est le *fleurer*. (P. CHARRON. *De la Sagesse*, liv. Ier, ch. x, 3.)
>
> En l'ouie le cerf tient le premier lieu, et en la vue l'aigle, au *fleurer* le chien. (Le même. *Ibid.* 7.)

Fleurer, v. a. Flairer.

> Il *fleuroit* bien plus fort, mais non pas mieux que roses.
> (REGNIER. *Satyre* x^e.)

Flève, *adj.* Faible. (Du Cange. *Flebilis.*) On voit que *flève* vient directement, comme son équivalent *faible,* de *flebilis.* On trouve dans le Vocabulaire de P. Chompré, *vain* pour la traduction de *flevus;* or, si *flevus* ressemble beaucoup à *flève,* vain est aussi synonyme de *faible,* comme je l'ai fait observer à l'article *Fainé.*

Flonner, *v. a.* Mettre hors du sens ordinaire, faire perdre la tête, faire fortement fâcher. Ce verbe, avec lequel nous avons composé *afflonner* et *efflonner,* vient de *foulon,* extravagance, étourderie, etc., que l'on trouve dans le Glossaire de Du Cange, à *Follitia* sous *Follis.*

Flôpe, *s. f.* Tout vêtement long et large, comme une redingote, une soutane, une amazône, etc.

Flôper, *v. a.* Rosser, rouer de coups. On dit encore aujourd'hui qu'on a donné sur la friperie de quelqu'un, pour dire qu'on l'a battu : or, *friperie* et *flesperie* (qui est quasi *flosperie*) étaient synonymes. Voyez *Feupes.*

Flûtailler, *v. n.* Jouer de la flûte. J'ai entendu chanter, dans une ronde dansée par des enfants :

> Il tira sa grande flûte
> Dan' euu' bouteille.
> Et se mint à *flûtailler*
> Dan' un penier.
>
> Tous les pourciaux d' nout' villaige
> Dan' eun' bouteille
> Tertous se minr' à danser
> Dan' un penier.

Foibre, *s. f.* Foi. Ne s'emploie, ainsi que *finte*, que comme serment. *Ma foibre !*

Foirier, ère, *s. m.* et *f.* Marchands forains, personnes qui reviennent de la foire. Voyez *Faire*.

Fois. Voyez *Par les fois*.

Foitable, *adj.* Digne de foi, loyal, véridique. (Du Cange. *Fautalis*.)

Fommes (nous). Nous faisons, première personne du pluriel de l'indicatif du verbe *faire*. Voyez *Étommes*.

Fonbrayer, *v. a.* Changer ou remuer la litière

des bestiaux, charroyer du fumier. Voyez *Fambrayer*.

Fondu, *s. m.* Vallée profonde, fond d'une vallée. Il y a, auprès du Mans, les *fondus* d'Allonnes.

Fongner, *v. a.* Gronder, faire la moue.

> Elle *fongna* au clerc plus d'un iour et d'une nuict, et le menaça ferme. (Bonav. Despériers. *Contes et Devis.* Nouv. xvie.)

Foranné, *adj.* Se dit des jeunes bêtes à leur seconde année : de *foris annum*, c'est-à-dire, engendré hors de l'année présente.

Forgane, *s. f.* Bouche, visage, entrée du gosier. Voyez *Fourgane*.

Forière, *s. f.* Terrain compris entre le pied des haies et la partie cultivée d'un champ. Du Cange, sous les mots *Foraria* et *Foreria*, indique la forière comme un lieu destiné à faire paître les animaux : le sens qu'on y donne, dans notre province, peut à la rigueur s'accorder avec celui-là, puisque c'est dans cette même partie des champs que l'herbe pousse en plus grande quantité. Les amateurs détymologies peuvent faire dériver notre mot de *foras* ou *foris* (dehors) : *forière* désignant aussi quelquefois le creux des sillons, on pourra faire intervenir *fodere* (creuser) qui avait donné le vieux verbe *foire* cité par Raynouard.

> Par la *forière* on entre dans le champ. (Dict. de Trévoux.)

Forme, *s. f.* Fosse à fumier. Voyez *Fourme.*

Forment, *adv.* A peu près, presque. Nous avons quelque peu détourné cet adverbe de son sens primitif et naturel qui était *fortement*, fort, beaucoup. (Du Cange. *Fortiter.* — Raynouard. *Fortment* sous *Fort*, 2.)

> Huguet estoit in compeignon
> Qui d'estre clerc auoit regnom
> Il escripuoit *forment* son nom
> Mais il ne l'eust sceu lire.
>
> (Bibliothèque du Mans, n° 3657. *Vieux noël françois et poitevin.*)

Fouaillée, *s. f.* Coups dont on châtie les enfants.

Foucade, *s. f.* Bouderie.

Foucader, *v. a.* Bouder.

Foucanier, foucoin, *s. m.* Mari qui se mêle trop des détails du ménage, ce qu'on appelle aussi un *chauffe-couche.*

Foudre, *s. f.* Maladie des épis de blé, par suite de laquelle ils sont convertis en poussière noire. *Foudre* ne signifie pas du tout que cette maladie envahisse le blé avec la rapidité de la foudre, comme on le dit quelquefois, et comme on serait en effet tenté de le penser, d'après l'effet indiqué. L'épi devenant noir comme du charbon, il faut rapporter l'étymologie à *Faude*, charbon, que l'on trouve dans le Glossaire de Du Cange, sous *Falda,* 1.

Foudrer, *v. n.* Se dit du froment, quand la *foudre* l'a attaqué.

Fouée, *s. f.* Feu clair et pétillant. (DU CANGE. *Foagium.*)

Fouée, *s. f.* Espèce de fouace.

Fouger, *v. a.* Fouiller en creusant. (DU CANGE. *Fogerare.*) Suivant l'Académie, ce mot ne doit s'entendre que du sanglier quand il fouille avec son boutoir. Au temps de Rabelais, on lui donnait, comme aujourd'hui dans le Maine, un sens plus étendu.

> Ce que faisant, semblent ès coquins de villaige qui *fougent* et escharbottent. (RABELAIS. *Pantagruel*, liv. II, ch. xxxiv.)

Si je pouvais donner ici la suite de la phrase de Rabelais, le premier mot qui se présenterait après les verbes *fouger* et *escharbotter*, rappellerait à un Manceau comment les *coquins* de son village nomment l'*escarbot*. — Dans l'art militaire, la *fougasse* est une fouille faite pour faire jouer la mine.

Fouillard, fouillas, *s. m.* Feuillage, fouillis. Certains brigands tiraient leur nom de ce mot, parce qu'ils résidaient dans les bois. (DU CANGE. *Foilliata*.)

Fouillée, *s. f.* Feuillée, jonchée. A la Fête-Dieu, on crie dans les rues : *A la fouillée! fouillée!* et on en vend pour joncher le parcours de la procession. Ce sont ordinairement des paquets d'iris des ruisseaux, et cette plante en a retenu le nom de *fouillée*. Les fleurs que l'on jette au devant du Saint-Sacrement sont la *fouillée fleurie*.

Fouillu, e, *adj*. Feuillu.

Fouinacer, *v. n.* Se donner du mouvement pour ne rien faire.

Fouinacier, fouinard, *s. m.* Qui fouinace.

Fouiner, *v. n.* Céder lâchement, s'enfuir. Dans le Vocabulaire de Chompré, il y a le verbe *founino*, qui signifie *mettre bas*.

Founiller, *v. a.* Fouiller et bouleverser.

Founique, *adj.* Sujet à s'effrayer, qui *fouine* facilement.

Foupier, ère, *s. m.* et *f.* Fripier et fripière. Voyez *Feupe*.

Foupir, *v. a.* Chiffonner, friper une étoffe. Même sens dans Furetière. Rabelais dit *bonnetz foupiz* pour *bonnets fripés*. (*Gargantua*, ch. XXXVI.)

Fouquet, *s. m.* Écureuil. Ce mot explique le fameux emblème parlant adopté par Colbert, la couleuvre grimpant après un écureuil (le surintendant Fouquet.)

Fourbancer, *v. a.* Fouiller en agitant, en bouleversant dans un amas d'objets, fourgonner. — Fourbir.

Fourbancier, *s. m.* Qui *fourbance,* qui se mêle de tout.

Fourcel, *s. m.,* **Fourcelle,** *s. f.* Estomac, poitrine. (Du Cange. *Furcatura, Furcula, Juramentum.* — Raynouard. *Forsela* sous *Forca,* 4.)

Fourché, e, *adj.* Fourchu.

Fourcher, *v. a.* S'emploie en parlant de la langue, quand on dit un mot pour un autre, ce qui est proprement faire un *lapsus linguæ.* Il y en a qui disent : « La langue m'a fourché dans le sabot. »

> La parole *fourchoit* après l'esprit. (Ber. de Verville. *Moyen de parvenir,* ch. viii.)

> La langue lui a *fourché.* (Leroux. *Dictionn. comique.* Langue.)

Fourchet, *s. m.* Partie de l'arbre où finit la tige et où commence la bifurcation des maîtresses branches. — *Bifurcation* des jambes chez l'homme. *J'ai pingé jusqu'au fourchet.*

Fourgane, fourgonne, *s. f.* Arrière-bouche ou pharynx. Dans notre idiome, toutes les parties du corps où il y a bifurcation ou simplement jonction, portent un nom qui se rapporte à *fourche* ou *fourchu*. Dans le cas qui nous occupe, la rencontre du larynx et de l'œsophage a créé *fourgane*, qui se donne, par extension, à la bouche, au palais, au visage, à la gueule d'un animal, etc.

Fourgonneux, se, *adj.* Qui fourgonne sans cesse.

Moucheux d'chandelle et fourgonneux de tison
Sont la ruin' de leux mainson.

Fourmaige, *s. m.* Fromage. (Rob. Estienne. *Fourmage.* — Du Cange. *Fromagerius.* — Raynouard. *Formatge* sous *Forma*, 8.) On trouve souvent des preuves de cette antique manière de prononcer, et elle est reproduite plus d'une fois dans la Nouvelle LXVIe des *Contes et Devis* de Bonaventure Despériers. Monteil compte *fourmage* parmi les substantifs du xive siècle, épître xle de l'*Histoire des Français de divers états.*

Basché..... feist apporter vin de collation associé d'ung nombre de pastez, de iambons, de fruict et de *formaiges*. (Rabelais. *Pantagruel*, liv. IV, ch. xiii.)

Et nonobstant que force gras *fourmage*
Ce feist tousiours en nostre ingrat village.
(Cl. Marot. *Première églogue de Virgile.*)

A quel propos, dit-il, si i'avois du *formage*, ie n'aurois que faire d'autre viande. (Amyot. OEuv. de Plutarque, *Dits notables des Lacedœmoniens.*)

Du doux miel auecques du *fourmage*
Du vin souef agréable bruvage.
(Le même. Ibid. *Troisième livre des propos de table.* Question 7e.)

Fourme, *s. f.* Fosse à fumier. Fourme était synonyme de banc. (Du Cange. *Forma,* 14.)

Fourment, *s. m.* Froment. (Du Cange. *Frumentaria.*) Nos vieux auteurs donnent l'un aussi souvent que l'autre.

Fourment, *adv.* Peut-être, à peu près. Voyez *Forment.*

Fourmental, e, *adj.* Productif en froment. (Du Cange. *Frumentaticus.*)

Fourniteure, *s. f.* Livraison de vingt-et-un articles de marchandise, qui ne sont payés que sur le pied de vingt.

Fouteau, *s. m.* Hêtre.

> Elle lisoit un livre françois devant moy : le nom de *fouteau* s'y rencontra, nom d'un arbre cogneu. (MONTAIGNE. *Essais*, liv. III. ch. xxxv.)

Ce nom si bien connu alors ne l'est plus guère que des paysans de l'Ouest, malgré que l'Académie l'ait conservé et qu'on en ait fait *foutelaie*.

Foutimasse, *s. f.* Mouvement que l'on se donne pour rien, discours inconséquent, histoire ou cancan absurdes, fouillis.

Foutimassier, ère, *adj.* Qui foutimasse.

Foutimasser, *v. a.* Raconter des niaiseries, en dire ou en faire. *Queu potin que tu viens me foutimasser là.* — Bouleverser des objets, mettre en désordre, tenir en mauvais état. *Est-i bin foutimassé dans ses hardes.*

Fouyas, *s. m.* Foyer.

Fraiche, *s. f.* Friche. Voyez *Fresche*.

Fraîchin, *s. m.* Odeur désagréable ou de relent que prend la viande dans un lieu humide.

Fraisselle, *s. f.* Vase de terre cuite dans lequel on dépose le lait pour faire monter la crème. Voyez *Facelle.*

Français, e, *adj.* Bon vivant, loyal. — Le vin *français* est du vin chauffé et sucré.

Franc-carreau, *s. m.* Jeu qui consiste à jeter en l'air une pièce de monnaie, dans un appartement carrelé. Le joueur dont la pièce tombe le plus près d'une ligne quelconque de séparation des carreaux, a gagné. Rabelais en fait mention au nombre des jeux de Gargantua.

Au *franc du carreau.* (Gargantua, ch. xxii.)

Frarâche, *s. m.* Bien possédé ou partagé par plusieurs branches d'une famille provenant d'une souche commune. *Frarage,* qui était synonyme, indique l'origine de ce mot; il signifiait d'abord seulement la communauté entre frères, ou le bien patrimonial. (Du Cange. *Fraternitas.*)

Fratrès, *s. m.* Perruquier, barbier.

Frédurier, ère, *adj.* Qui produit du froid.

Frèle, *s. f.* Tige de haricot et de toute plante grimpante herbacée, ainsi que de pomme de terre, etc. Le nom vient très-probablement de la forme.

Fresche, *s. f.* Friche, jachère. (Du Cange. *Fresceium, Friscum.*) — Dans les pays de landes, on appelle *terre chaude* celle qui est défrichée, et *terre froide* ou *fraiche* celle qui est en *fresche* ou *fraîche*.

Frépe, *s. f.* Mets friand, sucrerie, etc. Voyez *Fripe*.

Fresselle, *s. f.* Vase à faire monter la crême. Voyez *Facelle*.

Freûche, *s. f.* Friche. Voyez *Fresche*.

Freûle, *s. f.* Tige de pois, de haricots, de pommes de terre, etc. Voyez *Frêle*.

Freulon, *s. m.* Frêlon.

Fribler, fribloter, *v. n.* Trembler de froid, frissonner.

Friet, te, *adj.* Gourmand, friand.

Frime, *s. f.* Frimas.

Frimer, *v. n.* Se dit quand le frimas se forme.

Fripe, *s. f.* Petit mets friand, petit plat sucré, confitures, etc. De ce mot sont venus les deux suivants.

Friponnerie, *s. f.* Gourmandise, mets friand.

Friponnier, ère, *adj.* Gourmand, ce que le peuple appelle par toute la France un *licheur*. (FURETIÈRE. *Fripponner*.) Voyez *Lichoux*.

On a conservé *fripe-sauce* dans le français. M. Génin en donne l'origine. (*Récréations philologiques*, t. Ier, p. 409.) Ce qu'il dit au sujet des trois locutions que je viens de donner, est parfaitement conforme avec ce qui se passe dans le Maine.

On lit dans la *Muze historique* du 30 avril 1651 :

> Ne songer qu'à *friper* des plats
> Sont des contentements bien plats.

Dans le Maine, nous ne donnons pas au verbe *friponner* le même sens qu'à *friponnerie* ou à *friponnier*; il y indique, comme partout ailleurs, l'action d'escroquer. Je ne voudrais pas cependant l'assurer; ce qu'il y a de certain, c'est que je l'ai toujours entendu ainsi.

Froisse, *s. f.* Herse triangulaire. Voyez *Ferouésse*.

Fromagée, *s. f.* Fromage blanc écrasé: on le sale quelquefois.

Froule, *s. f.* Tige de pois, de haricots, de pommes de terre, etc. Voyez *Frêle*.

Fruitaigé, e, *adj.* Qui est bien planté d'arbres fruitiers. (DU CANGE. *Fructuagium.*)

> Lors scauoir est que les hommes plus copieusement usent de *fruictaiges*. (RABELAIS. *Pantagruel*, liv. III, ch. XIII.)
>
> De bledz, de vins, de *fruictaiges* on n'en veist oncques tant. (Le même. *Prognostication pantagruéline*, ch. IV.)
>
> Planté de bledz, légumaiges, *fruictaiges*. (Le même. *Ibid.* ch. VI.)

Fru, *s. m.* Fruit.

Fumelle, *s. f.* Femelle, jeune fille. (ROB. ESTIENNE. *Fumelle.* — DU CANGE. *Femeau* sous *Femellus.* — Dict. de Trévoux. *Fumeau.*)

> Incontinent desloyalle *fumelle*.
> (CL. MAROT. *Quinzième Élégie.*)

Fumellier, *s. m.* Débauché, coureur de filles. (Du Cange. *Femellarius.*)

Funique, *adj.* Qui s'effraye aisément. Voyez *Founique*.

Furieux, se, *adj.* Fort, vigoureux, gros, grand.

Fût et fare. Contenant et contenu. C'est en réalité l'indication d'une vente dans laquelle l'acheteur obtient en sus du *fare* et comme par-dessus le marché, le *fût* ou ce qui contient l'objet vendu. Or, *fare* est ici pour *feur*, qui voulait dire le prix, la valeur d'une chose, ce qui nous donne la clef de notre locution : ceci me paraît d'autant plus certain, que jamais on ne dit *fare* quand il s'agit seulement du contenu d'un vase, d'un fût ou autres récipients : on n'emploie ce mot que conjointement avec *fût*, et pour le genre de marché que j'ai indiqué. *Feor, for, fuer* avaient la même signification que *feur*. (Du Cange. *Foragium, Forum.* — Raynouard. *For.*)

Fûter, *v. a.* Dégoûter, ennuyer, rebuter. *Un bourgeois, çà qu'é fûté d'être trop bin.*

G

Gabeloux, *s. m.* Douanier, et mieux commis de l'octroi.

Gabie, *s. f.* Méchante babillarde. *C'est eune gabie : a ne fait que des potins.* Gabei se disait pour gazouillement. (RAYNOUARD. *Gabei* sous *Gab.*)

Gadelle, *s. f.* Groseille à grappes. (FURETIÈRE. *Gadelle.*)

Gagaude, *s. f.* Petite fille qui court et joue avec les garçons.

Gagauder, *v. n.* Courir de çà et de là, s'agiter beaucoup. Ce verbe qui indique un certain désordre dans les actions, pourrait bien avoir une origine commune avec *gavauder*.

Gain, *s. m.* Regain. (DU CANGE. *Gagnagium.*)

Gairoux, *s. m.* Loup-garou.

Gâle, *s. m.* et *f.* Hâle, vent chaud et desséchant.

Gâler, *v. a.* Hâler, brouir, flétrir.

Galérien, *s. m.* Nom que l'on donne aux pommes de terre, dans quelques communes. Encore un mot qui ne peut être ancien, mais que sa singularité me force de mentionner.

Galette, *s. f.* On appelle ainsi, dans le Maine, une pâte que l'on a fait saisir par le feu, de même que les crêpes, dans du beurre fondu et sur une poêle d'une forme particulière. Cette pâte, connue sous le nom de détrempe, est un peu liquide; elle se compose de farine de blé noir avec un peu de farine de froment, d'eau et de lait : quand on est *bourgeois* ou *friponnier*, on y ajoute des œufs et une plus forte dose de farine de froment. — On dit, au figuré, qu'on a fait une *galette*, quand on s'est laissé surprendre par une pluie d'orage, en battant le grain dans l'aire, et que l'eau a tout gâté et même tout entraîné.

Galettoire, *s. f.* Poêle ou plutôt plateau de tôle, à queue comme une poêle, sur lequel on étend la pâte des galettes pour la faire saisir par le feu.

Galicelle, *s. f.* Échasse. Voyez *Gaulicelle.*

Galier, *s. m.* Cheval de fatigue, de peine. Les valets d'armée chargés de porter les casques des soldats, se nommaient chez les Romains et en basse-latinité *galearii* (de *galea*), et leurs fonctions de tout genre ont pu faire que leur nom soit devenu synonyme d'homme ou de cheval de peine. On trouve dans Du Cange, *Galois* (sous *Galletus*), qui indiquait la force et le courage.

Galière, *s. f.* Veste ronde sans taille, ou long gilet à grandes poches, comme on les portait autrefois. La *goulière* était la poche ou le gousset. (Du Cange. *Gula,* 2.)

Galiponier, ère, *adj.* Qui galipote.

Galipoter, *v. a.* Endommager un objet, le friper, le saveter, entamer du bois ou autre chose à coups de couteau ou avec tout autre petit instrument. En certains pays, on dit *Galbucher.*

Galoche, *s. f.* Jeu du bouchon.

Galon, *s. m.* Croûte galeuse qui se forme sur les blessures.

Gandoler, *v. a.* et *n.* Courber, gauchir, voiler. *Gandiller* signifiait détourner ou tromper. (RAYNOUARD. *Guandia* et *Gandilh* sous *Gandir*, 2 et 4.) Il est d'autant plus possible que *gandoler* ait cette origine, que l'on va voir que *gandoleux* indique un trompeur.

Gandoleux, se, *adj.* Se dit des objets dont la surface plane tend à se gauchir, à se voiler. On l'emploie figurément pour indiquer ce qui est incertain, louche. *C'est core un marché eune miette gando'eux.* En ce cas, il rentre assez dans l'observation que je viens de faire à l'article précédent.

Gâni, *s. m.* Canif. (DU CANGE. *Ganiveta, Genecerium.*)

Ganibinodin, *s. m.* Fromage frais de lait caillé.

Garçaille, *s. f.* Bande d'enfants.

Garcête, garcette, *s. f.* Jeune fille. (DU CANGE. *Garsiæ* sous *Garcio.*)

Gareau, *s. m.* Évier.

Garillet, *s. m.* Étui à aiguilles.

Garir, *v. a.* Guérir. Unique mode de prononciation ancienne. (ROB. ESTIENNE. *Guarir.* — DU CANGE. *Garire.* — RAYNOUARD. *Garir.* sous *Garen*, 10.)

> Si tu as le iugement purgé et en as *guary* ton discours. (MONTAIGNE. *Essais*, liv. III, ch. XIII.)

> Mais la sienne, si du tout elle ne les *guarit*,..... elle les fortifie. (P. CHARRON. *De la Sagesse*, Préf.)

> Il pense *guarir* le mal par un autre mal. (Le même. *Ibid.*, liv. Ier, ch. XXXIX, 9.)

Garison, *s. f.* Guérison. Ambroise Paré ne connaissait que la *guarison*.

> Quelque sens particulier achemine les bêtes à prendre certaines herbes à leur *guarison*. (P. CHARRON. *De la Sagesse*, liv. Ier, ch. X, 2.)

Gas, *s. m.* Gars, garçon.

Usité quelque peu et familièrement dans le reste de la France, *gars* ou *gâs* est, dans le Maine, employé continuellement. Un vieux célibataire est un vieux *gâs*; jusqu'à un certain âge, on fait toujours précéder le nom d'un homme de cette même qualification, *le gas un tel*. Quand on hèle plusieurs hommes d'un âge ou d'un rang égaux ou inférieurs à ceux de l'interpellant, on crie : « *Hé! les gas!* » Dans la conversation, on ne dit ni « mon ami » ni « mon cher, » on dit « mon *gas*. »

Gassiau, *s. m.* Pommier ou poirier sauvages. Voyez *Aigrassiau*.

Gast, gastinais, gastine. Ces noms indiquent de vastes terrains incultes. (DU CANGE. *Vastum*.)

Gâter, *v. a.* Répandre un liquide. — *Gâter de l'eau* se dit pour *uriner*.

> Il n'eut rien de plus près que de mettre le doigt au-devant du pertuis du tonneau, car il ne vouloit pas laisser *gaster* son vin. (BONAV. DESPÉRIERS. *Contes et Devis*. Nouv. XLVII.)

Gaulayer, *v. a.* Gauler.

Gaulicelle, *s. f.* Échasse. Cette expression vient peut-être de *galoche*, que le Vocabulaire de Chompré rend en latin par *gallicœ;* nous avons dans le Maine, comme témoignage en faveur de cette opinion, *égaloche* pour synonyme d'échasse. Il est possible aussi que ce soit *petite gaule*, les enfants ne s'adressant ni au menuisier ni au tourneur pour se procurer cet instrument de plaisir : ils coupent une gaule en y laissant un crochet, dans lequel ils entrelacent des menues branches, et c'est là-dessus qu'ils posent le pied.

Gausant, e, *adj*. Contrariant, qui dérange un projet.

Gausé, e, *adj*. Contrarié, ennuyé. Nous avons dû avoir le verbe *gauser* en ce pays-ci, et il avait la même racine que *agousser* ou agacer. Voyez *Agousser* aux *Additions*.

Gavaud, e, *adj*. Viveur, mauvais sujet.

Gavauder, *v. n*. Manger son bien, vivre dans le désordre. C'est évidemment *galvauder* dont une des acceptions est identique. (Acad.)

Gaviau, *s. m*. Gosier.

Gavignolle, *s. f*. Ivresse. — Gosier.

Géhaigne, *s. f*. Gêne, souffrance. On retrouve dans cette manière de prononcer, encore quelquefois usitée, la trace du vieux mot *géhenne* qui, comme on le sait, a fait *gêne*. L'Académie a limité le sens de *géhennne* à celui d'*enfer*.

Géane, *s. f.* Féminin de géant.

Gênance, *s. f.* Souffrance.

Genèbre, genièvre, *s. f.* Genévrier.

> Quand on y brusle des bois bien odorants, comme sont les cyprès, les *genèures* et les sapins. (Amyot. OEuvres de Plutarque. *De Isis et Osiris.*)

Gent (une). Une personne. Les *gens* de quelqu'un sont ses parents ou, suivant les circonstances, ceux qui vivent sous le même toit ou dans le même village.

Genue, *s. f.* Jour de cave. Voyez *Jônue*.

Geôlue, *s. f.* Radicules des plantes. Voyez *Cheulue*.

Gerbe, *s. f.* C'est le nom que l'on donne spécialement à la dernière gerbe.

Dans le Maine, comme dans presque tout l'Ouest, l'usage est de battre les grains aussitôt que la récolte est terminée. Quand il ne reste plus que peu de froment dans la grange, on prépare une grosse gerbe qu'on orne de fleurs et de feuillage ; on y ajoute même quelquefois des volailles attachées par couples, et destinées à être les victimes de la fête. Le moment venu, qui est toujours le soir, les batteurs armés chacun soit d'un *flau,* soit d'un balai, les femmes mêmes portant des fourches ou d'autres attributs, vont chercher la fermière (la *métraisse*) ou les personnes invitées à cet effet, les conduisent à la gerbe, la leur font porter, en les aidant fortement bien entendu, et vont l'éparpiller sur l'aire. Les personnages prennent un *flau* et en donnent quelques coups sur les épis, après quoi les batteurs sérieux, hommes et femmes, achèvent la besogne en s'astreignant à certaines cadences traditionnelles. La cérémonie se termine nécessairement par un bon souper dont le *métre* fait les frais, et qui est arrosé par les invités.

Gerbeler, *v. n.* Se dit des objets qui prennent une forme approchant d'une gerbe, des mèches de lampe qui se forment en champignons, etc.

Gerbeleux, se, *adj.* Sujet à gerbeler. *Un queniau qui a les pais gerbeleux*, est un enfant mal peigné.

Gigier, *s. m.* Gésier.

Gîlée, *s. f.* Jet d'eau, pluie.

Gîler, *v. a.* et *n.* Jaillir en filet, seringuer. *Le sang lui gîlait de la veine.*

Gîloire, *s. f.* Grenouille qui gîle de l'eau quand on la prend. — Seringue en sureau. Voyez *Canne giloire.*

Gingorée, *s. f.* Mets mal apprêté. Objet écœurant. Voyez *Juin.*

Gingue, ginguette, *s. f.* Jeu de mains, tout jeu dans lequel agit le corps, courses, danses, etc.

Ginguer, *v. n.* Jouer en luttant, jouer des mains. (Dictionnaire de Trévoux. *Jynguer.*) *Les gas et les fumelles, ça qu'aime bin à ginguer.* Ménage donne à ce verbe le sens de *ruer du pied*, ce qui fait dire à Furetière que, ne l'ayant trouvé nulle part ailleurs que dans ledit Ménage, celui-ci l'aura confondu avec *giguer*. Dans le fait, les deux mots sont bien voisins de toute manière. Dans le Glossaire de Du Cange, sous *Joculari,* on trouve *gengler* employé au même titre que notre verbe, et c'est de celui-là qu'on a fait *jongler.*

Gion, *s. m.* Ajonc.

Giries, *s. m. pl.* Phrases affectées et menteuses, douleur exagérée et fausse. *Gilerie* signifiait mensonge. (Du Cange. *Guillator.* — Raynouard. *Guilar* sous *Guil.*)

Gisière, *s. f.* Lit de terre ou autres alluvions apportées et posées par couches, par les eaux ou par le temps. Ce mot vient du vieux verbe *gésir* (*jacere*), qui répondait à *aliter* ou être couché, et qui nous a laissé quelques-uns des temps qui le composaient. (Raynouard, *Jasier* sous *Jazer.*)

Glane, *s. f.* Action de glaner, épis abandonnés ou fruits que l'on glane, quête que font les sacristes et les bedeaux dans leurs paroisses au jour de l'an et à Pâques, et pour leur propre compte. La glane de Noël se fait pour le compte des fabriques, et surtout pour les aider à faire face aux frais qu'entraîne la célébration de cette solennité. La quête que font les sacristes et bedeaux à Pâques s'intitule aussi l'action d'aller aux œufs de Pâques. Voyez *Pâqueret*.

Glaviau, *s. m.* Glaire, crachat, mucosité.

Gnangnan, *s. m.* Langage mignard que l'on parle aux enfants.

Gnangnan, *adj.* Grande personne qui affecte un parler enfantin, qui a des goûts puérils.

Gnas, gnias, *s. m.* Enfant. Voyez *Guenas*.

Gobiau, *s. m.* Bon morceau, gorgée de quelque liquide, bouchée.

<blockquote>Il leur alloit au-devant à pied, leur présentoit un *gobeau* de laict de iument. (MONTAIGNE. *Essais*, liv. Ier, ch. XLVIII.)</blockquote>

Godant, *s. m.* Fables, contes inventés pour séduire, pour attirer, pour réjouir et divertir. De *gaudere*, puisque *gaudin* était synonyme. (DU CANGE. *Motetum.*)

Godendart, *s. m.* Grande scie munie d'un manche court et droit à chaque bout, et qui se manie à deux. Le godendard était autrefois une pique. (Du Cange. *Godandardus.*)

Godet, *s. m.* Frai de la grenouille.

Godet, *s. f.* Grande cuiller de bois à manche creux avec laquelle on prend l'eau dans les sceaux de cuisine.

Godivérer, *s. m.* Mentir fortement. Nous venons de voir que *godant* signifiait mensonge ou conte fait à plaisir. *Godivérer* semble indiquer qu'on mêle le faux avec le vrai, ou qu'on se joue de la vérité.

Gondoler, *v. a.* Courber, gauchir, voiler.

Gondoleux, se, *adj.* Sujet à se gondoler. Voyez *Gandoleux.*

Gore, *s. f.* Truie. Dérivé, suivant Borel, du celtique *goerm,* qui signifie *pourceau.*

Gorer, *v. n.* Se dit de ce qui est stagnant. *Goret, gord, gort, gourd* étaient synonymes de pêcherie, gouffre, eau dormante et profonde, etc. (Du Cange. *Gordus.* — Raynouard. *Gorc.*) Ces endroits se nommaient encore *gourdaine* ou *gordaine*. (Du Cange. *Gordana*.)

Gorer, *v. a.* Rassasier.

Goret, gorin, *s. m.* Porc. Voyez *Gore*. Le *goret* est un jeune porc.

Goriner, *v. a.* Se dit des truies qui mettent bas.

Gôsant, te, *adj.* Contrariant. Voyez *Gausé*.

Gosser, *v. a.* Cosser.

Gouêne, *s. f.* Cavité sous les racines d'arbres au bord de l'eau. Dérivé de *goue,* qui est synonyme. (Du Cange. *Gructa*.)

Gouêner, *v. a.* Fouiller et agiter l'eau sous les *gouênes*.

Gouet, *s. m.* Espèce de serpe. (Du Cange. *Goia, Legoy*.)

<blockquote>L'aspre artère, comme vng *gouët* (Rabelais. *Pantagruel,* liv. IV, ch. xxx.)</blockquote>

Gouillâfre, *adj.* Goulu. (Du Cange. *Gula*.)

Gouincer, *v. n.* Pousser des cris aigus. *Tu gouinces comme un chiau.*

Goule, *s. f.* Bouche, gueule. (Du Cange. *Golerium.* — Raynouard. *Gola.*)

> Voilà comme les belles paroles nous croissent en la *goule*. (Ber. de Verville. *Moyen de parvenir*, ch. xxiv.)

>> Dis moy *goule* noire
>> Viendras tu o nous
>> Pour nous faire boire
>> Et enyurer tous.
>> (Nicolas Denisot. *Noël sur le chant des bouffons*, 16e strophe.)

> Tu n'auras pas ma fill',
>> Perruquier,
> T'as la *goule* farinouse,
> Et quand alle é mouillée,
>> Perruquier,
> Alle é toute pâtouse.
>> (*Chanson du pays.*)

Avoir eune chère goule, c'est dépenser beaucoup en bonnes choses.

Gouléier, *v. n.* Être appétissant, agréable. *C'est ça eune fumelle gouléiante.*

Goulette, gouline, *s. f.* Bonnet de nuit des femmes.

Gourd, e, *adj.* L'Académie a restreint le sens de cet adjectif à celui de perclus par le froid.

Dans le Maine, on l'emploie en outre pour engourdi, pesant, embarrassé.

> Les mains ie les ay si *gourdes*, que je ne sçay pas escrire seullement pour moy. (MONTAIGNE. *Essais*, liv. II, ch. XVII.)

Gourdaine, *s. f.* Nom de diverses localités, entre autres d'un quartier du Mans. C'est une pêcherie, une eau dormante. (DU CANGE. *Gordana*.) Voyez *Gorer*.

Gourer, *v. a.* Tromper. Les deux substantifs *goure* et *goureur* ont survécu à leur verbe.

Gourgousser, *v. a.* et *n.* Murmurer comme l'eau en bouillant, gargariser. On trouve *grousser* dans Du Cange, au mot *Groussare*, pour le même usage. La *gourgue* était l'endroit où tombe l'eau, après avoir fait tourner la roue du moulin. (DU CANGE. *Gurga*. — RAYNOUARD. *Gorc*.) Voyez *Gorer*.

Gournas, *s. m.* Espèce de cheville. Dans les constructions maritimes, on appelle *gournable* une grande cheville de bois dont on se sert pour assembler les membrures.

Gousson, *s. m.* Gousset.

Gouttes, *s. f. pl.* Goutte (maladie).

> Et luy qui auoit les *gouttes*, se travailla tant.
> (La Reine de Navarre, *Nouvelles.* xxiie.)

Gouvet, *s. m.* Pelle en forme de cuiller.

Grade, gradelle, *s. f.* Groseille à grappes. Voyez *Gadelle.*

Graffigner, *v. a.* Égratigner. (Rob. Estienne. *Grafigner.* — Raynouard. *Grafinar* sous *Grafio,* 2.)

> Item à Jacques Raguyer
> Je laisse l'abreuvoir Popin
> Pour ses pauvres seurs *grafigner.*
> (Villon. *Petit testament,* verset xxe.)

> Les petitz chiens de son père mangeoient en son escuelle : luy de mesme mangeoit auecques eux. Il leur mordoit les oreilles, ils luy *graphinoyent* le nez. (Rabelais, *Gargantua,* ch. xi.)

> Et même trouvèrent façon d'*égraffigner.* (Bonav. Despériers. *Contes et Devis.* Nouv. xve.)

Le mot *grafière* signifiait un burin. (Du Cange. *Stiliare.* — Raynouard. *Grafi* et *Grafio.*)

Graffigneure, *s. f.* Égratignure. (Du Cange. *Grifare.*)

Graîle, s. m. ou f. Crible; espèce de poêle. Voyez *Grêle.*

Graisset, s. m. Grenouille des prés et des bois, qui va rarement dans l'eau. Raynouard donne *graissan* comme synonyme de crapaud.

Le *graisset*, animal parfaitement inoffensif, passait autrefois pour un des pires de la création, et le plus dangereux de tous les reptiles de son genre. (FURETIÈRE. *Crapaud.*)

Grâlart, s. m. Espèce de pissenlit qui se mange en salade.

Gramment, adv. Grandement, longtemps. (DU CANGE. *Granditas.* — RAYNOUARD. *Granmen* sous *Gran*, grand, 2.)

> Cette obstinée voulenté ne dura pas *gramment.* (*Cent Nouvelles nouvelles,* 11ᵉ.)

Grand'bête (la), s. f. Le diable.

Grâpe, s. f. Femme de mauvaise vie. Le *grapier* était l'ordure qui reste après le vannage du grain. (DU CANGE. *Graperium.*)

Grappille, s. f. Jeter de l'argent ou autre chose

à la grappille, c'est jeter ces objets à la foule qui se rue dessus, comme aux baptêmes, etc.

Grassiau, *s. m.* Pommier ou poirier non greffés. Voyez *Aigrassiau*.

Grave, *s. f.* Gravier. (RAYNOUARD. *Gravier*.)

> J'entends toutesfoys par ceulx qui l'essayèrent que la moindre petite *grave* ne daigna s'en esmouvoir. (MONTAIGNE. *Essais*, liv. II, ch. XXXVII.)

Gravé, e, *adj.* Marqué de petite vérole.

Graviau, *s. m.* Gros sable, gravier.

Gravouiller, *v. a.* Agiter l'eau avec la vase ou la *grave*.

Grec, que, *adj.* Sévère, qui reprend rudement.

Gredille (1), *s. f.* Laitue vivace. Voyez *Cretelle* qui doit être le même mot.

Grêle, *s. m.* et *f.* Crible en mailles de fer qui se trouve dans les moulins à vanner le blé, et qui fait qu'on les nomme eux-mêmes ainsi.

On dit communément de quelqu'un dont la

---

(1) Beaucoup de ces mots commençant par *gre* se prononcent comme s'ils commençaient par *guer* ou *gueur*.

petite vérole a gâté le visage qu'il est grêlé, et l'on considère cette expression comme le participe du verbe grêler, qui indique l'action de la grêle. *Grêlé* ne pourrait-il pas aussi bien se rapporter à *grêle* (crible), puisqu'on dit de ceux qui sont fortement marqués par la maladie en question, qu'ils sont criblés?

Grêler, *v. a.* Nettoyer le grain.

Grêlé, e, *adj.* Grillé. Ne se dit presque que des marrons grillés dans la poêle. Il reste à savoir si c'est parce que la poêle est toute percée de trous comme un *grêle*, ou si c'est parce que *greil* était synonyme de gril. (DU CANGE. *Graticula*.)

Grémillée, *s. f.* Plante aquatique à très-petites feuilles en grande quantité. J'ignore son nom de catalogue.

Gremiller, gremir, *v. a.* Écraser, presser très-fortement.

Greneau, grenot, *s. m.* Haricot blanc.

Grenoisalle, *s. f.* Grenouille criarde. Voyez *Renaselle*.

Grésilleux, se, *adj.* De la nature de la *groie*.

Grésillon, *s. m.* Grillon.

> Je luy donne vng *gresillon*
> Doulcettement en l'acollant.
>> (JEHAN DANIEL dit MAISTRE MITOU. *Noëlz nouueaulx.*)

Gresset, *s. m.* Espèce de grenouille. Voyez *Graisset*.

Grette, *s. f.* Fétu de chanvre.

Greunne, *s. f.* Prune.

Grévé, e, *adj.* Grêlé ou marqué de petite vérole.

Gribouille, *s. m.* Personnification du niais. On dit proverbialement : « Fin comme *Gribouille*, qui se jette à l'eau de peur de se mouiller. » Cette locution existe aussi dans le Bas-Maine, suivant M. Verger.

Gricher, *v. n.* Grincer des dents, crisser.

Grichu, e, *adj.* Acariâtre.

Grigne, grignette, *s. f.* Grignon de pain, petits fragments de croûte. (DU CANGE. *Grignolosus.*)

Griller, *v. a.* Griser, enivrer.

Grimaud, e, *adj.* Grognon. (RAYNOUARD. *Grim.*)

Grimer, *v. a.* Rayer d'une manière sensible des corps assez durs, les métaux, le verre, etc.

Grimeleu, e, *adj.* Qui se grime ou se ride, grumeleux. Ces trois mots, ainsi que *se grimer* et *grimace*, ont évidemment la même étymologie, qui est *grime*, synonyme de ride ou de raie creuse.

Gringuenaude, *s. f.* Petit fragment rond qui se détache des fritures. C'est à peu près la même chose que *grigne*.

Grioller, *v. a.* Grouiller, osciller, remuer.

Grippon, *s. m.* Espèce de chardon.

Grison, *s. m.* Grès vert.

Groie, *s. f.* Terre élevée, brûlante, pierreuse, mais bonne pour le grain. Du Cange dit, sous le mot *Groa*, que *groie* s'entend d'une terre marécageuse ou de champs entourés de cepées ou roseaux entrelacés ; ce n'est pas la même chose ici. Raynouard indique *Greda* comme synonyme de craie, ce qui nous conviendrait mieux, parce que les terres en question sont le plus souvent sur le calcaire. *Croie* se disait pour *craie* (MONET). *Croye* était aussi le nom d'une pierre qui s'engendre dans la vessie des oiseaux de proie (FURETIÈRE). Voyez *Grouêteux*.

> Et sans prendre charbon ne *croye*
> Au ruisseau crottent leurs souliers.

(GUILL. COQUILLART. *Monologue des perruques*.)

Groiselle, *s. f.* Groseille.

> Mais si vous cueillez des *groiselles*,
> Envoiez-m'en.

(CL. MAROT. *Rondeau aux damoyselles paresseuses*.)

Grolle, Corbeau, choucas. (DU CANGE. *Gracilla*. — RAYNOUARD. *Gralha*.) Rabelais parle quelque part d'un noyer *grollier;* il le qualifie ainsi parce que ses noix attiraient les corbeaux.

Groller, *v. n.* Démarrer, vibrer, remuer.

Grouas, *s. f.* Terre élevée, chaude, pierreuse. Voyez *Groie*.

Grouêteux, se, *adj.* De la nature de la *groie*. *Grouêteux* indique un sol chaud et pierreux, suivant Legendre auteur d'un traité sur la culture des jardins. C'est exactement comme nous l'entendons.

Groussier, ère, *adj.* Gros, gras.

Comme nos paysans prennent l'embonpoint pour un signe de santé, il ne faudrait pas qu'un étranger se crût insulté parce qu'on lui dirait qu'il est *groussier* : c'est un compliment qu'on veut lui faire.

Grubeaux, *s. m. pl.* Résidu du vannage des grains; on le donne aux volailles. Suivant Du Cange, le *gru* était de l'orge (*grutum*), et le *grus* était du son (*gruellus*); selon lui encore, ce que nous nommons ici *grubeaux* était le *gruen* (*gruinum*). Dans ses *Souvenirs historiques de la Révolution,* à l'article Pichegru, Ch. Nodier donne à *gru* la signification de grain, et le Lexique de Raynouard est du même avis. (*Grus* sous *Gran,* grain, 15.) Borel dit qu'on nommait ainsi les fruits sauvages qui mûrissent dans les forêts, tels que les châtaignes, les glands, les faines, les prunelles, etc., et que les gruyers en auraient tiré leur nom, parce qu'ils étaient chargés de donner à bail l'usage de ces fruits. De là toutes ces désignations de lieux : *Groirie, Grurie, Gruyerie,* etc.

Gruette, *s. f.* Champ rempli de petites pierres. Voyez *Groie.*

Grune, *s. f.* Prune.

Gu, e, *part.* Participe passé du verbe *avoir. Je n'ai rin gu.*

Guain, *s. m.* Regain. (Du Cange. *Gagnagium.*)

Guarir, guarison. Voyez *Garir, Garison.*

Guedée, *s. f.* Averse.

Gueder, *v. a.* et *n.* Mouiller accidentellement.

Guéjas (à la), *loc. adv.* et *prép.* A l'envi l'un de l'autre.

Guelte, *s. f.* Solde de l'ouvrier. C'est le mot allemand *geld* (argent). Je le soupçonne d'origine très-moderne et contemporain de l'occupation des Prussiens.

Guenas, *s. m.* Guenille, vêtement fripé et sali.

Guenas, guenias, *s. m.* Enfant. L'étymologie semble évidente, les enfants aimant assez à se *guener*. *Queu guenas de fumelle.*

Guener, *v. a.* Friper, gâter un vêtement. On en a fait *guenille*. Rabelais appelait les gueux des *guenaulx*. (*Gargantua*, ch. XXXVII. — *Pantagruel*, liv. Ier, ch. VII et XVI.)

Guener, *v. a.* Mouiller accidentellement.

Guépin, eine, *s. m.* et *f.* Qui a l'esprit fin, des manières élégantes, ou se met avec recherche.

Guerchir, *v. a.* Écraser, broyer, presser rudement ou étroitement (1).

Guerle, *s. f.* Moulin à vanner le grain. Voyez *Grêle*.

Guerler, *v. a.* Nettoyer le grain. Voyez *Grêle*.

Guermenter (se), *v. réf.* Se plaindre, se lamenter, se tourmenter. (DU CANGE. *Querimoniare.*)

---

(1) On peut chercher à *gr* ceux des mots commençant par *guer* qui ne se trouveraient pas ici.

Guerrioler, *v. n.* Grouiller, remuer, osciller.

Guês. Ce mot résulte de la contraction de *les*, pluriel des articles *le* ou *la*, avec *lui* pronom de la troisième personne. *Donne guês mon.* J'écris exactement comme on prononce. Voyez *Gui.*

Guêtron, *s. m.* Laiteron.

Guette, *s. f.* Diète, abstinence.

Guette, *s. f.* Chômage des ouvriers. Est-ce parce qu'ils *guettent* l'ouvrage, ou parce qu'ils sont réduits à la *diète (guette)* forcée?

Guette, *s. f.* Tiroir à l'argent. C'est *Liette.*

Gueuleton, *s. m.* Repas copieux.

Gueuvre, *s. m.* Lièvre. Ce mot me rappelle comment un paysan de S... *quinaulda* son notaire, contre lequel il avait *eune rancœur.* Ce bonhomme portait dans son bissac un lièvre en situation très-apparente; pensez que c'était avant la loi de 1844. Il aperçoit le tabellion causant sur sa porte avec ses voisins, il l'aborde : « Bonjour, M. M..., et tout' vot' société, salut de tout mon cœur. —

Bonjour, mon ami. — M. M..., par vot' permission, prenderiez-vous bin un *gueuvre?* — Oui, mon ami; avec plaisir, mon ami. (Il s'imaginait avoir affaire à la bête dont il voyait les pattes.) — Eh bin! M. M..., vous seriez forment pus habile que nout' chien, car i' n'en a courcé un pendant pus de deux heures, et i' n'a jamais pu l'aveindre. Adieu, M. M... » Et il s'en fut *bin ramiaulé*.

Gueux, *pron.* Leur, employé pour *à eux*, *à elles. N'on gueux dira bin leux fait.*

Gui, *pron.* Lui. C'est ainsi que se prononce le pronom *lui*, quand il suit un verbe ou qu'il se trouve régi par lui. *J'gui ferai voér à li.* On dit de même souvent pour remplacer l'adverbe *y : Allons gui* (allons-y).

C'était le jour de sa fête,
J'voulus *gui* faire un compliment,
Je *gui* dis : « Mademoisalle, »
Pis voulant aller jusqu'au bout,
J'*gui* restai la goule ouvarte,
Et il ne me vint rin en tout.
(*Vieille chanson mancelle.*)

Guian, *s. m. et f.* Gland de chêne. On dit *un*

guian quand on parle d'un seul, mais de *la guian*, quand il est question de plusieurs.

Guiane, *s. f.* Action de glaner ; ce qu'on glane. Voyez *Glane*.

Guianche, *s. f.* Espèce de graminée dont la feuille sert à garnir des paillasses.

Gui-en, *pron.* (prononcez *guian*.) Contraction des deux pronoms *il* et *en*, quand ils sont réunis par *y*. Ainsi ces mots « il y en a, » se rendent par *gui en a*. J'écris exactement comme nous prononçons ; autrement, au lieu de *gui*, il faudrait certainement écrire *i y en a*. C'est la même chose pour la troisième personne de *il*, à savoir *lui*, suivie de ce même pronom *en*, sans qu'il y ait besoin, en ce cas, que l'adverbe *y* s'y trouve. Au lieu de « demande-lui en, » on dit *demande gui en*.

Guierre, *s. m.* Lierre. Voyez *Hierre*.

Guîlée, *s. f.* Forte pluie.

Guillannée, *s. f.* Étrennes. C'est un souvenir de l'ancien usage *Au gui l'an neuf*.

Guillebot, *s. m.* Jeu où l'on emploie une quille seule. C'est plutôt *Quille-bot*.

Guillot, *s. m.* Ver des fruits et du fromage. (Furetière.)

Guilloteux, se, *adj.* Véreux.

Guinblet, *s. m.* Petit foret, vrille. (Du Cange. *Vigiliæ.*)

Guinche, *s. f.* Espèce de graminée. Voyez *Guianche.*

Guindas, *s. m.* Enfant sale, mal tenu. Voyez *Guenas.*

Guipon, *s. m.* Petit pinceau fait avec de vieux linge ou de la charpie.

H [1]

Hachet, *s. m.* Ridelle d'une charrette, petite barrière mobile. Dans cette dernière acception, c'est le même mot que *Haisiau*, et ce doit être de même une provenance de *Haie.*

Hâe, *s. f.* (H asp.). Haie.

---

(1) Quand on s'occupe de mots qui n'ont pas droit aux honneurs d'une orthographe légalisée, on ne peut et on ne doit les donner qu'avec celle qu'indique la prononciation, ce qui fait qu'il ne devrait y avoir place ici, sous la lettre H, que pour ceux qui commencent par une aspi-

Hager, *v. a.* (H asp.). Briser, déchirer. Ce doit être une prononciation particulière de *hacher*.

> Ou ainsy qu'une Égine t'engager au danger
> Des ours Numidiens qui t'eussent peu *hager*.
> (Luc Percheron. *Tragédie de Pyrrhe*, act. III.)

Hai, *s. m.* (H asp.). Opposition à un acte, veto. C'est une sorte d'onomatopée.

Haiger, *v. a.* (H asp.). Briser. Voyez *Hager*.

Haim, *s. m.* Hameçon. (Du Cange. *Hamatores.* — Raynouard. *Ama.*)

Hainge, *s. f.* (H asp.). Haine.

Haïr, *v. a.* L'indicatif de ce verbe se prononce comme l'infinitif, *j'haïs* ou *je haïs*. C'est le premier exemple cité qui domine, l'aspiration se supprimant presque toujours. *C'est un adelaisi de gas qui haït bin sa peine.* On dit de quelqu'un qui est souvent malade, que *le mau ne l'haït point*.

ration. Si malgré cela, il s'en trouve qui ne sont pas précédés de l'indication *H asp.*, c'est que l'usage manceau ne les fait pas constamment aspirés; mais du moment qu'ils le sont quelquefois, il devenait impossible de ne pas les intercaler avec les indubitables.

Haisiau, *s. m.*, **Haise,** *s. f.* (H asp.). Petite porte ou claie, qui n'est en hauteur que la moitié d'une porte ordinaire. Elle sert à barrer l'entrée, quand cette dernière est ouverte. (Du Cange. *Haisellus.*) C'est sans doute *petite haie*.

Haiter, *v. n.* (H asp.) Plaire, réjouir, convenir. *Hait* c'était la joie, la santé, une bonne disposition. (Du Cange. *Alacrimonia.*) On en a fait *dehait* qui n'est plus usité, *souhait* et *souhaiter*.

> Ce que firent et de bon *hait*.
> (Rabelais. *Pantagruel*, liv. IV, ch. xxv.)

Hâler, *v. a.* (H asp.). Héler. Voyez *Houailler*.

Halitre, *s. m.* (H asp.). Saison du hâle, grandes chaleurs, sécheresse.

Halocer, *v. a.* (H asp.). Faire le gros d'un ménage et les commissions. Voyez *Allotter* aux Additions.

Halocher, *v. n.* (H asp.). Osciller. Se dit particulièrement d'une voiture qui a beaucoup de balancement entre ses roues. *C'te chârte, é'haloche.* Ce mouvement de va-et-vient ainsi rendu ne permet-il pas de supposer que c'est la même chose, bien que dans un sens tout différent, que *halocer* ou *haloter*.

Halot, te, *s. m.* et *f.* (H asp.). Petit domestique qui fait les commissions, clerc saute-ruisseau.

Haloter, *v. n.* Faire toutes les courses d'une maison, les commissions, etc. Voyez *Allotter* aux Additions.

Hâne, *s. m.* (H asp.) Caleçon, mauvais pantalon. Usité presque toujours au pluriel.

Hanequiner, *v. n.* (H asp.) Traîner la jambe en marchant, boiter. Ce mot vient sans doute de celui qui précède.

Hanique, *s. f.* (H asp.) Trique, pieu, *hanoche*.

Hanner, *v. n.* (H asp.) Ahanner, éprouver trop de fatigue.

Hannetter, *v. n.* Pousser des *hans* de fatigue, geindre comme les boulangers.

Hanoche, *s. f.* Rondin de bois préparé pour faire du charbon. (Du Cange, *Henyaus* sous *Hentich*.)

Haqueter, Haquetonner, *v. n.* Bégayer, ânonner. Voyez *Hoquetonner* et *Nocter.*

Harasse, *s. f.* Caisse à claire-voie, panier à larges mailles.

Hardelle, *s. f.* (H asp.) Jeune fille.

Le masculin *Hardeau,* qui se dit peut-être dans le Maine, mais que je n'y ai jamais entendu, devait néanmoins y être autrefois usité, à en juger par la citation ci-dessous empruntée à Despériers, qui avait pour collaborateurs deux Manceaux, Jacques Pelletier et Nicolas Denisot, et qui a placé ces paroles dans la bouche d'une paysanne mancelle parlant à son évêque Philippe de Luxembourg :

> J'ai un autre *hardeau* (ainsi appellent-ils aux champs un garçon et une fille une *hardelle*). (*Contes et Devis.* Nouv. XVII.)

Voici encore une exemple de *hardeau* pris en bonne part :

> Jeanne de Solles
> De ses herbolles
> Fist vng bouquet plus bon que beau
> Quel donna au petit *hardeau.*
>
> (JEHAN DANIEL organiste dict maistre Mitou. *Noëlz nouueaulx.*)

Autrement le *hardeau* était généralement pris en mauvaise part, tandis que le féminin n'avait que le sens que nous lui donnons. (MONET.)

Harée, *s. f.* (H asp.) Forte pluie. Robert Estienne dit *Horée,* et pense que ce nom vient de ce qu'elle ne dure qu'une heure.

Hargne, *s. f.* (H asp.) Bouton galeux des hommes et des animaux, déchirures qui se forment à la peau près des ongles des mains.

Hargnement, *s. m.* (H asp.) Temps maussade, dérangement du temps. Du Cange a le verbe *hergner* sous *Harnascha. Hargnement* est à peu près l'ancien substantif *hargne,* qui n'existe plus, mais qui nous a laissé *hargneux;* la différence est que la *hargne* était l'expression de la maussaderie des personnes et non du temps.

<small>Ainsi y a-t-il quelquefois de petites *hargnes* et querelles quotidianes entre le mari et la femme. (AMYOT. OEuv. de Plutarque. *Préceptes de mariage.*)</small>

Haricoter, *v. a.* (H asp.) S'occuper de fadaises, faire ses affaires tant bien que mal, ou un petit commerce, et particulièrement celui de petit voiturier. M. Génin reproche beaucoup à l'Académie de n'avoir pas conservé ce mot, dont il reporte l'origine à *aliquot*, *haricoter* signifiant, dans son sens absolu, réduire en menus fragments. (*Récréations philologiques*, tome Ier, p. 50.) Dans le Glossaire de Du Cange, sous *Algotatæ*, on trouve *Haligoté* pour *rapiéceté*.

Haricotier, ère, *adj.* (H asp.) Qui haricote.

Haricotière, *s. f.* Servante qu'on ne prend que pour les petits détails.

Harie, *s. f.* Talus d'un fossé.

Harier, *v. a.* Contrarier. (ROBERT ESTIENNE. *Harier.* — BOREL. *Harier.* — DU CANGE. *Arrare.* 2, *Harela.*) Voyez *Arrier*.

Harondalle, *s. f.* Hirondelle. (ROB. ESTIENNE. *Harondelle.*) Voyez *Arondale*.

Harpon, *s. m.* (H asp.) Grande scie dans le

genre du *godendart*, mais dont le manche est recourbé en arc.

Harrias, *s. m.* Embarras, difficulté, désordre tumultueux. Voyez *Arrier.*

Hasard (d'). Hasardeux.

Hâte, *s. m.* (H asp.) Échinée de porc rôtie. (Du Cange. *Hasta.*)

Hâtelle, *s. f.* (H asp.) Broche, aiguille de grande dimension. Dérivation évidente de *Hasta*, qui a donné *Hâtelet.* (Du Cange. *Astela, Astula.* — Raynouard. *Astela* sous *Ast.*)

Haut, *s. m.* (H asp.) Région du nord.

Haute heure, *e. f.* Heure avancée.

Haut mal, *s. m.* Épilepsie. De ceux qui en sont affligés, on dit « ils en tombent. »

Havet, *s. m.* (H asp.) Croc, crochet. (Rob. Estienne. *Havet.* — Du Cange. *Creaga, Fuseina, Havetus.*)

> Ses diables estoient tous capparassonnéz de cornes de beufz et de grands *hauetz* de cuisine. (Rabelais. *Pantagruel,* liv. IV, ch. xiii.)

Havieu, *s. m.* Vieux marmenteau, vieux poteau.

Hébéter, *v. a.* Ennuyer. C'est le synonyme complet du verbe familier *embêter*.

Hégron, *s. m.* (H asp.) Héron. Rabelais dit *Hégronneaux* pour de jeunes hérons. (*Gargantua*, ch. xxxvii.) En langue romane, on disait *aigros*. (RAYNOUARD.)

Hennequin, eine, *adj.* Boiteux, qui traîne la jambe.

Hennequiner, *v. n.* (H asp.) Traîner la jambe en marchant. Voyez *Hanequiner*.

Henner, *v. n.* (H asp.) Ahaner.

Heribié, e, *adj.* (H asp.) Usé, réduit en franges. Ne serait-ce pas la même chose que l'ancien mot *hurepé*, hérissé (de *Horripilare*)?

Heudrir, *v, a.* (H asp.) Faner, mourir, dessécher. Voyez *Oudrir*.

Heurible, *adj.* Qualité d'une terre chaude et précoce. Sans doute de *Heur*, ce qui voudrait dire, par conséquent, une terre heureuse.

Hierré, *s. m.* (H asp.) Lierre. (Rob. Estienne. *Hierre.*) C'est notre vrai mot ancien, tout voisin de *hedera;* il y a peu d'ouvrage contemporain sur la linguistique dans lequel il ne soit cité.

Himeu, *s. f.* Humeur.

Hingner, *v. n.* (H asp.) Hennir.

<small>Aussitost que cest asne vit la lumière, il commença à *hingner*. (*Cent Nouvelles nouvelles*, lxie.)</small>

Hivernaige, *s. m.* Fourrage d'hiver. (Du Cange. *Hybernagium.*)

Hoctonner, *v. n.* Bégayer, ânonner, avoir le hoquet. Voyez *Hoquetonner*.

Hoger, *v. a.* (H asp.) Ratatiner, couler, flétrir, briser. Voyez *Hager*.

Hogner, *v. a.* Grogner. Voyez *Hongner*.

Hommée, *s. f.* Mesure agraire pour les prés; elle contient 33 ares. Dans les anciens titres, on l t souvent « une journée à vng homme faulcheur. » C'est l'*hommée*. Du Cange (*Homata, Hominata*) indique *hommée* comme une mesure de vigne.

Hommiau, *s. m.* Petit homme ; propriétaire ou locataire de terres de minime valeur.

> Non pas d'un Hercules, ne d'un Samson, mais d'un seul *hommeau*. (ESTIENNE DE LA BOËTIE. *De la servitude volontaire.*)

Hongner, *v. a.* (H asp.) Grogner, gronder, murmurer. (DU CANGE. *Hugnare.*) Il y a la vieille devise des Mailly : *Hongne qui vonra.*

Hongnir, *v. a.* (H asp.) Honnir.

Hoquetonner, *v. n.* (H asp.) Anonner en parlant, bégayer. Il y a beaucoup de ressemblance de ce verbe à *nocter,* synonyme de murmurer. (DU CANGE. *Noctare.*)

Hoquetonnier, ère, *adj.* (H asp.) Qui hoquetonne.

Hôrible, *adj.* Chaud, précoce, fertile. Voyez *Heurible.*

Hotté, e, *adj.* (H asp.) Bossu.

Houailler, houâler, *v. a.* (H asp.) Héler, appeler à pleine voix, chanter à pleins poumons. Voyez *Bourder.*

> Il ne *hoilloit,* ne ne chantoit.
> (*Roman de Renart.* Tome II, vers 16874.)

Houbille, *s. m.* (H. asp.) Voleur de nuit, qui commet ses vols déguisé, masqué, couvert de peaux de bêtes, etc. La *houbille* est une bande composée de ces malfaiteurs; on en fait un épouvantail pour les enfants, bien qu'elle existe très-réellement parfois. Ce mot est de la même provenance que *houspiller*. Voyez *Housseron*.

> Lors ont leur afaire abrievé
> Et vinrent là pour *houbeler*.
> (*Le Chastelain de Coucy*. Vers 7496.)

> Ci n'a mestier *hobeleiz*
> Mais od les brandz d'acier forbiz
> Deffendre les cors et les vies.
> (*Chronique des Ducs de Normandie*.
> Tome III, vers 37246.

Lesquelz compaignons s'avancèrent..... de *Hubillier*, tirer et sacer Jehanin le Bouchier pour prendre et avoir sa bourse. (Du Cange. Sous *Housia*.)

La *Houbille* a-t-elle donné son nom aux *Houbilliers*, cavaliers qui montaient des chevaux nommés *Hobins* (Du Cange, *Hobellarii*), parce que cette troupe aurait contracté de mauvaises habitudes à la guerre? Ces mêmes méfaits trop habituels aux soudarts de ce temps, ont-ils au contraire fait imposer la qualification de *houbille* aux voleurs ordinaires? C'est ce que j'ignore. Ce qu'il y a de certain, c'est qu'il y a encore malheureusement de temps en temps des *houbilles* dans notre province : leurs apparitions choisissent de préférence pour théâtre les contrées montagneuses et boisées.

Houbiller signifiait aussi traire les vaches, et c'est encore là un des vols que commet le ou la *houbille*, qui fait souvent sa visite aux étables.

Houdrir, *v. a.* et *n.* (H asp.) Faner, dessécher, mourir. Voyez *Oudrir*.

Houle, *s. f.* (H asp.) Cavité sous les racines d'arbres, au bord de l'eau. De *Oullier*, fouir, creuser. (Du Cange. *Ouliare*.)

Houler, *v. n.* Se dit soit du poisson qui se cache sous les houles, soit des pêcheurs qui battent l'eau dans ces endroits.

Hourder, *v. a.* (H asp.) Bien habiller, endimancher. C'est un sens figuré, car dans le sens direct, l'adjectif *hourdé* indiquait un terre-plein revêtu de palissades ou de gazons. (Du Cange. *Hordeicium, Hordare, Hordamentum, Hurdare*, etc.)

Hourder, *v. a.* (H asp.) Battre quelqu'un, le heurter violemment. Le *hourd* était l'action de heurter.

> Si que advenant le iour de la bataille, plutost se mettroyent au plongeon que..... on lieu où est meu le *hourd*. (Rabelais. *Pantagruel*, liv. III, ch. vi.)
>
> Pantagruel leur fist..... remonstrance..... auecques déffense de commencer le *hourt*. (Le Même. *Ibid.*, liv. IV, ch. xxxvii.)
>
> J'en suis si *hourdé*, que plus n'en puis. (*Cent Nouvelles nouvelles*, xe.)

Housiaux, *s. m. pl.* (H asp.) Grandes bottes que l'on met pour voyager à cheval. Ce mot et ses synonymes *heuze, houze* ont été d'un emploi fréquent. (Du Cange. *Osa.*) On dit de quelqu'un qu'il a quitté ses *houseaux* pour dire qu'il est mort. (Furetière.)

> Les *houzeaulx* alias les bottes de patience. (Rabelais, *Pantagruel*, liv. II, ch. vii.)
>
> Sonnant à la porte feut par le portier congneu à ses gros et gras *houseaulx*, et à sa méchante iument.
> (Le même. *Ibid.*, liv. III, ch. xii)
>
> Y vinrant eune bande à jevau
> J'crayas que c'étaint nos métres

> Y frappaint sus de gros *housiaux*
> Ové de p'tit' gaulettes
> Qui ressembiaint bin aux fusiaux
> De ma mie Fauchonnette.
> (*Vieille chanson mancelle.*)

Housser, *v. n.* (H asp.) Se dit d'un objet un peu lourd qui oscille au bout d'une tige longue et flexible, comme un épi de blé bien mûr et bien rempli au bout de sa paille. Ce doit être le même mot que *hocer* (Du Cange, *Hochia*), ou *hocher* en bon français.

Housseron, *s. m.* (H asp.) Animal maraudeur en général, et plus particulièrement le lapin. Dans le Glossaire de Du Cange, on trouve *houspouillier* au mot *Housia*, pour *goujat*, maraudeur. Tous ces mots et *Houbille* ci-dessus ont la même origine. La housse ou robe longue d'autrefois (*Housia*) était naturellement la première chose saisie par les voleurs, quand ils attaquaient les personnes : aussi a-t-elle figuré dans les désignations des divers actes de la profession.

Houssinement, *s. m.* (H asp.) Ébranlement, oscillation.

Houssiner, *v. a.* (H asp.) Ébranler.

Houssiner, *v. n.* Osciller, comme une houssine ou baguette qu'on agite. Voyez *Housser*.

Huge, *s. f.* (H asp.) Huche. (Du Cange. *Hucha*.)

Huit-écus, *s. m.* (H asp.) C'est le grimpereau que l'on désigne par cette onomatopée.

Hurles, *s. f. pl.* (H asp.) Douleurs qui font crier, comme la sciatique et autres affections de ce genre. On dit *les grands hurles*, mais ce n'est plus guère usité.

Huttier, ère, *s. m.* et *f.* (H asp.) Qui habite une hutte, une maison sans valeur.

I

I, *pr.* Lui. Voyez *Gui*.

Icite, *adv. de lieu.* Ici : il se prononce de cette façon à la fin des phrases ou devant un mot commençant par une voyelle.

> Le curé de Pantin, à une lieue de Paris, pria les marguilliers de sa paroisse de luy laisser faire l'inscription d'une verrière qu'ils avoient fait mettre à

l'église, et, après avoir rêvé longtemps, il fit ces deux vers :
>Les marguilliers de sainte Marguerite
>Ont fait bouter cette verrière *ycite.*

(TALLEMANT DES RÉAUX. *Naïvetéz, Bons mots, etc.*)

Lambert, auteur d'un *Voyage au Canada,* assure que les habitants d'origine française en ce pays, ont conservé cette locution.

Ien, *pron.* Contraction de *lui* et de *en.* Voyez *Gui-en.*

Ierre, *s. m.* Lierre. Voyez *Hierre.*

Iês, *pron.* Contraction de *les* et de *lui.* Voyez *Guês.*

Ieux, *pron.* Leur. Voyez *Gueux.*

Ièvre, *s. m.* Lièvre. Voyez *Gueuvre.*

Igneau, ignelle, *s. m.* et *f.* Agneau mâle et femelle.

Il, *pron. pers.,* employé d'une manière absolue, et avec les verbes *avoir* et *falloir,* se supprime. *N'y en a pas* (il n'y en a pas), *n'en faut point* (il n'en faut point.) Voyez *Gui-en.*

Il-est-voire, *loc. adv.* C'est entendu, c'est

convenu. On sait que *voire* ou *vère* étaient synonymes de *certainement*, *en vérité*, *oui*, etc. Voyez *Vère*.

Impieux, se, *adj.* Impie.

Induquer, *v. a.* Donner de l'éducation.

Inquemoder, *v. a.* Incommoder.

Inssieu, *s. m.* Essieu. Ce mot s'écrivait dans l'origine *aissieu* (de *axis*, axe). Les Manceaux qui font *ins* de *is*, ont dit *ainssieu*.

Ioù, *adv. de lieu.* Où.

Iraigne, *s. f.* Grappin à plusieurs branches, et qui a, par conséquent, la forme d'une araignée, d'où son nom. (DU CANGE. *Irangia.*— RAYNOUARD. *Aranha.*)

Itout, *adv.* Aussi. Voyez *Et tout*.

Iu, e, Participe passé du verbe *avoir*.

J

Jacquedale, *s. f.* Petite fille qui veut se mêler de tout, pédante.

Jaigron, *s. m.* Jargon. S'entend de toute langue ou patois étrangers.

Jaigronner, *v. n.* Parler un jargon, murmurer, bavarder.

Jales, *s. f.* Engelure, bubon.

Jale, *s. f.*, **Jalet,** *s. m.* Couche étroite de pierres dans le sous-sol, ou au-dessus d'une carrière.

Jalot, *s. m.* Petit cuvier.

Jambayer, *v. n.* Démener les jambes, gigotter, gambiller. (Du Cange. *Gamba.*)

Jard, *s. m.* Pellicule, écaille, plume courte ou poil de dessous des animaux.

Dans l'art vétérinaire, on nomme *jardons* des tumeurs calleuses qui viennent aux jambes des chevaux.

Jardeau, *s. m.* Gesse sauvage qui est très-nuisible aux blés en herbe, parce qu'elle les étouffe.

Jardeler, *v. n.* Se dit dans les circonstances où le *jard* se forme. S'emploie de même quand la mèche d'une lampe forme des fumerons, et dans d'autres circonstances analogues.

Jardeleux, se, *adj.* Sujet à *jardeler.*

Jarder, *v. n.* Avoir une dartre ou perdre la peau par écailles.

Jarretier, *s. m.* Jarretière. (Rob. Estienne. *Jartier.*)

Jarrosse, *s. f.* Espèce de vesce. (Du Cange. *Jarrossia.* — Raynouard. *Garossa.*)

Jarrotin, *s. m.* Jarret de porc ou de veau.

Jars, jas, *s. m.* Oie mâle. Du Cange (au mot *Jasia*) cite *jas* comme synonyme de coq. Il est certain que, dans le Maine, il n'a jamais eu d'autre sens que celui que je lui donne ici, et nous sommes d'accord avec l'Académie, avec Robert Estienne, avec Furetière, etc. Sous la Fronde, on fit des vers contre le commandeur de Jars ; il y avait :

> Monsieur le commandeur de Jars
> Vous plaisantez à toute outrance
> Mais vous discourez comme un *jars*
> Qu'on appelle un *oison* en France.

Et plus anciennement, Béroalde de Verville avait dit :

> Il fit mettre une oie en mue..... elle estoit fille du *jars* si gras qui fut mangé à Grenoble. (*Moyen de parvenir*, ch. LXXVIII.)

L'oie étant douée d'une jaserie sinon agréable, du moins perpétuelle ou peu s'en faut, semble avoir plus de droit que le coq ou le dindon à la création du verbe *jaser*, que lui attribue un article, du reste fort intéressant, de l'*Illustration*, du 28 février 1857, p. 139.

Jauges, *s. m. pl.* Sillons qui se contrarient.

Jaule, *s. f.* Inule à cloches (plante).

Jauneau, *s. m.* Souci d'eau, renoncule bouton d'or et beaucoup d'autres plantes à fleurs jaunes.

Javillard, e, *adj.* Babillard.

Javiller, *v. n.* Bavarder. Ce verbe doit avoir la même origine que *Gabei*.

Je, *pron. pers.* Comme dans toutes les autres provinces, *je* se dit pour *nous, j'allons, je faisons*, à moins que ce ne soit *on va, on fait*.

Jenue, *s. f.* Jour de cave. Voyez *Jônue*.

Jerdrin, *s. m.* Jardin.

Jerdrenier, *s. m.* Jardinier.

Jésière, *s. f.* Couche de terre, alluvion. Voyez *Gisière*.

Jet, *s. m.* Terre que l'on tire d'un fossé et qui forme le terre-plein des haies. Voyez *Ager.*

Jeudi casse-pots. Dans la nuit entre le *jeundi gras* et le vendredi qui suit, les jeunes garçons cassent de vieux pots contre les portes des maisons où il y a des filles à marier.

Jeûlue, *s. f.* Radicules des plantes. Voyez *Cheûlue.*

Jeûnaisse, *s. f.* Génisse, jeunes bestiaux pris collectivement.

Jîler, *v. a.* Seringuer, faire jaillir un liquide en filet.

Jîloire, *s. f.* Grenouille ou graisset ainsi nommés parce qu'ils *jilent* de l'eau quand on les prend. — Seringue en sureau. Voyez *Canne giloire.*

Jingue, *s. m.* Jeu de mains. Voyez *Gingue.*

Jinguer, *v. n.* Jouer des mains ou autrement. Voyez *Ginguer.*

Jion, *s. m.* Ajonc.

Jiries, *s. m. pl.* Phrases affectées et menteuses. Voyez *Giries*.

Jisière, *s. f.* Couche ou banc de terre ou d'autre chose. Voyez *Gisière*.

Joanet, te, *adj.* Précoce. On devrait peut-être écrire *johannet*, puisqu'il est d'usage de qualifier ainsi surtout les légumes ou les fruits qui mûrissent à la Saint-Jean, ainsi que les terres sur lesquelles on fait des récoltes à cette époque. Il y a cette différence entre *heurible* et *joanet*, que le premier s'applique plus spécialement à la terre des champs, et le second aux jardins.

Jobéïne, jobeleine, *s. f.* Mante à capuchon, en étamine.

Joé, *adv.* Trop peu, pas assez. *Quand on est joé fô, faut qu'n'on deure.* Du Cange pense que *joye*, désignation d'une mesure de liquides, était synonyme de *juste* (*Justa*, 2). Si cette synonymie se pouvait étendre à tous les cas où ce mot *joye* a pu être employé comme mesure, elle le rapprocherait bien de nous.

Raynouard donne aussi *josta* pour *près de* ou *jouxte* (*juxta* en latin). Je m'arrête, car je crains de faire ce que Montaigne nomme *un froid rencontre*.

Jointer, *v. a.* Faire joindre ensemble deux objets.

Jôlue, *s. f.* Radicules des plantes. Voyez *Cheulue*.

Jônue, *s. f.* Jour de cave. Il faut que ce soit *jornue*, qui peut se prendre pour point lumineux, point du jour ; *ajorner* voulait dire en effet que le jour commence à poindre. (Du Cange. *Adjornare, Diescere.* — Raynouard. *Ajornar*.)

Jotteriau, *s. m.* Enflure des joues, engorgement d'amygdales, oreillons. De *joue*.

Jouai, joué, *adv.* Voyez *Joé*.

Jour, journal, journau, journée, *s. m.* et *f.* Mesure agraire de 44 ares. Ce qu'on peut labourer en un jour. (Du Cange. *Jornata*.)

Joux, jue, *s. m.* et *f.* Juchoir, perchoir aux poules. Notre mot est la racine du vieux verbe *jouquer*, synonyme de *jucher*. (Du Cange. *Jocare*.) L'Académie a rejeté *juc* autrefois usité, et a conservé *déjuc* pour indiquer le lever des oiseaux.

Juergne, *s. m.* Poisson blanc de la famille des carpes.

Jugé, e, *adj.* Être comme un *jugé*, c'est être abattu par le chagrin.

Jugeux d'iau, *s. m.* Se dit de certains médecins sans diplôme qui prétendent deviner toutes les maladies à la seule inspection de l'urine, et sans voir le malade. Ce système ancien de diagnostic n'a pas encore perdu sa bonne réputation dans nos campagnes.

Juille, *s. f.* Cheville. Voyez page 22.

Juillette, *s. f.* Fête de la visitation de la Sainte Vierge, le 2 juillet. Dans le *Manuel du pèlerin à Notre-Dame de Torcé,* par M. l'abbé Lochet, on trouvera d'intéressants détails sur cette fête et sur la légende de la Vierge de Torcé.

Juin, *s. m.* Purin qui s'écoule des étables et des

fumiers. On dit aussi *juin gorré*. Voyez *Gorer* aux Additions. Par extension, on appelle *juin gorré* tout ce qui est sale et écœurant.

Juindre, *s. m.* Expert chargé d'estimer et de visiter les moulins. Suivant Du Cange (*Junior* et *Stumones*), c'était le maître garçon d'un meunier (et non d'un boulanger, *juindre* et *geindre* ayant des origines toutes différentes) : d'après Roquefort, *joindre* et *juindre* se trouvent dans les anciennes Coutumes avec l'acception de charpentier de moulins. On entend encore aussi, dans le Maine, par *joindre* celui qui assortit et lie ensemble les pierres qui composent les roues de moulin : quand à celui-là, il faut que ce soit parce qu'il *joint*.

Julien, ne, juliot, te, *s. m.* et *f.* Jeune garçon ou jeune fille de la campagne endimanchés, tels qu'on les voit dans les rues des villes aux époques de fêtes ou de foires.

Jupper, *v. a.* Appeler à haute voix, hucher. (Du Cange. *Jupa*, 2.) Voyez *Bourder*.

L

Laflève, *adj.* Faible. Voyez *Flève.*

Lairrai (je). Futur du verbe *laisser.* De même pour le conditionnel *je laisserais* qui fait *je lairrais.*

> Je *lairray* purement la coustume ordonner de cette cérimonie. (Montaigne. *Essais,* liv. Ier, ch. III.)
>
> Je *lairray* mon meurtrier se promener. (Le même. *Ibid.*, ch. XXI.)
>
> O Seigneur plein de grâce
> Jusques à quand sera-ce
> Que me *lairras* ainsi.
> (Cl. Marot. *Psaume* 6.)
>
> Que mesme ceulx qui tenue l'auront
> Aux suruenans occuper la *lairront.*
> (Rabelais. *Pantagruel,* liv. Ier, ch. LVIII.)

Laitice, *s. f.* Hermine. C'est le vieux nom que sa blancheur réputée sans tache lui avait fait donner. (Du Cange. *Lactenus.*) La laitice ne jouit pas d'une bonne réputation dans certaines parties du Maine; on lui attribue bien des malheurs, entre autres les morts inexplicables. Quand on a dit : *La laitice l'a foulé, faut craire;* tout est expliqué. On dit souvent, en parlant d'elle, *la bête* tout court. *Laitice* se trouve dans tous les vieux dictionnaires.

Laitière, *s. f.* Sorte de coëffe de paysanne.

Laiton, *s. m.* Cochon à sa première année.

Là-loin, *adv.* Très-loin, là-bas.

Lambine, *s. f.* Alambic.

Lambourde, *s. f.* Mensonge, bourde.

Lambreuche, *s. f.* Vigne sauvage. (Dict. de l'Académie.)

Lame, *s. f.* Grappe de vigne avant la floraison.

Lamer, *v. n.* Se dit de la vigne dont la grappe se montre, mais n'a pas encore fleuri.

Lan, *s. m.* Maladie des enfants. Voyez *Mal.*

Lanciers. Le jour des Rameaux était au Mans, avant 1830, le jour *des Lanciers.* Il devait ce nom à un usage d'origine ancienne, supprimé une première fois pendant la première révolution, rétabli par une bonne inspiration de l'autorité municipale sous la Restauration, et enfin aboli de nouveau depuis 1830, on ne sait pourquoi. Je n'ai pas à décrire ici la course des lances qui me paraît avoir quelque analogie avec la fête des *Bures*. (Voyez *Buie* dans ce Vocabulaire.) M. Cauvin donne assez de détails là-dessus dans le *Supplément à la Statistique*. Je noterai seulement que le treizième lancier (car ils étaient treize), était désigné par le nom de Judas : la visière de son heaume n'était nullement percée, et lui interceptait complètement la lumière; aussi avait-il droit à trois courses, et était-il précédé d'un guide qui galoppait à quelques pas seulement devant lui, et l'avertissait en donnant un coup de bâton sur le poteau. J'ajouterai que l'hôtel de l'Écu-de-France ou simplement de l'Écu, où devait se trouver le sergent fieffé de la Beunaiche, se composait des maisons de la rue Saint-Vincent portant actuellement les n°s 17 et 19.

Lançon, *s. m.* Petit brochet.

Landion, ne, landiot, te, *s. m.* et *f.* Qui habite les landes.

Landon, *s. m.* Pièce de bois qu'on attache au cou des bestiaux, quand on les laisse seuls aux pâturages ou aux landes : elles les empêche de franchir les clôtures. (DU CANGE. *Landon.*)

Lanfet, *s. m.* Paquet de fil. (DU CANGE. *Laufetus.*)

Languaigier, ère, *adj.* Bavard, médisant. (NICOT. *Languagier.* — DU CANGE. *Linguatus.*)

> Parmy les importunes conditions qui se trouvent en iceluy (le mariage), cette-cy, à un homme *languagier* comme ie suis, est des principales. (MONTAIGNE. *Essais,* liv. III. ch. v.)

Languerette, *s. f.* Languette d'un fusil.

Languiat, *s. m.* Marmelade ou pâté de prunes. Voyez *Engoillas.*

Languition, *s. f.* Langueur.

Lâpée, *s. f.* Gorgée.

Lassir, *v. a.* Lasser.

Lassus, *adv.* Là-dessus.

> Il aura la puissance
> De David son affin
> Et tousiours ioyssance
> De son regne sans fin.
> Cest éternellement
> *Lassus* au firmament.
> (Nicolas Denisot. *Noël : Missus est Angelus,*
>   str. xv.)

> Puisque Marie est accouchée
> Pastoureaulx resiouissez-vous.
> Gloire est *lassus* au ciel couchée.
> (Bibliothèque du Mans. N° 3657. *Vieux noël.*)

Léart, *s. m.* Peuplier noir.

Lécheux, se, *adj.* Flatteur, gourmand. Voyez *Lichoux.*

L'en, *pr. pers. indéf.* On, l'on.

Lendore, *adj.* Lent, mélancolique. On disait l'accent *landore, lendore* ou *laindore,* pour désigner l'accent traînant de quelques provinces et probablement de la nôtre.

Lequeu, lequel, au féminin laqueule, laqueunne, *pron.* Lequel. Voyez *Queu.*

Lésin, eine, *adj.* Qui lésine.

Lessis, *s. m.* Eau de lessive.

Leubre, *adj.* Lourd, malpropre, douteux. Voyez *Lubre.*

Leux, *pr. pers.* Leur. On l'emploie au lieu de *se. I vont leux assire dans leux chaires.* Voyez *Gueux.*

Liant, *s. m.* Lien de gerbe ou de fagot.

Liart, *s. m.* Peuplier noir.

Libergère, Voyez *Ribergère.*

Licher, *v. a.* Lécher.

> Agamemnon *liche*-casse. (RABELAIS. *Pantagruel,* liv. Ier, ch. xxx.)

Lichoux, se, *adj.* Lécheur; mais surtout flatteur ou gourmand. (DU CANGE. *Agagula, Curro, Lecator, Valetro.* — RAYNOUARD. *Lecaria* sous *Lecar,* 5.) Les deux dernières qualités susdites sont celles que voulait flageller le cordelier Menot, dit Langue-d'Or, prédicateur macaronique de la fin du xve et du commencement du xvie siècles, quand il traitait les parasites de *lecatores.* (*Sermon. Quadragesim. Feria IV*{a} *post. I*{am} *Dominicam,* et *Dominica IV*{a}.)

Lie de blé, *s. f.* Excréments humains. Rabelais n'a pas connu celui-là.

Liette, *s. f.* Tiroir d'armoire, celui où d'ordinaire se serre l'argent. C'est *Layette*.

> Il luy estoit d'aduis que son drap n'eust pas esté bien employé, s'il n'en eust caché en la *liette*. (Bonav. Despériers. *Contes et Devis*. Nouv. XLVIIIe.)

Lieuvraisse, *s. f.* Hase, femelle du lièvre.

Liger, e, *adj.* Léger.

Ligouge, *s. f.* Grand et long couteau, épée à lame fine. (Du Cange. *Legoy, Goia.*) *Ligula* dans le Vocabulaire de Chompré.

Ligougée, *s. f.* Étoffes ou matériaux mal débités.

Ligouger, *v. a.* Couper de l'étoffe de travers comme à coups de couteau, la scier.

Ligousse, *s. f.* Limaçon sans coquille.

Limacer, *v. a.* Brûler à petit feu.

Limande, *s. f.* Pièce de bois sciée, longue et plate.

> Il s'en va après sans faire grand bruit avec une grosse *limande* carrée en sa main..... et vous attrappe ce lévrier auquel en moins de rien donna cinq ou six coups de cette *limande* sur les reins. (Bonav. Despériers. *Contes et Devis*. Nouv. XXe.)

Limas, *s. m.* Limaçon à coquille.

>Las intelligences comme *limaz* sortans des fraises. (Rabelais. *Pantagruel*, liv. IV, ch. xxx.)

Lingeux, se, *adj.* État d'un terrain humide et léger où se propagent aisément les mauvaises herbes. De *Linge*, délié, mince. (Roquefort. *Linge*.— Du Cange. *Ligius*.)

Linot jaune, *s. m.* Bruant (oiseau).

Lirot, *s. m.* Mauvais couteau.

Liroter, *v. a.* Couper avec un mauvais couteau.

Liroter, *v. a.* Lire mal et en épelant.

Lis, *s. m.* Lisière de drap.

Lizard, *s. m.*, **lizarde,** *s. f.* Lézard.

> Le chaméléon qui est une espèce de *lizart*. (Rabelais. *Pantagruel*, liv. IV, ch. ii.)
> Lizarts chalcidiques. (Le même. *Ibid.* ch. xliv.)
> Petits lizars courans à trauers le pampre. (Le même. *Ibid.*, liv. V, ch. xxxviii.)
> L'œuf produit les volatiles qui sont les oiseaux, les terrestres comme les *lisars*. (Amyot. OEuv. de Plutarque. *Second livre des propos de table*. Question 3e.)

Lobasser, *v. n.* Dormir mal.

Lober, *v. n.* Dormir bien.

Loche, *s. f.* Limaçon sans coquille. — Espèce de petit poisson.

Longis, *s. m.* Lent. Ne s'emploie qu'au masculin, et ainsi par exemple : *Vas-tu avanger, grand saint longis.*

Loge, *s. f.* Petit bâtiment construit en terre et couvert en chaume.

Loquet, *s. m.* Clef passe-partout.

Loqueter, *v. a.* Chercher à ouvrir une porte. (Du Cange. *Locetus.*)

Loripiaux, *s. m. pl.* Maux d'oreilles, amygdalite, oreillons. Voyez *Oripiau.*

Lostre, *adj.* Qui a des vêtements sales ou en désordre.

Loton, *s. m.* Enfant rachitique.

Lotonie, *s. f.* Maladie de langueur.

Loup rouge, *s. m.* Sorte d'insecte. Voyez *Célot.*

Loups, *s. m. pl.* Racines des cepées des taillis arrachés.

Louvette, *s. f.* Espèce de tique, insecte qui se

fixe sur la peau de certains animaux, des chiens principalement. Son nom scientifique est *Ixode*.

Lubie, *s. f.* Désordre, embrouillement.

Lubre, *adj.* Pesant. — Malpropre. — Peu digne de confiance. Est-ce à l'une de ces qualités qu'on avait emprunté le nom d'une monnaie qui avait cours surtout en Bourgogne? (Du Cange. *Lubrum.*)

> En ce temps là quatre viels deniers parisis ne valloient mieux qu'un gros de seize deniers, qui pour lors couroit, et faisoit on de tres mauvais *lubres* de huict deniers, qui par devant furent tant refusez. (*Journal d'un Bourgeois de Paris.* Août 1420.)

Quand une entreprise n'est pas bien sûre, nous disons qu'elle est *lubre*, ce qui a quelque rapport avec *Lubric*, synonyme de glissant. (Raynouard.)

Lucerne, *s. f.* Feu follet, lueur pâle. Du latin *Lucerna.* Voyez *Luisarner*.

Luet, *s. m.* Œil. Voyez *Uet*.

Luisarne, luiserne, *s. f.* Feu follet, lueur pâle.

Luisarner, luiserner, *v. n.* Répandre une lueur pâle ou sinistre.

> Soleil qui *luisarne* au matin,
> Femme qui veut parler latin,
> Petit enfant nourri de vin
> Vont rarement à bonne fin.
>
> (Le P. Cahier. *Proverbes français.*)

Lumat, *s. m.* Limaçon à coquille. Voyez *Limas*.

Luracier, ère, *adj.* Qui gronde en répétant toujours la même chose, qui se plaint ou raille toujours de la même manière.

Lurer, *v. n.* Répéter toujours le même reproche, ou la même plaisanterie, ou encore la même plainte jusqu'à satiété. Il y a eu *Louer* pour *se plaindre*. (Du Cange. *Laudare*, 5.) Il y a eu aussi *Lours* pour *hébété* et *hébétant*. (Le même. *Lurdus*); enfin, il y a *Leri* et *Liræ* qui signifient raillerie et niaiserie. (Chompré.)

Lureux, luroux, se, *adj.* Comme *Luracier*.

M

Macabre, *adj.* Lourd, pesant, maladroit. Que peut avoir de commun cet adjectif avec la fameuse danse des morts ainsi qualifiée? *Macabre qu't'é! va!* dit-on à quelque maladroit qui vous marche sur le pied.

Ma chatte! Exclamation ironique équivalente à « je t'en fiche, je t'en souhaite, plus souvent. » *Donn' mai donc de l'argent! — Parié, oui! ma chatte!*

Magalot, *s. m.* Mauvais sujet, gredin. Cette qualification est composée probablement de *Mau*, synonyme de *mauvais*, et de *Galou*, synonyme de *coquin*. (Du Cange. *Galiator*), à moins qu'elle ne provienne de *Margari* ou *Magari*, qui signifiait *mécréant*. (Du Cange. *Margarita* sous *Margarizare* et *Magarizare*. — Raynouard. *Margerit*.) *Magalot* ne se décline pas. *Chienne de magalot de fumelle!*

Magné, e, *adj.* Maniéré, affecté, pincé.

Mahon, ne, *adj.* Qui parle d'une façon inintelligible.

Mahonner, *v. a.* Bredouiller, murmurer.

Maïottin, eine, *s. m.* et *f.* Enfants qui vont chanter aux portes la veille du 1er mai, pour avoir des œufs de Pâques. Voyez *Mayotter*.

Mains, mains que. Voyez *Mais et Mais que*.

Mais, *adv.* Plus, davantage. (Du Cange. *Mais.* — Raynouard. *Mais.*) On fait venir ce mot de *Magis*. Les uns le prononcent *mains*, les autres *mé*. Le Dictionnaire de l'Académie n'autorise *mais* qu'avec le verbe *pouvoir :* « Je n'en peux mais. » Dans cette province-ci, il se place avec tous les verbes, et toujours en même temps que les négations auxquelles il donne un sens plus prononcé. *Il n'é mains pas si biau, je n'en vieux mé point.* Froissart racontant l'évasion de Louis de Flandre, au mois de janvier 1347, dit : « Il n'y auoit *mais* sur lui aussi grand regard. »

Mais que, *adv.* (On dit aussi *mains* ou *mé*.) En

attendant que, pourvu que, avant que, dès que. (Du Cange. *Corrumpere*.)

> *Mais que* nous soyons ivres
> Nous irons nous coucher.
>
> (Oliv. Basselin. *Vaudevires*. xlvie.)

Un homme sage sert bien en une compagnie de princes, *mais qu*'on le veuille croire. (Commines. *Mémoires*, liv. Ier, ch. xii.)

Et est chose merveilleuse qu'ils se laissent aller aussitôt, *mais* seulement *qu*'on les chatouille. (Est. de la Boëtie. *De la servitude volontaire*.)

Mais que les bêtes ne mordent point, leur compagnie est plus plaisante que celle des hommes. (*Nouvelle* xlve *de la reine de Navarre*.)

Mais que nous nous entendions bien, venez dîner avec moy. (Bonav. Despériers. *Contes et Devis*. Nouv. lxie.)

Maison, *s. f.* Maison. La *mainson* est dans les fermes la pièce principale, celle où couchent le *maître* et la *maîtresse*; où sont le foyer et la salle à manger. La pièce toujours voisine où couchent les enfants ou les domestiques, est la *chambre*.

Maisonnie, *s. f.* Petite maison avec un petit jardin et un petit cloteau.

Maisonnier, ère, s. m. et f. Sédentaire; enfant de bonne maison; propriétaire de maisons; domestique demeurant dans la maison de ses maîtres; habitant-propriétaire d'une petite maison à la campagne.

Le sens de ce mot est multiple, comme on le voit. Le maisonnier était autrefois le fermier d'une maison avec quelques terres. (DU CANGE. *Mansionarii.*) Nous pourrions encore prendre celui-là pour nous. Nous disons aussi *maisonnier* pour désigner les animaux qui habitent des terriers ou des demeures souterraines, ceux qui habitent nos maisons et ont des congénères vivant à l'état sauvage. Ainsi le lapin *maisonnier* (ne pas confondre avec le lapin de *maison* qui est celui de clapier), se dit pour celui qui terre, par opposition au *bussonnier;* il y a aussi le rat *maisonnier*, par opposition aux rats des champs et aux rats d'eau, etc.

Maître, s. m. (Prononcez *métre.*) Être le maître de quelqu'un, c'est être plus fort que lui, soit de corps, soit par la position qu'on occupe. *On gueux fera bin voér qu'on é leux métre.*

Maître, esse, *s. m.* et *f.* (Prononcez *métre et métresse.*) Qualifications qui précèdent invariablement les noms d'un fermier et d'une fermière.

Bien que la *maitresse* ait, comme dans tous les ménages passés, présents et à venir, sa volonté bien arrêtée et sache en venir toujours à ses fins, le *métre* jouit, dans la ferme, d'une grande supériorité dont les marques s'étendent, en certaines circonstances, à tout le sexe masculin du domaine. Ainsi les hommes sont seuls assis à table pendant les repas ; les femmes, sans en excepter la *maitresse*, mangent de côté et d'autre, chacune sur leur chaise, et encore doivent-elles avant tout s'occuper de servir les hommes. Il y a plus d'une paroisse où le dernier valet de ferme ne voudrait pas *panser les gorins.*

Mal, mau, *s. m.* Épilepsie, haut mal, catalepsie. Pour dire que quelqu'un l'a, on dit qu'il *en tombe*. On retrouve encore par-ci par-là, les anciennes dénominations de cette infirmité ; le beau mal, le mal d'avertin, le grand ou le gros mal, le mal Saint-Loup. — *Mal dans les hardes,* menstrues. — *Mal de l'an*, carreau, maladie des enfants nouveaunés. Le *Malan* était une lèpre. (Du Cange. Malandria.)

Mâlé. Voyez *Chasse-artu.*

Malechance, *s. f.* Mauvaise chance, malheur qu'on n'a pu éviter.

Mâlement, *adv.* Tout au plus, il s'en faut.

Si vous demandez la distance d'un point de votre route, et qu'on vous réponde qu'il y a *mâlement* une lieue, ne vous y fiez pas, et prenez le parti d'en ajouter une autre. Voyez *Mâsement.*

Manette, *s. m.* Bavard, médisant. Qualification empruntée au martyrologe des cuisinières.

La *manette* est un colporteur et, au besoin, un inventeur de scandale, ce condiment étant nécessaire pour les histoires dont elle soustrait le monopole aux portiers et aux antichambres. Les *manettes* sont de puissants dissolvants, les unes aux miel, les autres au vinaigre. Le nom n'est porté que par les mâles de l'espèce, malgré que l'autre sexe en possède de remarquables échantillons.

Manette signifie encore *chauffe-couche*, et le sexe masculin en monopolise aussi l'application.

Mangeux de chârtes, *s. m.* Fanfaron.

Maniement, *s. f.* Qualité des bestiaux. C'est qu'on s'assure de leur état en leur tâtant, leur maniant plusieurs parties du corps : on est venu tout naturellement à dire que tel bœuf a le maniement bon ou mauvais.

Manquette, *adj. f.* Femme qui ne peut nourrir son enfant que d'un côté. (RAYNOUARD. *Manc.*) *Manc* ou *manque*, d'où l'on a fait *manquer*, était synonyme de défectueux.

> J'estime que toutes choses soient faisables par un homme *manque* et défaillant en gros. (MONTAIGNE. *Essais*, liv. II, ch. XXIX.)

> Et si en est la possession en partie *manque* et empruntée. (Le même. *Ibid.* liv. III, ch. IX.)

Manquiers, *adv.* Peut-être. Pour une seule fois que j'ai entendu ce mot, je ne puis le prendre au sérieux, et je dois renvoyer à *Vanquiers.*

Marchandise, *s. f.* Bestiaux. *La marchandise a bin ramendé anuit.*

Marcou, *s. m.* Matou.

Mâre nouére, *s. f.* Nom de la prune de Damas noire.

Mâré, e, *adj.* Recouvert par des crues d'eau subites : se dit principalement des cultures gâtées par cet accident.

Margelette, margoulette, *s. f.* Bouche d'enfant. C'est *petite margelle* ou *gargoulette.*

Marianne, marionne, marionnette, *s. f.* Espèce de moucherons qui se réunissent en nuées épaisses à la fin de l'automne, et sont dans un mouvement continuel. J'ignore leur nom grec ou de catalogue.

Marias, *s. m.* Mariage misérable, absurde.

Marmenteau, *s. m.* Ce qui reste en terre d'un tronc d'arbre abattu. Les anciens titres disent souvent bois *marmental* pour bois bon à abattre. L'Académie admet *marmenteau* comme adjectif et pour désigner les arbres de haute futaie servant à la décoration d'une terre.

Mârouiller, *v. a.* Agiter l'eau avec la vase, afin de la rendre meilleure pour les irrigations.

Marre. Voyez *Chasse-artu.*

Martraits, *s. m. pl.* Trou rempli d'eau dans les champs ou les prés. C'est le même mot que *Mortier* et *Mortraits.*

Le *martray* ou *martroy* était, dans l'ancienne France, la place publique sur laquelle on torturait ou *martyrisait* les criminels : les *martraits* du Maine étant tous des lieux champêtres, il ne peut y avoir similitude.

Mas, *s. m.* Massue ou gros maillet qui sert à enfoncer les coins dans le bois. C'est le *mail* avec notre prononciation.

Mâsement, *adv.* Presque, tout au plus. *Cambin pèse vout'gorin. — Neuf p'tits vingts mâsement.* C'est la même chose que *mâlement.*

Masselotte, masserotte, *s. f.* Bâton fait d'un

jeune plant, dont on arrondit le pied en forme de massue. — Espèce de chien-dent au col duquel se forment de petites bulbes ou de petits tubercules.

Massicoter, *v. a.* Couper quelque chose de travers ou mal à propos.

Mât, *s. m.* Massue ou gros maillet. Voyez *Mas*.

Matéraux, *s. m. pl.* Matériaux.

Maubulle, *s. f.* Loupe, abcès, tumeur. Traduction littérale de *mala bulla*.

Maudisson, *s. m.* Malédiction.

Maugré, *prép.* Malgré. C'est encore un de ces vieux mots au sujet duquel il est superflu de citer des autorités.

Mayotter, *v. n.* Se dit de ceux qui vont aux portes des maisons, la veille du 1er mai, chanter des cantiques, pour avoir des œufs de Pâques. Voyez *Maïottin*.

Médecin, *s. m.* Dans certains cantons, quand il se trouvait déjà dans une famille six garçons vivants, s'il en survenait un septième, il prenait et portait toute sa vie le surnom de médecin, parce qu'il devait à ce rang de naissance le privilége de guérir certaines maladies par le toucher. Voyez *Toucheux*.

Mée, *s. f.* Pétrin. (Du Cange. *Madia*, *Pissa*. — Raynouard. *Mag.*) J'écris ainsi ce mot pour mieux rendre la prononciation du pays : la vraie orthographe était *Met*.

> Mon nez..... croissoit comme la paste dedans la met. (Rabelais. *Gargantua*, ch. xl.)

Méennant, *adv.* Moyennant. (Du Cange. *Medians*.)

Mégéieux, *s. m.* Vétérinaire. *Mégier* a été synonyme de guérir, *miége* de médecin, et *mégement* de médicament. (Du Cange. *Megeicharius*. — Raynouard. *Metge*, *Metgia* sous *Medecina*.) Le *mégéieux* a beaucoup plus de vogue que le médecin, un chrétien malade ne représentant pas un capital en danger de se perdre, tout comme peut le faire un individu appartenant à la classe bien autrement intéressante de la marchandise. Le *mégéieux* est au surplus très-bien appelé à faire de la médecine humaine, quand on daigne se préoccuper des accidents qui rentrent dans cette catégorie : je dois ajouter que la confiance en son adresse n'est pas toujours sans fondement, quand il s'agit de membres fracturés ou luxés.

Méian, méien, s. m. Moyen. (Du Cange. *Aurata, Meianus.*)

Meigné, e, *adj.* Maniéré.

Meine (de). De mauvais gré, tout doucement. Voyez *Mine.*

Mêlarde, mêlasse, s. f. Méteil de froment et d'orge ou d'avoine.

Mêlayer, v. a. Mêler.

Mêle, s. m. Merle. (Du Cange. *Merula.*)

Mêle, s. f. Nèfle. (Rob. Estienne. *Mesle.* — Du Cange. *Despensa, Melata.*) Rabelais emploie souvent ce mot. (*Pantagruel*, liv. II, ch. i.)

Mêlé (pain). Pain de méteil, ce que d'autres provinces appelaient *Mescle* ou *Meslure*. (Du Cange. *Mescalia.*)

Mêlée, *s. f.* Mélange de paille et de foin.

Mêlier, *s. m.* Néflier. (Du Cange. *Flagellum, Mellerius, Meslerius, Pomerius.*)

Méquier, *s. m.* Métier. Les enfants chantent dans leurs rondes :

> La fill' du roi d'Espagne
> Vive l'amour !
> Veut-z-apprendre un *méquier*
> Vive le laurier !
> Le *méquier* qu'al'veut-z-apprendre
> Vive l'amour !
> C'est la bué-z-à laver
> Vive le laurier !

Mère, *s. f.* Masse séreuse qui sert à faire tourner le vin ou le cidre en vinaigre.

Mèréfil, *s. f.* Mère et fille. Ce sont des peul-vans disposés deux par deux, et dont l'un est plus grand que l'autre.

Mériennée, *s. f.* Après-midi, sieste. (Du Cange. *Meridies, Meridiana.*)

Faire la *mériennée,* c'est faire la sieste ; faire une chose de *mériennée,* c'est la faire après-midi, jusqu'au *reissier.*

Merquer, *v. a.* Remarquer. (Du Cange. *Merqua.*)

Mesé, meshuy, *adv.* Désormais. *Mais huy* ou *mèshuy* étaient autrefois fréquemment usités. On le fait venir de *magis hodie.*

> Ce que i'esperoy qu'il peust *meshuy* faire le plus aysécment. (Montaigne. *Essais*, liv. I, ch. viii.)

Messe quêtée, *s. f.* Quand on veut faire célébrer une messe à l'intention d'une personne chère, par esprit d'humilité et pour que cet acte ait en conséquence plus d'efficacité, on quête auprès de ses amis et même souvent d'étrangers, la somme qui doit être payée pour cette messe.

Métai, *s. m.* Méteil. Le méteil est gras quand le froment s'y trouve en plus grande quantité que le seigle; il est maigre dans le cas contraire.

Métive, *s. f.* Moitié ou part dans la récolte. (Rob. Estienne. *Mestives.* — Du Cange. *Mestiva.*)

Métivier, *s. m.* Travailleur qui se louait pour le temps de la récolte, moyennant une métive.

> Car ce faisant i'espargne les sarcleurs qui gaignent argent, les *mestiuiers* qui boiuent volontiers et sans eau. (Rabelais. *Pantagruel,* liv. III, ch. ii.)

Mettes (vous). Vous mettez. Tous les composés du verbe *mettre* font de même.

Meugler, *v. n.* Mugir. (Rob. Estienne. *Muglir.*) Ce verbe vient de celui de basse latinité *mugilare,* pour lequel Du Cange ne donne que *muir.*

Mézaiger, *s. m.* Nom donné autrefois à douze bourgeois du Mans chargés de porter le grand crucifix qui s'exposait (comme encore aujourd'hui) à la vénération des fidèles, le mercredi de le semaine de la Passion, à la cathédrale du Mans ; ensuite à Saint-Vincent le vendredi suivant ; et enfin le dimanche des Rameaux, de nouveau à Saint-Julien.

Les *mézaigers* devaient appartenir à douze familles d'ancienne bourgeoisie. La procession en question est décrite dans le tome III du *Dictionnaire statistique* de M. Pesche, et dans le *Supplément à la Statistique* de M. Cauvin.

Et maintenant que nous sommes trop en progrès pour avoir des *mézaigers* et de vieux usages, qui nous dira au juste ce qu'était le *mézaige* qui conférait le droit héréditaire, ou bien était le droit héréditaire conféré à douze anciennes familles bourgeoises, des honorables fonctions de porteurs de la sainte Image ? On a pensé que ce mot venait de *message* de rédemption, ce qui peut très-bien être vrai, bien que, dans l'usage manceau, la double *s* ne se change guère en une seule *s* ou en un *z*. Aux amateurs de controverse, je signalerai, dans le Dictionnaire de Trévoux, *masage* signifiant village, et dans Du Cange, *maizaige* pour une maison (*Masagium* sous *Massa*, 5). On verra si l'on doit rapporter ces mots à nos *mézaigers*, qui devaient, en effet, avoir quelque chose comme une terre fieffée ou pignon sur rue, si l'on tient compte de leur importance d'anciens bourgeois.

Mézant, *au féminin* **mézane,** *adj.* Lourd, pesant. *La fumelle est encore pus mézane que l'gas par les fois.*

Mézelin, eine, *adj.* Faible, délicat. La mézellerie était autrefois la lèpre. On disait aussi *mezeri* pour misérable. (RAYNOUARD. *Miserin* sous *Miser*.)

Mézigue, *s. f.* Mésange.

Miâle, *s. m.* Merle.

> Ayant dénigé un *miâle*,
> J'voulus gui en (lui en) faire un persent
> Je le mins dans eune caige
> Qui subiait si joliment
> Mais nout'chat sans m'en rin dire
> Me le tuit tout vivant.
>   (*Ancienne chanson.*)

Michant, e, *adj.* Chétif. *C'est tout d'même du bon monde, ce michant bonhomme.* Je cite cette phrase, pour prouver que *michant* ici n'est pas du tout la même chose que mauvais.

Michaut, *s. m.* Petit pain blanc.

Miche, *s. f.* C'est exclusivement le nom du pain blanc. Le pain *michard* est un pain blanc de six ou douze livres.

Mi-clos, e, *adj.* Patelin. Ainsi probablement à cause du regard adopté par ce genre de flatteurs.

Miette (une). Un peu. *Nout 'beu est eune miette verdelet.*

Migeôler, *v. a.* Cajoler.

Migeot, *s. m.* Lieu où l'on conserve les fruits. J'écris ainsi, parce que c'est l'orthographe que j'ai rencontrée dans les anciens baux ou inventaires, où il est quelquefois question de fruits à *migeot*, ce qui peut se traduire par fruits à couteau.

Migeoter, Mûrir sur la planche.

Migrenon, migrognon, *s. m.* Baie de l'églantier. *Migraine* était le nom de la grenade. (Du Cange. *Migrana.* — Raynouard. *Milgrana* sous *Gran*, graïn, 13.) Le fruit de l'églantier renferme, comme la grenade, une grande quantité de graines, et c'est pour cela qu'on leur aura donné à tous deux un nom approchant de *mille grains*.

Millaud, e, *s. m.* et *f.* Mendiant déguenillé. (Du Cange. *Meligniosus.*)

Millée, *s. f.* Bouillie faite avec la graine du mil. C'est un plat de rigueur pour les jours d'assemblées paroissiales et pour celui de l'Angevine en particulier.

Milleur, e, *adj.* Meilleur.

Minable, *adj.* De mauvaise mine, misérable.

Mincer, *v. a.* Briser, casser.

Mine (de), *loc. adv.* Avec contrariété, malgré soi. — *De mine et de mine,* tout doucement, pas assez vite.

Minquerdi, *s. m.* Mercredi.

Minsse, *s. f.* Messe. Voyez *Messe quêtée.*

Miochée, *s. f.* **Miot,** *s. m.* **Miottée,** *s. f.* Pain émié dans un liquide quelconque, rôtie au vin ou au cidre.

Miquiet, miquiot, *s. m.* Appellation fréquente du chien dans quelques endroits. De *mes,* mauvais, et de *chiau ?*

Mireux, *s. m.* Miroir.

Miroder, *v. a.* Enjoliver une surface de lignes droites ou courbes.

Mirodeure, *s. f.* Ligne droite ou courbe destinée à faire un ornement, guillochure, nielle.

Mitan, *s. m.* Milieu, centre. (Du Cange. *Mitarius.*)

Moais, moas, e, *adj.* Mauvais. Voyez *Mohais.*

Moâsement, *adv.* Presque, tout au plus, il s'en faut. Voyez *Mâsement.* — Méchamment, malicieusement.

Mobule, *s. f.* Loupe, abcès, tumeur. Voyez *Maubulle.*

Moche, *s. f.* Motte de terre, pierre molle et terreuse.

Moderne, *adj.* Très-jeune baliveau, du même âge que la coupe précédente. (*Ordonn. des eaux et forêts.*)

Modeuse, *s. f.* Modiste.

Modicons, *s. m. pl.* La semaine des *modicons* est la troisième après Pâques. L'Évangile du dimanche de cette semaine contient sept fois le mot *modicum*, une fois pour chaque jour. C'est une des plus mauvaises semaines de l'époque.

Moëlleur, *s. f.* Propriété de ce qui est moëlleux.

Moguerne, *s. f.* Imprécation correspondant à mauvais, maudit. *Moguerne bêta!*

Mohais, mohas, e, *adj.* Mauvais.

> (Le diable) est venu
> Vilain cornu
> C'est une beste *mohaise*.
> (Biblioth. du Mans. N° 3657. *Vieux noël français et breton.*)

Mohaisement, mohâsement, *adv.* Comme *Moâsement*.

Moine, *s. m.* Toupie en bois plein, de forme à peu près conique et armée d'une pointe de fer. Le moine est un des jeux de Gargantua. (RABELAIS. *Gargantua,* ch. XXII.) Il reste à savoir si c'est notre jeu de moine, ou celui dont il est question dans la citation qui suit :

> Mes paiges, dist Gymnaste, baillent le *moyne* par les pieds à leurs compaignons dormars. Bailler le *moyne* par le col seroit pendre et estrangler la personne. (RABELAIS. *Pantagruel,* liv. IV, ch. XVI.)

Suivant les commentateurs de Rabelais, bailler le moine par les pieds, c'était y attacher une corde que l'on tirait tout à coup ; c'est précisément ainsi, ou peu s'en faut, que nos enfants s'y prennent pour faire tourner leurs moines.

Moison, *s. f.* Mesure. (RAYNOUARD. *Moyso.*) On trouve dans Du Cange *Moije* sous *Modius*, et *Moiton* sous *Moitonnus*.

Moissine, *s. f.* Vin étendu d'eau. C'est du marc, suivant Du Cange, sous *Moissina*.

Mollets, *s. m. pl.* **mollières** *s. f. pl.* Parties molles et dangereuses des étangs et des marais. (DU CANGE. *Moleria.*)

Mollir, *v. n.* Ce verbe qui, dans l'usage français, indique l'action de quelqu'un qui cède facilement, semble annoncer, dans les habitudes du Maine, qu'on ne cède pas sans résistance. *Vas-tu molli! tu m'achales. — Attends! attends! j'te vas bintoût faire molli.* En un mot, c'est finir de résister plutôt que céder avec faiblesse.

Mon, *conj.* S'emploie au lieu de *donc*, après

l'impératif des verbes. *Finis mon.* Ce n'est pas tout à fait le même sens que celui de la particule *mon* qui se frouve fréquemment dans les anciens dialogues. La nôtre semble avoir pour but de rendre plus pressantes les demandes, les injonctions, etc.

> Mais dites may *mon*, si vous piaist, mes bons vaisins. (J. ROUSSON. *Dialogue des trois vignerons.* Edit. de 1629. p. 157.)

> Escoutez may *mon*, je vous la diré comme je la scay. (Le même. *Ibid.* p. 367.)

Mônée, *s. f.* Blé moulu. (DU CANGE. *Musnare.*)

Monnier, *s. m.* Meunier. (RAYNOUARD. *Monier* sous *Mola*, 6.)

Monte-au-banc, *s. m.* Chaise percée.

More, moure, *s. f.* Mûre (fruit). (RAYNOUARD. *Mora.*) More désignait autrefois la couleur noire ou mieux le teint de nègre.

Mortier, *s. m.* Mare, trou profond rempli habituellement d'eau et situé à travers la campagne. Ce mot vient de *morte eau.* (DU CANGE. *Morta, Mortarium,* 5. *Morteria.*)

Mortrets, *s. m. pl.* Comme *Mortier*.

Motte, *s. f.* Tas de chanvre mis à rouir.

Motton, *s. m.* Grumeau de farine, caillot de lait, petite motte.

Mouchas, *s. m.* Mouchoir sale.

Mouchas, *s. f.* Mèche carbonisée.

Mouée, *s. f.* Farine d'orge. Le Dictionnaire de l'Académie dit que c'est un mélange de sang de cerf, de lait et de pain que l'on donne aux chiens. Dans le Maine, c'est aussi le nom d'un mélange préparé pour les chiens, mais parce que la farine d'orge en fait la base.

Mouillaige, *s. m.* Rôtie au vin ou au cidre, trempage de soupe.

Mouille. Voyez *Qui touche mouille*.

Moulaige, moulinaige, *s. m.* Petit moulin à bras pour hacher les pommes, les carottes, les betteraves.

Moulette, *s. f.* Rotule du genou. Du latin *mola*, qui veut dire la même chose.

Moullient, *s. m.* Herbes émollientes.

Moureine, *s. f.* Maladie qui attaque les arbres résineux, le sapin maritime surtout, par le pied et en terre, détache l'écorce et entraîne la mort de l'arbre. La *morine* était, soit une maladie mortelle des bestiaux, soit le poil qu'on enlevait aux animaux morts. (Du Cange. *Moria, Morina.*)

Moure, *s. f.* Mûre (fruit). Voyez *Mora*.

Mouret, *s. m.* Feu de chénevottes.

Mouret, *s. m.* Mouron (plante).

Moussiner, *v. n.* Plisser le museau. Dans le Glossaire de Roquefort, *mousse* est la gueule d'un chien.

Moutarde, *s. f.* Raisiné dans lequel on introduit de la moutarde. Quand on n'a pas de raisiné, on fait bouillir des poires, on les écrase et on les mêle avec la moutarde.

Moutonner, *v. n.* Se dit des moutons quand ils se serrent l'un contre l'autre, le museau en terre, soit pour avoir plus d'ombre, soit pour éviter à leur museau la piqûre des œstres particuliers à la race ovine.

Muce, *s. f.* Musse, cache, petit trou, mais surtout et presque toujours petit passage ou brèche étroite par lesquels se glissent l'homme ou les animaux.

La *muce* est aussi la *soue* aux oies ou aux canards.

Je donne l'orthographe locale, qui est naturellement celle de Jean Rousson.

<blockquote>I' m'eust bien piumé, si m'eust attrappé à la muce. (Dialogue des trois vignerons. Édit. de 1629. p. 354.)</blockquote>

Il y a du pai à la muce ou *meuce*, proverbe tiré de la chasse du lièvre, et qui veut dire qu'on a des indices de ce que l'on cherche.

Faire une chose à la *muce*, c'est la faire comme à la dérobée, comme si l'on avait honte, comme si l'on avait envie de cacher de la lésinerie par de l'ostentation, etc.

L'Académie a conservé le verbe *se musser* et n'a pas voulu de *musse*.

Mulon, mulot, *s. m.* Petite meule de fourrage.

(Furetière.)

Muloter, *v. n.* Agir lentement.

Murette, *s. f.* Petit mur.

N

Nâche, *s.* Longe ou lien pour attacher les bestiaux à leur mangeoire.

Nacron, *s. m.* Épine crochue de ronce, de rosier, etc. Il est probable qu'on se sera habitué à dire *un nacron* pour *un accroc*.

Nacter, *v. n.* Bégayer, bredouiller, ânonner. (Du Cange. *Noctare*.)

Nain, *s. m.* Hameçon. Voyez *Haim*.

Nance, *s. f.* Nasse en osier. (Du Cange. *Nanca*.)

Nagre, *adj.* Rude, sévère, maussade, chagrin.

Naquer, naqueter, *v. n.* Bégayer, ânonner, avoir le hoquet. (Du Cange. *Noctare*.)

Nas, *s. m.* Nappe d'eau profonde. C'est évidemment le même mot que *Nassier* ou pêcherie. (Du Cange. *Nasserium*.)

Nas, *s. m.* Chiffe ou torchon avec lesquels les

boulangers nettoient le four. Voyez *Guenas* et *Nâter*.

Nasin, eine, *adj*. Volontaire, indépendant. Ne se dit que des petits enfants.

Nâter, *v. a.* Nettoyer le four. *Nat* se disait pour net. (ROQUEFORT. *Nateït.*)

Natter, *v. a.* Cosser, se heurter l'un contre l'autre par accident.

Naturel, le, *adj*. Qui a bon cœur.

Naturer, *v. n.* Consommer le mariage. (DU CANGE. *Facere naturam* sous *Facere.*)

Naviau, *s. m.* Navet.

> Les bizets ils mettent bouillir aux *naueaulx*. (RABELAIS. *Pantagruel.* liv. IV, ch. XXIV.)

> Folz détracteurs, mon maistre vous annonce
> Par moy qui suis l'un de ses clercs nouueaulx
> Que pour rimer ne vous craint deux *naueaulx*.
> (Cl. MAROT. *Rondeau du disciple soutenant son maistre.*)

> Ils le trouuèrent autour de son foyer où il faisait bouillir des *naueaux* dedans vn pot. (AMYOT. *Œuv. de Plutarque*. Dits notables des anciens. Pélopidas.)

Voyez encore la Nouvelle VIIIe des *Contes et Devis* de Despériers.

N'en, *pron. rel.* En. Il est rare qu'on prononce *n'en* en entier ; l'*e* du milieu se retranche ordinairement, comme on peut le voir par les exemples que j'ai donnés à l'article *En.* C'est ce que j'aurais dû dire sous ce même article, dans lequel j'ai, en outre, par une une distraction un peu trop forte, fait de *en* une préposition. — *N'en* se dit encore comme pronom personnel pour *on, l'on,* de même que *l'en,* dont il doit être une corruption, comme *n'on* l'est de *l'on.* Voyez *En* aux Additions.

Nentille, *s. f.* Lentille.

Nétée, *s. f.* Prise de tabac.

Nétir, *v. a.* Nettoyer.

> Vous l'entendez... lorsque les enfans bien *nettiz...* dorment profondément. (RABELAIS. *Pantagruel,* liv. III, ch. XIII.)

Neudu, e, *adj.* Noueux.

Neunne, *adj. f.* Féminin de *nul.* C'est littéralement *pas une,* en écrivant *n'eunne :* ce serait une manière de parler parfaitement rationnelle, et on a dit en réalité *n'un* pour *nul*.

> Voix d'un, voix de *n'un*.
> (Le P. Cahier. *Proverbes français*.)

Neutu, e, *adj*. Noueux.

Niance, *s. f.* Démenti, négation. (Du Cange. *Negantia*.)

Nias, *s. m.* Enfant. Voyez *Gnas*.

Niau, *s. m.* Œuf ou pierre en forme d'œuf, qu'on laisse aux nids des poules pour qu'elles y reviennent pondre.

Niée, *s. f.* Nichée. (Du Cange. *Nidalis*.)

Nifferiau, *s. m.* Mouchoir de poche des petits enfants ; il s'attache aux vêtements par un cordon. Il a la même étymologie que *renifler*.

Nige, *s. f.* Nigaud, puéril. Voyez *Nigeot*.

Nigée, *s. f.* Nichée.

Nigeôrie, nigeosserie, *s. f.* Niaiserie, nigauderie, fadaise, minauderie.

Nigeot, te *adj*. Nigaud, qui a des occupations et des goûts puérils. (Roquefort. *Nigeon*.)

Nigeot, *s. m.* Nid.

Nigeot, *s. m.* Ouvrage long et minutieux.

Nigeoter, *v. n.* Faire peu de chose.

Nigodet, *s. m.* Jeu de fossette.

Nigue, niguedouille, *adj.* Nigaud, dégingandé.

Nique, *adj.* Même sens.

Niquer, *v. n.* Bégayer. Voyez *Naquer*.

Nobiais. Voyez *Beu*.

Noc, *s. m.* Petit canal. (Du Cange. *Noccus.*)

Noces, *s. f. pl.* Grosses rillettes, saucisses et boudins qu'on offre à ses voisins et amis, quand on tue un porc.

Dans les cantons où cet usage subsiste, c'est principalement et presque uniquement dans les métairies qu'il est en vigueur, et c'est au propriétaire qu'on porte les noces, avant d'aller chez d'autres personnes.

On appelait, au vieux temps, du même nom de *noces* ou *noçailles,* ce que les serfs offraient à leur seigneur pour obtenir la permission de se marier. (Du Cange. *Nuptiaticum* sous *Nuptiæ*.)

Noces, *s. f. pl.* Bouillie d'avoine.

Nocet, *s. m.* Revenant qui, pendant la nuit, joue tous les méchants tours imaginables, pousse des cris en l'air comme les *chasse-marres*, bat les gens attardés, jette des sorts aux bestiaux, noue les crins des chevaux, etc. Ce mot doit venir de *nox*, nuit, ou de *nocere*, nuire.

Nocter, *v. n.* Bégayer, ânonner, avoir le hoquet. Du Cange (*Noctare*) le donne comme synonyme de murmurer.

Noë, *s. f.* Prairie fraîche qui se coupe en vert plusieurs fois l'an. (Du Cange. *Noa.*) C'est une noue en bon français.

Nombre, *s. m.* Tas de gerbes, ordinairement de treize. (Du Cange. *Numerus.*)

N'on, *pron. pers. ind.* On, l'on. Voyez *On*.

Non ferai. Non. C'est littéralement : « Je ne le ferai point. » Tout le temps se conjugue.

> Comment, dit-il, Madame, vos patenostres. *Non ferai*, par mon sergent. (Rabelais. *Pantagruel*, liv. II, ch. xxii.)

Non fera Hercules. (Le même. *Ibid.* liv. III, Prologue.)

Non ferai. Si ferés.
Non ferai. Si ferés.
Philis, vous me baiserés.

(Pierre Ballard. *Airs mis en tablature de luth.* 1612.)

Noque. Comme *Noc.*

Nouilleux, se, *adj.* Noueux. (Du Cange. *Nodosus.*)

Nouette, *s. f.* Très-petite prairie. (Du Cange. *Noiereta.*)

Nouette, *s. f.* Tuile creuse en forme de noue.

Noueux, *s. m.* Sorcier qui noue les aiguillettes aux enfants.

Nouillu, e, *adj.* Noueux.

Nourri, *s. m.* Désignation générale des produits du sol qui nourrissent les bestiaux. *Un bon p'tit endrait, qui a bin du nourri.*

Nouser, *v. n.* Ne pas oser. Voyez *Ouser.*

Nouseux, se, *adj.* Timide, qui n'ose.

Nousille, *s. f.* Noisette. (Roquefort. *Noisille.*)

Nousiller, *s. m.* Coudrier, noisetier.

Nuisant, *s. m.* Petit filet de peau qui se détache autour des ongles. C'est encourir une mauvaise chance, que de se couper les *nuisants* dans les mois où il y a des *r*.

Nunne, *adj. f.* Féminin de *nul*. Voyez *Neunne*.

Nunu, *s. m.* Flûte en sureau bouchée avec des peaux d'oignon. C'est ce qu'on nomme à Paris *mirliton*.

Nunu, *s. m.* Homme minutieux, tatillon.

O

O, *prép.* Avec. D'un usage fréquent, il y a plusieurs siècles. (DU CANGE. *Palettus*.)

O, *s. m.* (Prononcez *ô*.) Or (métal).

Oigu, e, *adj.* Aigu.

Ogre, *s. m.* Orgue. (DU CANGE. *Discantus*.)

Omiau, *s. m.* Ormeau.

On, *pron. pers. ind.* S'emploie abusivement au lieu de *nous*. *Nous, on est bin content*.

Oraison, *s. f.* Salut du Saint-Sacrement; toutes les prières qui se font le soir à l'église.

Orbeau, orbet, *s. m.* **Orbière,** *s. f.* Planche qu'on attache au-devant des yeux des bestiaux vagabonds ou méchants. (Du Cange. *Ictus orbis, Orbis, Orbitudo.* — Raynouard. *Orbs.*) — OEillère du montant de bride des chevaux.

> Et n'y a point de beste à qui plus iustement il faille donner des *orbières*. (Montaigne. *Essais,* liv. II, ch. xii.)

Orée, *s. f.* Bord, lisière, frontière prise dans sa longueur. L'Académie a conservé ce mot uniquement dans le sens de lisière d'un bois.

Il désigne particulièrement, dans le Maine, le bord du lit du côté de la ruelle ; c'est ce côté qui est encore occupé par la femme, comme c'était l'usage des anciens, ce que nous fait très-bien observer Montaigne.

> Les femmes couchoient au lict du costé de la ruelle. (*Essais,* liv. 1er, ch. xlix.)

Orfras, *s. f.* Effraye ou fresaye, espèce d'oiseau de nuit.

Oribanier, ère, *s. m.* et *f.* Fabricant d'oribus.

Orible, *adj.* Chaud et précoce. Se dit des terres. Voyez *Heurible* et *Joanet*.

Oribus, *s. m.* et *f.* Chandelle de résine. *T'as l'air d'eune oribus cassée,* dit-on à ceux qui ont l'air piteux. La barbe d'oribus est un des jeux de Gargantua. (RABELAIS. *Gargantua*, liv. Ier, ch. XXII.)

> Les sinapizant auecques un peu de poudre d'*oribus*. (Le même. *Pantagruel*, liv. II, Prologue.)

Dans cette dernière citation, Rabelais aurait voulu, suivant quelques commentateurs, parler de poudrette, par suite sans doute de la conformité de couleur. Suivant Furetière, on aurait dit *poudre d'oribus* pour désigner les poudres débitées par les charlatans à titre de panacées universelles et comme valant leur pesant d'*or* (d'où *oribus*). Le *Bon médecin lorrain* ferait venir ce même mot de *elleborus*, par suite de la grande réputation de la poudre d'ellébore. De tout cela, il résulte que l'oribus n'est bien connue et n'est plus guère en usage depuis un certain temps, que dans les provinces de l'Ouest.

Sa grande utilité, due à la modicité extrême de son prix, trouve sa place dans les longues veillées d'hiver ; on passe cette chandelle dans une fourchette de fer, qui se fiche elle-même sous le manteau de la cheminée, à cause de la fumée noire et épaisse que dégage la résine.

Orillier, *s. m.* Oreiller. (Du Cange. *Ourilliera.*) Furetière accepte très-bien *orillier*.

Orine, *s. f.* Origine. (Du Cange. *Originalis, Originarii.*) On trouve ce substantif dans tous les anciens dictionnaires.

Oripiau, *s. m.* Mal d'oreilles, oreillons, amygdalite.

> Nous n'estudions iamais de paour des *auripeaulx*. (Rabelais. *Gargantua*, ch. xxxix.)

Ormouère, *s. f.* Armoire. Cette manière de prononcer, aujourd'hui vicieuse, avait cependant sa raison d'être, puisqu'en latin du moyen âge on disait *omarium*. (Chompré.)

Ouaille, *s. f.* Brebis. Nous employons encore quelquefois ce mot, qui n'a conservé ailleurs que son sens figuré.

Ouâler, *v. a.* Héler, appeler à haute voix. Voyez *Bourder, Houailler.*

Oublire, *s. f.* Oublie, gaufre dite à Paris *plaisir.* *Oblata* était le nom du pain d'autel (qu'on peut dire d'*offrande*), dont la pâte est de même nature que celle de l'oublie. On désignait encore ainsi certaine pâtisserie qu'on offrait aux seigneurs de fiefs comme un cens féodal. (DU CANGE. *Oblata.* — RAYNOUARD. *Oblia,* à l'Appendice.)

Il y a quelques années, le marchand d'oublies était, au Mans, le compagnon obligé du porteur de lanterne magique, et les enfants avaient de la peine à se coucher le soir, quand ils avaient entendu dans la rue : *Oublires! oublires! La lanterne magique!*

L'usage de colporter et de vendre ainsi le soir cette pâtisserie n'est pas nouveau, puisqu'on lit dans Tallemant des Réaux, à l'historiette de Bernardin de Boucqueville, baron de Clinchamp, et surtout dans les curieux commentaires de M. Paulin Páris, que ledit baron faisait monter chez lui le soir un des oublieurs qui passaient dans la rue, lui laissant croire qu'il voulait jouer aux oublies, mais en réalité pour le contraindre à lui tirer ses bottes.

Ouche, *s. f.* Jardin ou champ de bonne terre, et dont le nom indique, par son ancienneté, une culture complète à une époque reculée; ces champs étaient tout naturellement les seuls bien clos de haies. (Du Cange. *Olca.*) Leurs terres bien ameublies (*occatœ*) par la herse (*occa*), ont dû ce nom à cette qualité.

Oudrir, *v. a.* Faner, dessécher, mourir. Du Cange (*Ottragium*) donne *outrer*, ce qui fait voir que c'est mot à mot *passer outre*, passer de l'autre côté, comme trépasser.

Oulle, *s. f.* Vase en terre cuite, à peu près de la forme d'un pot à bouillon à deux anses. (Du Cange. *Olla.*) Dans le Lexique de Raynouard, *Ola* est une marmite, et dans le Vocabulaire de Chompré, c'est en même temps un pot et une marmite. L'*oille*, en bon français, est un pot-pourri.

<small>Le curé... s'en va acheter force courées de veau et de mouton et les mit toutes cuire dans une grande</small>

oulle. (Bonavent. Despériers. *Contes et Devis.* Nouv. xxxvi.)

Ourillier, *s. m.* Oreiller.

Ourtai, *s. m.* Orteil.

Ous, *s. m.* Os.

Ouser, *v. a.* Oser. Ce verbe donne lieu à une locution particulière, quand il est employé avec une négation. On ne dit pas *il n'a ousé,* mais bien *il a n'ousé,* ce qui me ferait croire que *nouser* était lui-même un verbe ; et en effet, il y a *nouseux* qui veut dire timide.

Ousier, *s. m.* Osier. (Du Cange. *Vinimentum.*)

Outerplus, *adv.* Au surplus. (Du Cange. *Ultragium.*)

.... Sur son dos *oultreplus*
Pendent en ordre vngs cheueulx crespeluz.
(Cl. Marot. *Chant de l'amour fugitif.* 1er.)

Ouyoù, *adv. de lieu.* Ne s'emploie qu'avec l'interrogation. *Ouyoù donc qu'c'é ?*

Ové, *prép.* Avec.

P

Pâcré, e, *adj.* Exact, ressemblant exactement. A vrai dire, cet adjectif correspond à l'expression familière *tout craché,* quand on parle d'une ressemblance. Ainsi : *Ça qui r'porte bin, c'est li tout pâcré.*

Pai, *s. f.* Poix. On a grande confiance, en certains endroits, dans les emplâtres de *pai de Bourgongne.*

Pai, *s. m.* Poil, cheveu. *Tu m'fais mau, tu m'tires les pais.*

Pai-Bas, *s. m.* Bas-Maine. (Laval, Évron, Mayenne.)

Paillet, *s. m.* Corps de la charrette sur lequel les *brosses* des *hachets* sont établies.

Paillon, *s. m.* Panier de paille tressée dans lequel on porte la pâte au four.

Paine, *s. f.* Frange de toile ou de laine. On achète aux tisserands les paines de toile pour faire les nettoyages de cuisine, après les avoir réunies sous la forme d'un gros pinceau.

Par extension, *paine* indique un vêtement en haillons, ce qui est d'accord avec le sens de *pannosus* donné par Chompré, comme désignation d'un homme couvert de haillons. (Du Cange. *Pannus*, 2.) Voyez *Épainer*.

Paisan, ne, *s. m.* et *f.* Paysan.

> Le *paisan* bat ses gerbes amassées.
> (Est. de la Boëtie. *Essais de Montaigne*. liv. Ier, ch. xxviii. Sonnet 4e.)

> On fait en Italie un conte assez plaisant
> Qui vient à mon propos, qu'une fois un *paysant*.
> . . . .
> Le *paysant* d'autre soin se sent l'âme embrâsée.
> (Regnier. *Satyres*. IXe.)

Dans ces vers, le rhythme indique une prononciation de *paisan* qui s'accorde avec la nôtre.

Paissard, *s. m.* Jeu d'enfants qui consiste en un morceau de cuir mouillé qu'on fait *paisser* ou adhérer aux petits objets qu'on soulève par ce moyen.

Paissard, e, *adj.* Poisseux, collant.

Paisse, *s. f.* Moineau. (Du Cange. *Passa*.) Voyez *Pâsse*.

Paisse-bussonière, *s. f.* Petit oiseau qui se tient aux buissons, comme l'indique son nom. En d'autres provinces, on le nomme *traîne-buisson*, *mouchet*, etc. Il tient du moineau, du troglodyte et de la fauvette. Buffon le place dans cette dernière catégorie. Nous le nommons aussi *Brunette*. Voyez aux Additions.

Paisse - grianche ou **gruanche,** *s. f.* Moineau des champs qui vit de *gru*. Voyez *Gru* à l'article *Grubeaux*.

Paisser, *v. a.* Coller, poisser.

Paisserelle, *s. f.* Petit sillon qui se trouve dans les guérets, entre deux autres sillons. De *Passerelle*.

Paissoux, se, *adj.* Poisseux, collant.

Palie, *s. f.* Pelle toute en bois d'un seul morceau; elle est un peu creusée. (Du Cange. *Paleta*.)

Palisser, *v. a.* Palissader.

Paniquet, *s. m.* Fromage à la crème, ainsi nommé parce qu'on le moule dans de petits paniers d'osier.

Panne, *s. f.* Misère. C'est, j'imagine, le même mot que *paine*, frange. La panne indiquerait, en ce cas, des vêtements effrangés, déchirés, etc., et par suite la misère ; tandis que, dans le français, c'est, au contraire, la soie ou une riche étoffe. Voyez *Paine*.

Panné, e, *adj.* Qui se ruine, qui est dans la misère.

Panner, *v. a.* Abattre les pans ou les angles d'un objet anguleux.

Panniau, *s. m.* Espèce de bât avec un pommeau très-élevé (Du Cange, *Panellum*), et non le coussinet qui garnit le dessous d'une selle.

Panser, *v. a.* Donner à manger, faire manger. Ne s'emploie qu'à l'égard des animaux. Voyez *Pension*.

Papeau, *s. m.* Lèvre d'un chien, toute lèvre longue ou pendante. (Du Cange. *Pappare*.) Voyez *Pappe*.

Papillon, *s. m.* Coiffe de femme ; les bords en sont petits.

Pappe, *s. m.* Même sens que *Papeau* ci-dessus.

L'ancien verbe *paper* indiquait l'action de saisir avec les lèvres ; on en a fait *papelard*. (Du Cange. *Papare, Papelardus.*)

Pâque, *s. f.* Narcisse, jonquille, qui fleurissent vers Pâques.

Pâqueret, *s. m.* Semaine de Pâques ; quête que font à domicile, à cette époque et pour leur propre compte, les bedeaux et sacristes des paroisses. (Du Cange. *Pascha intrans.*)

Par les fois, *loc. adv.* Quelquefois, parfois. *Faut bin deurer par les fois, quand n'on n'é pas le métre.*

Paralési, e, *adj.* Paralysé, paralytique.

Parche, *s. f.* Cosse de pois, de fèves etc. ; tige de ces mêmes légumes, de pommes de terre et autres plantes du même genre.

Pâre, *s. m.* Pas (enjambée). — *Pâre relevé*, espèce de trot, amble.

Parelle, *s. f.* Petite patience, oseille sauvage qui foisonne dans les terres humides. (Rob. Estienne. *Parelle.*) De *Paratella* qui, suivant Chompré, signifie oseille.

Parenté, *s. f.* Généalogie de Notre Seigneur chantée, dans le diocèse du Mans, aux Matines de la fête de Noël.

Parié ! *Exclam.* Parbleu ! *Parié, ma finte, nenni !*

Parlicher, parliser, *v. n.* Faire le beau parleur.

Parrai ? *interrog.* Pas vrai ? n'est-il pas vrai ?

Pas-fille, *s. f.* Terme qui indique l'alliance qui existe entre une fille et le second mari de sa mère ou la seconde femme de son père.

Pas-fils, *s. m.* Beau-fils.

Pas-moins, *adv.* Pourtant, cependant. *C'est vrai ça, pas-moins.*

Pâsse, *s. m.* Moineau. L'idiome manceau est encore demeuré fidèle ici à l'origine latine. De *pâsse* on a fait *passereau.* Voyez *Paisse* et *Paisse-grianche.*

<blockquote>
Des oyselletz peinctz de couleurs estranges
Pinsons, piuers, *passes* et passerons.
(Cl. Marot. *Première églogue.*)
</blockquote>

Pâsse-bussonière, *s. f.* Petit oiseau. Voyez *Paisse-bussonière.*

Passer (se), *v. réf.* Se passer avec une chose, c'est s'en contenter. *Je m'passeras bin avec eune bonne lèche de chiai.*

Passer un fromage, c'est l'affiner.

Pastre, *s. m.* (L's se prononce.) Homme lourd, grossier, épais au moral ou au physique. *Spassus,* adjectif de basse latinité qui veut dire *épais* (au lieu de *spissus*), et qui en est l'étymologie, ne serait-il pas aussi bien celle de *pastre ?*

Pataud, e, *s. m.* et *f.* Nom que donnaient, dans nos guerres civiles, les royalistes à leurs ennemis non militaires. Les militaires étaient les *bleus.*

Patin, *s. m.* Pied de porc ou de veau.

Patiras, *s. m.* Souffre-douleur. On chantait, il y a quelques années, au Mans, sur un air de carillon :

> *Patiras* est mô (mort)
> Sa femme en hérite
> D'la cuiller à pot
> Et de sa vieille marmite
> Sonnez haut, sonnez bas,
> *Patiras* ne r'viendra pas.

Patoi, patoué, patouil, *s. m.* Patrouillis, eau sale, bourbier. (Du Cange. *Patile.*)

Patouillard, e, *adj.* Qui patouille. La pompe *patouillarde* est celle qui prend l'eau tout près du fond.

Patouiller, *v. n.* Patrouiller, remuer les mains ou les pieds dans la vase ou quelque liquide malpropre. (Du Cange. *Maniare.*)

Le nom propre Patouillet indique que la forme *patouiller* a été usitée. (F. Génin. *Récréat. philolog.*, tome II, p. 64.)

Dans la nuit qui précédait la fête de saint Julien, les habitants de Saint-Aubin-lès-le-Mans étaient tenus, comme vassaux du chapitre, de venir faire la *patouille* (est-ce *patrouille*, ronde? ou *patouil*, patrouillis?) autour de la cathédrale, la nuit, et pendant qu'on célébrait l'office du patron de cette église. De là un sobriquet assez désagréable pour eux, fondé sur leur absence d'auprès de leurs femmes pendant ladite nuit.

Pâtour, e, *s. m.* et *f.* Pâtre.

Paturas, *s. m.* Pâturage.

Pau, *s. m.* Pal, pieu, poteau. (Rob. Estienne. *Pau.* — Du Cange. *Palforca, Paulus, Prodelada.* — Furetière. *Pau.*)

> Panurge emmancha en vng grand *pau* les cornes du cheureul..... Cela fait, prit vng gros *pau*..... Frappez de ce *pau* tant que vous pourrez. (Rabelais. *Pantagruel,* liv. II, ch. xxvi.)
>
> A chascun vng grand coup de *pau* sur les reins. (Le même. *Ibid.* ch. xxx.)
>
> Ce qu'il leur falloit de viures pour quinze iours et certaine quantité de *paux* pour faire leurs rempars. (Montaigne. *Essais,* liv. II, ch. ix.)
>
> Et ne plus ne moins que les jardiniers fichent des *paux* auprès des jeunes plantes pour les tenir droites. (Amyot. OEuv. de Plutarque. *Comment il faut nourrir les enfants.*)

Pautre, *s. m.* Gouvernail. Voyez *Peautre.*

Pavois, *s. m.* Cible.

Pavot, *s. m.* Feuille d'une variété d'iris.

Pays-Bas, *s. m.* Bas-Maine.

Pê, *s. m.* Pis de vache.

Peautre, *s. m.* Gouvernail ou éperon des grands bateaux.

> Le viel Charon, grant nautonnier d'enfer
> Bien eut à faire a gouuerner sa *peautre.*
> (Cl. Marot. *Jugement de Minos.*)

Pêchard, e, *adj.* C'est pour les chevaux, la couleur qu'on appelle rouane. Les juments de cette robe sont d'excellentes poulinières.

Pêcheux, *s. m.* Martin-pêcheur.

Pecque, *s. f.* Bec, bouche.

Peillaud, e, *adj.* Pelu, velu, ou pour parler plus juste, qui a les poils ou les cheveux trop longs.

Pelasse, *s. f.* Pelure.

Pêle, *adj.* Qui se divise facilement, comme de la terre friable. Notre adjectif n'aurait-il pas pu donner le *pêle-mêle?*

Pelisse, *s. f.* Plaque de gazon, que l'on *pellit* ou que l'on pèle.

Pellir, *v. a.* Prendre avec une pelle, ramasser par terre. (Du Cange. *Pela,* 2.)

Peloux, se, *adj.* Pelu, velu.

Pelucher, *v. a.* et *n.* Peler.

Peluette, *s. f.* Bluette.

Peluette, *s. f.* Pellicule, fragment de peau ou de pelure, furfure, duvet ou poil de dessous des animaux, petite écaille.

Pendillée, *s. f.* Objets suspendus en paquets.

Péneréé, *s. f.* Contenu d'un panier.

Pénier, *s. m.* Panier. (Du Cange. *Panerius.*)

Peniquet, *s. m.* Fromage frais. Voyez *Paniquet.*

Penser (se), *v. réf.* On dit ainsi au lieu de *penser. Je m'sai pensé* ou *j'm'ai pensé.*

Pension, *s. f.* Nourriture des animaux.

> Le gouverneur d'un éléphant..... desrobboit à touts les repas la moitié de la *pension* qu'on luy auoit ordonnée. (Montaigne. *Essais*, liv. II, ch. xii.)

Pentecôte, *s. f.* Nom générique des orchidées indigènes.

Pentière, *s. f.* Pente d'un terrain, penture d'une porte.

Perchaude, *s. f.* Perche (poisson).

Percir, *v. a.* Serrer, presser.

Perdreau, *s. m.* Cette locution est une sorte de jeu de mots. Quand il y a de la perte dans une affaire, on dit qu'il y a des *perdreaux.*

Perait, *s. m.* Volée à laquelle s'attachent les paires de bœufs, en tête de ceux qui sont le long du timon.

Pêre, *s. m.* Pis de vache ou de chèvre.

Perfaut, *s. m.* Cornouiller. Voyez *Piafût.*

Pernelle, *s. f.* Prunelle.

Perréieux, *s. m.* Ouvrier carrier. (Du Cange. *Perreator.*) Monteil indique pour synonyme *Perrier.* (*Hist. des Français de div. états*, xve siècle, hist. xixe.)

Perrer, *v. a.* Garnir les chemins ou une cour de pierres. (Du Cange. *Pirius* sous *Pirgius.*)

Perrière, *s. f.* Carrière de pierres. (Furetière. *Perrière.* — Du Cange. *Petraria.*) Dans le Lexique de Raynouard, on trouve *Peira,* pierre.

Perrons, *s. m. pl.* Gros blocs de pierres druidiques, erratiques ou autres qui se rencontrent en divers lieux. Ils sont d'ordinaire de la nature du poudingue siliceux.

Personnier, ère, *s. m.* et *f.* Compagnon, ami intime. (Du Cange. *Personarii.*)

> Brief, qu'en nulle chose de conséquence, et qui peut aporter réputation, ne laisse son frère derrière luy, ains le fasse son *parsonnier* et compagnon. (Amyot. OEuv. de Plutarque. *De l'amitié fraternelle.*)

Persoué, *s. m.* Pressoir.

Pesée, *s. f.* Peson, romaine.

Peson, ne, *adj.* Jumeau. Voyez *Besson*.

Pesserelle, *s. f.* Passerelle ou petit sillon entre deux autres, au fond des guérets.

Petasse, *adj.* Se dit d'un enfant bavard, tracassier, touche-à-tout.

Petasser, *v. a.* Tracasser, toucher à tout, manier sans cesse quelque chose.

Peteriau, *s. m.* Rejeton d'un arbre. — Étincelle d'un foyer.

> Je me boutis au coin du feu
>   Pour réguayer la braise
> Il en sautit trois *péteriaux*
>   Dedans mon escritouére
> J' crayas qu' c'étaint trois diabloteaux
> Qui s'en allaint avec ma piau.
>   (*Chanson mancelle*.)

Petite-église, *s. f.* Secte des anti-concordataires.

Petiter, *v. a.* Accoucher, mettre bas.

Peton, *s. f.* Petite fille qui s'agite beaucoup et se donne de l'importance pour ne rien faire.

Petonner, *v. n.* Marcher à petits pas.

Pétras, *s. m.* Homme gauche, dépaysé, qui ne sait comment se tirer d'affaire. Ce mot ne vient pas du tout d'*empêtré* ; c'est littéralement l'interrogation qu'adressent à des gens qui ne les comprennent pas et n'en sont pas compris, les paysans bretons ; on conçoit que quand ils sont hors de chez eux, cette situation leur donne un air embarrassé. *Pe tra,* en bas-breton, signifie *quoi? que ?*

Peûle, *adj.* Qui se divise facilement. Voyez *Pêle.*

Peurjet, *s. m.* Toit ou auvent qui *pourjette* (projette) l'eau en avant d'un bâtiment.

Pézan, ne, *s. m. et f.* Paysan. Voyez *Paisan.*

Piâcrée, *s. f.* Volée de coups (1).

Piâcrer, *v. a.* Rosser. De *Plangere,* qui signifie la même chose.

Piafût, *s. m.* Cornouiller. (Du Cange. *Pafustum.*)

---

(1) Voyez à *Pl* les mots qui ne se trouveraient pas à *Pi* suivi d'une voyelle.

Piancer, *v. a.* Se plaindre, gémir, pleurer. (RAYNOUARD. *Planch.*) Nous sommes bien près de *Plangere*, se plaindre.

Pianir, *v. a.* Aplanir. Voyez *Planir*.

Piâ-t-y ? *interrog.* Plaît-il ?

Piâtre, piautre, *s. m.* Gouvernail. Voyez *Peautre*.

Piaux, *s. m. pl.* Jeunes animaux, originairement jeunes pies.

> Les pies... feurent félonneusement occises... sans les femmes et petiz enfans, c'est-à-dire, sans les femelles et petiz *piaux*. (RABELAIS. *Pantagruel*, liv. IV, ancien prologue.)
>
> De la pie et de ses *piaux*. (BONAV. DESPÉRIERS. *Contes et Devis*. Nouv. LXXXIX.)

Pic, *s. m.* Fond de train. Aller à *pic de jevau*, c'est aller très-vite à cheval ; *a pic de chiens*, de vitesse de chiens en chasse.

Piche, *s. f.* Cruche à boisson. Voyez *Picher*.

Pichelin, eine, *adj.* Dolent, qui s'écoute.

Picher, pichet, *s. m.* Cruche à mettre la

boisson. (Du Cange. *Bicarium*, *Picarium*. — Raynouard. *Pichier*.)

> Chascun debuoir feist d'y porter
> Dont nous debuons noël chanter
> Pour la mère reconforter
> Des galettes
> Tartelettes
> Noyz, pommes, poires et noysettes
> Bon vin plain baril et *picher*,
> Que Joseph tenoit le plus cher.
> Nous deburions noël chanter.
>   (Biblioth. du Mans. N° 3657. *Vieux noël*.)

Pichon, *s. m.* Petit oiseau encore dans le nid.

Picoté, e, *adj.* Marqué de la petite vérole.

Piécot, *s. m.* Renoncule bouton d'or.

Pie-croix, *s. f.* Pie-grièche.

Piedcaud. Comme *Piécot*.

Pie-de-chien, *s. m.* Champignon de moisissure. Jean Rousson dit *nid de chien*. J'ai toujours entendu le mot clairement énoncé comme je l'écris; cependant, il faudrait peut-être dire *pisse de chien*, parce qu'on rencontre souvent ce champignon aux pieds des arbres, des murs etc., et autres lieux souillés par les chiens.

Piée, *s. f.* Pluie.

Pie-percée, *s. f.* Culbute, sens dessus dessous.

Pierre-fite ou fiche, *s. f.* Désignation d'un peulvan ou de la place qu'il a occupée.

Piessart, *s. m.* Piquet de bois, cepée d'épines ou d'autres arbustes servant à former une haie ou une *piesse*.

Piesse, *s. f.* Clôture en épines, haie; épines ou piquets destinés à ces clôtures, rameaux entrelacés pour le même usage. Du latin *Plexus*, entrelacement. La branche ou le piquet qui en fait partie se nomme aussi *plesse*, comme l'ensemble. (DU CANGE. *Plessa*. — RAYNOUARD. *Playssa*.) Voyez *Plesse*.

Piesser, *v. a.* Garnir une haie d'épines ou de *piessarts*.

Piétant, e, *adj.* Qualité d'une route ou d'un terrain sur lesquels on marche facilement; ce qui se travaille vite. Voyez *Épiéter*.

Piéter, *v. n.* Piétiner ; être *piétant.*

Piètre, *adj.* Boiteux. De *pied.*

Piétrasser, *v. n.* Boiter.

Pieumas, *s. m.* Plumeau. Voyez *Plumas.*

Pieumée, *s. f.* Pesée. Voyez *Plumée.*

Piger, *v. a.* Battre, rosser, malmener.

Pigner, *v. n.* Pleurer en criant. On disait *pigner* pour exprimer le bruit que fait un essieu mal graissé. (Du Cange. *Hugnare.*)

Pignoux, se, *adj.* Qui pleure aisément.

Pigocher, *v. a.* Fouiller avec un objet pointu, piquer, aiguillonner.

Pigousser, pigrasser, *v. a.* Pétrir la boue, la *pocrasser*, et surtout piétiner dedans ou dessus. Voyez *Pocrasser.*

Pigous, pigras, *s. m.* Boue, limon.

Pilate (terre de), *s. f.* Mauvaise terre, qui trompe celui qui la cultive.

Pillée, *s. f.* Rosse ; personne d'un mauvais caractère.

Pinche, pinge, *adj*. Mouillé, lissé et lavé avec de l'eau.

Pincher, pinger, *v. n*. Enfoncer ou plonger les pieds dans la boue ou dans l'eau. Ne serait-ce point venu de *pionger*, plonger? Ou bien faut-il recourir à *penchon* ou *penchun*, qui étaient les noms d'une trappe baignant dans l'eau, soit comme piége à poisson, soit comme vanne d'une écluse? Il serait peut-être, dans ce dernier cas, plus juste de dire que c'est à *pincher* qu'il faut rapporter *pinchon*. (DU CANGE. *Gordana, Panchon, Penchonia.*) *Pinger* s'entend encore de tout ce qui prend l'eau, comme une éponge, ou de ce qui la laisse passer, comme des chaussures percées.

Pingeux, se, pingouin, eine, *adj*. Se disent d'un enfant qui prend plaisir à mettre ses pieds dans l'eau ou dans la boue humide. *Pingeux*, en particulier, se dit d'un terrain qui prend aisément l'eau. Quant à *pingouin*, si quelque Manceau avait été chargé de baptiser l'oiseau plongeur qui porte ce nom, il ne lui serait pas venu à l'idée de lui en donner un autre.

Pingre, *adj.* Avare.

Pion, ne, *adj.* Ivre. Voyez *Piot.*

Piône, *s. f.* Pivoine.

Pionner, *v. a.* Griser, enivrer. Comme *Piotter.*

Pioquer, *v. n.* Jeter un objet juste dans un trou ou en l'air, de manière qu'en retombant il reste immobile dans l'enfoncement causé par son poids. (Dict. de Trévoux. *Poquer.*) C'est par onomatopée, à cause du son que rend l'objet au moment où il touche le sol. Voyez *Poqueter.*

Piot, te, *adj.* Ivre. Cet adjectif rappelle la vieille locution *humer le piot.* Le *piot* c'était le vin. Furetière fait venir ce mot du verbe grec *ptein,* boire.

Piotter, *v. a.* Enivrer, saouler.

Piôtre, *s. m.* Gouvernail d'un bateau. Voyez *Peautre.*

Pioux, *s. m. pl.* Jeunes animaux, jeunes pies. Voyez *Piaux.*

Pipe, *s. f.* Barrique contenant deux busses, ou de 4 à 500 litres. (Du Cange. *Pipa.*)

> En auons veu qui se donnoient à cent *pipes* de vieux diables. (Rabelais. *Pantagruel*, liv. II, Prologue.)

Pique, *s. m.* Fond de train. Voyez *Pic.*

Pique-chêne, piquer-le-chêne, *s. m.* Jeu de petits garçons qui consiste à faire la culbute en piquant la tête en terre.

Piqueron, *s. m.* Éclat de bois piquant.

Piquet, *s. m.* Empreinte sur le sol du pied d'un homme ou d'un animal.

Piqueter, *v. a.* Travailler la terre avec un outil pointu, un pic ou une pioche.

Piqueton, *s. m.* Piquette, petit vin.

Pirer, *v. a.* Ajuster ; mesurer une distance.

Pirette, *s. f.* Oie. Voyez *Pirot.*

Piroche, *s. f.* Petite bonde, cheville, petit bouchon.

Pirot, *s. m.* **Pirote,** *s. f.* Oie. Roquefort veut que *pirot* dérive du nom propre Pierre, suivant l'usage adopté, au vieux temps, de personnifier les animaux, comme Martin l'âne, Robin mouton, etc.

Pis, *adv.* Puis.

Pistale, pistole, *s. f.* Petit canon en sureau. Voyez *Canne-pétoire.* Le pistolet, dont la cane-pétoire est une copie, s'est nommé longtemps une pistole.

Pitaud, e, *s. m.* et *f.* Enfant trouvé, élevé à l'hospice ou mis en pension à la campagne.

Pitoé, *s. m.* Putois.

Pivâ, pivare, *s. m.* Pivert.

Plaçaige (1), *s. m.* Ce qu'on paye pour placer un cheval à l'écurie dans une auberge, quand on fournit soi-même la nourriture, ce que font presque toujours nos paysans. — Droit perçu par place de boutique ou de tête de bétail, dans les marchés.

(1) Une grande partie des mots commençant par *Pl,* se prononcent comme s'il y avait *Pi.*

Place (bonne), *s. f.* Désignation d'une église ou d'une chapelle en vogue pour les pèlerinages.

Plafus, *s. m.* Cornouiller. (Du Cange. *Pafustum*.)

Plaine, *s. f.* Plane (outil). (Du Cange. *Plana*.)

Planche, *s. f.* Mesure agraire pour les vignes.

Planir, *v. a.* Aplanir.

> Je veoyois les difficultez de mon entreprinse s'ayser et se *planir*. (Montaigne. *Essais*, liv. II, ch. xii.)

Plasse, *s. f.* Pelure ou bande de gazon.

Plateron, *s. m.* Pierre plate, soliveau plat.

Plauder, *v. a.* Peler, épiler. — Battre, rosser. (Du Cange. *Plaudare*.)

> Oultre cette secousse, j'en souffris d'aultres : ie feus *pelaudé* à toutes mains. (Montaigne. *Essais*, liv. III, ch. xii.)

Plesse, *s. f.* Clôture en branchages. (Du Cange. *Plaissia*, *Pleissicium*.) Ces branchages sont le plus souvent entrelacés, et c'est ce qui fait que *plesse* vient de *plexus* qui signifie entrelacement. Cependant, le nom de *plesse* s'étend aussi à d'autres clôtures, même à celles en échalas, et l'échalas lui-même se nomme quelquefois ainsi. Voyez *Piesse*.

Plesser, *v. a.* Faire ou réparer une plesse.

Plisse, *s. f.* Clôture. Voyez *Plesse*.

Plisse, *s. f.* Bande de gazon coupée à la pelle. Voyez *Pelisse*.

Plomb, *s. m.* Amande des fruits à noyau.

Ploux, se, plu, e, *adj.* Velu, poilu. Voyez *Peloux*.

Plumas, *s. m.* Plumeau. C'est le vieux mot *plumail* qui signifie aile d'oie ou d'autre volaille, et que notre prononciation rend ainsi.

> Ung chien qui emporte un *plumail*. (RABELAIS. *Gargantua*, ch. XXXV.)

> M'amye donnez leur mes beaulx *plumails* blancs. (Le même. *Ibid.* liv. IV, ch. XIII.)

Plumée, *s. f.* Peson, romaine. Dérivé de *plommée* ou *plombée*, petite boule de plomb ou d'autre métal servant de contre-poids. (DU CANGE. *Plumbatœ*.) C'est cette petite boule qui a donné son nom à notre instrument, et par suite à d'autres qui servent aussi à peser, bien qu'ils n'aient pas de plumée.

Pocaud, e, *adj*. Manchot. De *poque*, qui est poche ou sac, parce qu'un bras coupé, dans la manche nouée d'un vêtement, semble être dans un sac.

Pochon, *s. m.* Petit sac à la main.

Pocras, *s. m.* Boue sale et grasse, de nature à être *pocrassée*.

Pocrasser, *v. a.* Pétrir, manipuler quelque chose de sale. De *Pocre*.

Pocrassier, ère, *adj*. Qui touche à tout, qui se salit les mains, qui manie des choses grasses.

Pocre, *s. f.* Grande griffe, main. Doit avoir la même origine que *Poulcre* ou *Poulguar*. (RAYNOUARD sous *Polce*.) *T"as des pocres comme les siennes à la grand'bête.*

Pocrigner, *v. a.* Pétrir quelque chose de sale.

Pogane, *s. f.* Féminin de *pogant*, employé au figuré pour indiquer une injure qu'on vous décoche brusquement.

Pogant, au féminin **Pogane,** *adj.* Correspond au terme moitié familier, moitié injurieux, *animal.* On le fait le plus souvent précéder de l'adjectif *grand. Molliras-tu, grand pogant!*

Poignasser, *v. a.* Manier maladroitement ou salement.

Poinçon, *s. m.* Barrique un peu plus grosse que la *busse.*

Poire tapée, *s. f.* Poire séchée et aplatie. C'est l'objet d'un grand commerce dans plusieurs paroisses. Les espèces généralement employées à cet effet se nomment, dans le pays, de *Gérofle* ou *Giroufle* (c'est la meilleure), de *Milan,* de *Jouin,* de *Chelette,* etc.

Poiré, *s. m.* Cidre de poires. (Du Cange. *Pereius.*)

Pois-de-terre, *s. m.* Pomme de terre.

Pommé, *s. m.* Cidre ordinaire ou de pommes. (Du Cange. *Pomata.*)

Pomme de sapin, *s. f.* Cône du pin maritime.

Pommiau, *s. m.* Gras du mollet.

Poner, *v. a.* Pondre. Le participe passé est *ponu* ou *poni*, ce qui existait tout de même autrefois.

> Ces beaulz oyseaulx... retournent ilz plus iamais au monde où ils furent *ponuz*. (RABELAIS. *Pantagruel*, liv. V, ch. IV.)
>
> Oiseaulx sacrez..... qui *ponent* et esclouent leurs petitz. (Le même. *Ibid*. ch. VI.)
>
> Les cocques des deux œufs iadiz *ponnuz*..... par Léda. (Le même. *Ibid*. ch. X.)
>
> Ho, o, vous aurez menti, ie ne *ponerai* pas ius. (BÉR. DE VERVILLE. *Moyen de parvenir*. ch. LXXXVI.)

Poneuse, *s. f.* Pondeuse.

Ponoire, *s. f.* Oviducte des oiseaux.

Poquer, *v. n. Poquer* dans ses mains, c'est cracher dedans pour mieux saisir les objets.

Attanez, mes gas, que j'poque dans mes mains.

Poqueter, *v. n.* Jeter une boule ou un autre objet lourd et sujet à rouler, en l'air, de manière à ce qu'ils ne roulent que très-peu après être retombés. Le Dictionnaire de Trévoux dit *Poquer*. Voyez *Pioquer*.

Pôre, *s. m.* Porc. Quand on parle de ces animaux, on ajoute : *Sauf vot' respé, respé* *parlant, parlant par respé*, ou enfin *au respé de vous.*

Portoir, *s. m.* Hotte de vendangeur. (DU CANGE. *Semalis.*) Rabelais écrit *portouère,* comme on le prononce le plus souvent dans le Maine.

> L'unziesme..... une *portouère* d'or faicte à la mozaïcque. (RABELAIS. *Pantagruel*, liv. IV, ch. I.)
>
> Le isthme comme une *portoire.* (Le même. *Ibid.* ch. xxx.)
>
> Au Péru, ils couroient sur les hommes, qui les chargeoient sur les espaules à tout des *portoires.* (MONTAIGNE. *Essais*, liv. II, ch. xxII.)

Portoirée, *s. f.* Ce que peut contenir un portoir.

Posson, *s. m.* Marc de fruit, glandée, en général ce qu'on donne aux porcs ou ce qu'ils trouvent eux-mêmes pour leur nourriture; ce qu'on nomme *paisson* en bon français. (DU CANGE. *Paisso.*) Voyez *Pousson.*

Potaiges, *s. m. pl.* Plantes potagères ou fourragères cultivées en grand pour les animaux. (DU CANGE. *Potagium.*)

Pot, *s. m.* **Pote,** *s. f.* Petit trou creusé dans la terre.

Potin, *s. m.* Bavardage, cancan. Voyez *Potine*, ci-après.

Potine, *s. f.* Couvet, vase ou pot de terre cuite, qui remplacent le chauffe-pieds pour les femmes. Ce mot a probablement donné naissance au précédent; on aura remarqué que, quand plusieurs *potines* étaient réunies, les *potins* allaient leur train.

Potironée, *s. f.* Soupe ou ragoût faits avec du potiron.

Pouchette rousse, *s. f.* Usage qui existait encore il y a quelques années, et que je crois à peu près en désuétude maintenant. Lorsqu'un père et une mère mariaient leur dernier enfant, au bal de noces, ils dansaient ensemble la *pouchette rousse*, c'est-à-dire qu'en dansant ils jetaient à l'assistance des noisettes dont leurs poches étaient garnies à cet effet.

Poucier, *s. m.* Loquet plat et rond sur lequel on appuie le pouce pour ouvrir la porte. C'est, à bien peu de chose près, une targette.

Poue, *s. f.* Peur. On écrivait *paour*, et en supprimant l'*r*, suivant notre usage, on se trouve arriver à *poue*. (Du Cange. *Formidines.*)

Pouére, *s. m.* et *v. a.* Pouvoir. Voyez *Pouoir.*

Pouiller, *v. a.* Habiller. Le verbe *dépouiller* est un composé du nôtre. *Il est pouillé dans de belles hardes.*

Pouiller, *v. n.* Manger beaucoup.

Pouiller, *s. m.* Poulailler. (Du Cange. *Poulalleria.*)

> Aultrement soubz l'espérance de l'impunité, il n'y auroit *pouiller* qui n'arrestast vne armée. (Montaigne. *Essais*, liv. Ier, ch. xiv.)

> Tant de victoires et conquestes ensepvelies..... rendent ridicule l'espérance d'éternizer nostre nom par la prinse de dix argoulets et d'un *poullier*. (Le même. *Ibid.* ch. xxv.)

Poulaille, *s. f.* Volailles.

> Ho, ho, *poulailles!* faictes vous vos nidz tant hault. (Rabelais. *Pantagruel.* ch. x.)

> Il fut rapporté à monsieur le bailly que le Hère mangeoit les *poulailles*. (Bonav. Despériers. *Contes et devis*, Nouv. xxxi.)

Un vieux poète, Eustache Deschamps, a dit que pour se bien porter, il faut :

> Cler vin auoir, sa *poulaille* rostir.

Poulette, *s. f.* Petite ampoule, petite tumeur.

Pouoir, *v. a.* et *s. m.* Pouvoir. (ROB. ESTIENNE. *Pouoir.* — DU CANGE. *Posse.* 3.) Combien de fois n'a-t-on pas lu, dans les protocoles des anciens titres, « soubzmiz au *pouoir* et iurisdiction de nostre court. »

Poupelin, eine, *adj.* Qui est d'une recherche affectée dans sa toilette et dans ses manières, poupin.

Poupiau, *s. m.* Poupée de grosse filasse.

Poupin, *s. m.* Pépin.

Poupinière, *s. f.* Pépinière.

Pourfil, *s. m.* Profil.

> M. de Criqueville... dit... qu'il ne l'avoit veue que de *pourfil.* (TALLEMANT DES RÉAUX. *Historiettes,* ch. CDLXXVII.)

Pourfrire, *v. a.* Enduire, badigeonner.

Pourfris, *s. m.* Enduit fin, badigeon.

Pourgeine, pourginée, *s. f.* Progéniture, bande d'enfants. (DU CANGE. *Progenies*. — RAYNOUARD. *Progenia* sous *Progenies*.)

Pourginer, *v. a.* Engendrer. *I pourginant comm' des bêtes, un p'tit tous les ans.*

Pourjet, *s. m.* Projet.

Pourjet, *s. m.* Toit en saillie ou auvent qui projette l'eau en avant.

Pour pas. Locution par laquelle la particule négative *ne* se trouve supprimée, et l'adverbe *pas* placé de suite après la préposition *pour*, quelque soit la construction de la phrase. *Pour pas que j'aillegions* (pour que nous n'allions pas). Dans les us populaires français, il y a des exemples de la suppression de la particule *ne* : « faut pas le dire, dis pas ça; » mais cette transposition de l'adverbe *pas* n'appartient qu'au Maine, je le crois du moins.

Pourri, e, *adj.* Un usage singulier fait employer cet adjectif comme expression superlative. *Il est pourri bon, il est pourri riche.*

Je pense que cette expression est venue des fruits, quand ils sont bons et mûrs à en être pourris.

Pourrier, *s. m.* Grain de poussière, objet sale ou en débris qui traîne par terre. Voyez *Bourrier*.

Pourvente, *s. f.* Mélange de fruits, de grains et de légumes, que l'on donne aux bestiaux : c'est évidemmet *provende*. (Du Cange. *Providentiæ*.)

Pous, *s. m. pl.* Poussière ou balle de diverses espèces de graines.

Pousson, *s. m.* Marc de fruits, glandée, etc. On lit *posson* dans le *Dialogue des trois vignerons*. (Du Cange. *Pulsatorium*.) Voyez *Posson*.

Poutras, *s. m.* Poitrail, poutre qui se place comme voussure aux portes cochères ou aux devantures de boutiques.

Poutre, *s. f.* Jument. (Du Cange. *Poledrus*.)
On a dit non-seulement *poultre* pour une jument, mais aussi *poultrin* pour un poulain.

Pouvre, *ad.* Pauvre. (Du Cange. *Pauper*.)

Pouvreux, se, *adj.* Peureux.

Praë, *s. f.* Charogne. Au figuré, c'est un terme de mépris pour indiquer un homme ou une femme qui mènent une vie crapuleuse; c'est encore le nom d'un animal de rebut. L'adjectif *Prau* (de *pravus*) voulait dire, en langue romane, tout ce que *pravus* signifie en latin. (RAYNOUARD. *Prau.*)

Prée, *s. f.* Prairie.

> Heureux vieillard, désormais en ces *prées*
> Entre ruisseaux et fontaines sacrées
> A ton plaisir tu te reffreschiras.
>
> (CL. MAROT. *Première Églogue.*)

Premier que, *prép.* Avant que. (DU CANGE. *Primulé.*) *Que ton ouvrage soit faite, premier que d'aller courir.*

> Son pauvre mari, qui vit *premier* le corps de sa femme, qu'il n'en auoit sceu les nouvelles. (LA REINE DE NAVARRE. *Nouvelles*, IIe.)

Procure, *s. f.* Procuration.

Profiter, *v. n.* Grandir, croître.

Prouin, *s. m.* Provin. (ROB. ESTIENNE. *Prouin.*)

Proviser, *v. a.* Voir de loin un objet, chercher à le reconnaître, se faire une visière de la main pour mieux voir.

Puette, *s. f.* Petite cheville de bois avec laquelle on bouche les trous faits aux tonneaux.

Purjet, *s. m.* Toit saillant, hangar ou auvent qui projette l'eau en avant. (Vte DE GAILLON. *Bulletin du Bibliophile*, février 1858.)

Puron, *s. m.* Pustule.

Pus, *adv.* Plus.

Q

Quand et, quant et, *prép.* Avec. C'est quand il y a mouvement : autrement, on se sert de *o* ou de *ovec*.

> Nous emportons nos fers *quand et* nous. (MONTAIGNE. *Essais*, liv. 1er, ch. XXXVIII.)

> Le seigneur de Lescut emmena *quant et* luy le confesseur du duc de Guyenne. (COMMINES. *Mémoires*, liv. III, ch. XI.)

> L'estend mort dessus l'herbe, et l'amour *quant et* luy.
> (PH. DESPORTES. *Épitaphe de Maugiron*.)

> Alors les afaires mesme aportent *quand et* eux vn chastiment accompagné de repentance. (AMYOT.

OEuv. de Plutarque. *Comment on peut discerner le flatteur d'auec l'ami.*)

Il auoit le médecin *quant et* luy. (BONAV. DESPÉ-RIERS. *Contes et Devis.* Nouv. LXXXIIe.)

Le vin à sa vérité *quant et* soy. (*Moyen de parvenir*, ch. LXXV.)

Quanquala? Quand on joue à faire deviner combien on a d'objets cachés dans la main fermée, c'est ce mot que l'on adresse sous forme de question à l'autre joueur. On a dû dire dans l'origine et suivant l'ancienne forme : *Quantes y a là?*

Quarrie, *s. f.* Ciel carré des lits anciens.

Quarroy, *s. m.* Chemin, carrefour. (DU CANGE. *Quarrogium, Quarrum.*) Voyez *Carroé.*

Quart, *s. m.* Petite barrique contenant un quart de pipe ou une demi-busse.

Quartaut, quarteau, *s. m.* Petite barrique contenant un demi-quart ou une partie de quart.

Quarteron, *s. m.* On dit un quarteron de fagots, au lieu de vingt-cinq, parce que d'ordinaire on les compte par cent.

Quartier, *s. m.* Mesure agraire pour les vignes.

Quarzilleau, *s. m.* Petit seau à anse mobile dans lequel on donne à boire aux bestiaux.

Quasiment, *adv.* Quasi, à peu près, presque.

Que remplace *qu'il* dans les cas où le pronom *il* est employé d'une manière absolue et suivi soit du verbe *avoir,* soit des temps conservés du verbe *falloir.* Ainsi cette phrase : « Je suis sûr qu'il n'y en a pas assez, qu'il en faut encore, » se traduit par : *Je sai seur que n'y en a joé, qu'en faut core.* C'est la conséquence naturelle de l'usage manceau qui veut que *il* se supprime dans ces mêmes cas et avec ces mêmes verbes. Voyez *Il.*

Quedaine, *s. f.* Petite fille qu'on prend pour bonne d'enfants. Je pense qu'il faut rapporter ce mot à *quetin* ou *queton*, employés comme synonymes de *disant* toujours la même chose, ce à quoi sont contraintes les bonnes d'enfants.

Quède, *adj.* Tiède.

Quemander, *v. a.* (Prononcez *qu'mander.*) Commander. (Du Cange. *Rapoostare.*) De même pour tous les verbes composés de *comman-der*. La prononciation de ce mot et de ceux qui suivent, et ont d'ordinaire *com* pour première syllabe, fait souvenir que cette même syllabe était remplacée dans l'écriture par une abréviation ressemblant beaucoup à la lettre *q*. Ceci n'est encore qu'un rapprochement et nullement une conclusion.

Quemencer, *v. a.* (Prononcez *qu'mencer.*) Commencer. De même pour tous les mots composés de *commencer*.

Quement, *adv.* (Prononcez *qu'ment.*) Comment.

Quemode, *adj.* (Prononcez *qu'mode.*) Commode. De même pour tous les mots composés de *commode*.

Quenaille, *s. f.* (Prononcez *qu'naille.*) Tenaille.

Quenaille, *s. f.* Bande d'enfants.

Quenaillon, quenas, quenau, quenet, quenias, queniot, *s. m.* Enfant. Le mot le plus universellement employé est *queniot*. Tous ces mots ont une ressemblance prononcée avec *guenas*, *guenias, gnas,* qui ont la même signification, et qui semblent indiquer leur origine. Voyez *Guenas.*

Quenielle, *s. f.* Petite fille.

Quenillée, *s. f.* Plante aquatique. Voyez *Canetée.*

Queniôrie, *s. f.* Bande d'enfants.

Quenolle, *s. f.* Larynx, glande thyroïde. (Du Cange. *Cannolla.*)

Quenotte, *s. f.* Petite dent d'enfant.

Quenouille d'un lit, *s. f.* Colonne qui supporte les *carries* des anciens lits.

Que n'y ait. Qu'il n'y ait.

Quercir, *v. n.* Crever. (1).

Quérée, *s. f.* Mauvaise viande ; au figuré, femme de mauvaise vie. De *Caro.*

Quereller, *v. a.* Réprimander. *Mon père i m'a querellé.*

Querias, *s. m.* Criard, enfant.

---

(1) Beaucoup de mots commencent indifféremment en *Quer, Queur,* ou en *Cr* et *Cre.*

Queriateure, *s. f.* Jeune fille. *Alle aime bin à ét'quertée, la queriateure.*

Querier, *v. a.* Crier. De même pour tous les composés de *crier.*

> I' me minrant en fraction'
> Devant la citadelle,
> Eune grand broche à mon coûté,
> Un far creux sus l'épaule,
> N'eut i' passé qu'un chat par-là,
> Que fallait *querier* : Qui va là !
> (*Chanson du pays.*)

Querté, e, *adj.* Propre, bien mis. Voyez *Accrêter* et *Crêté.*

Quertelle, *s. f.* Laitue vivace. Voyez *Cretelle.*

Quervaison, *s. f.* Mort des animaux.

Queste, *s. f.* (L'*s* se prononce.) Diarrhée.

Queteinner, quetonner, *v. n.* Bégayer. Voyez *Aquetonner*, *Hoquetonner.* — *V. a.* Dire et répéter toujours la même chose. Ici, ce verbe a du rapport avec *Quédant*, qui, selon Borel, est la même chose que *disant.*

Quetin, queton, ne, *adj.* Bègue, qui embrouille ses mots, qui dit et répète toujours la même chose. Voyez ci-dessus.

Queu, queule, au féminin **Queule, queunne,** *pron.* Quel. Tradition de l'ancien usage qui faisait dire *lesqueulz* pour *lesquels*, et *teux* pour *tel*. (Du Cange. *Theuma.*) Quand le mot qui suit ce pronom commence par une consonne, c'est toujours *queu*, au féminin aussi bien qu'au masculin : *Queu temps! queu piée!* Quand ce mot suivant commence par une voyelle, le masculin motive l'emploi de *queul*, et le féminin celui de *queule* ou de *queunne* : *Queul einnocent! queunne einnocente!* Au pluriel, c'est *queux*, comme autrefois, pour tous les cas et tous les genres. Voyez *Eules* et *Lequeu*.

Queuque, *adj.* Quelque.

Queurieux, se, *adj.* Curieux, qui aime à planter et à bien tenir ses arbres fruitiers; soigneux de ses terres et de ses bestiaux. Voyez *Curieux*.

Queurô! queute! Jeu de cache-cache. On crie

l'un de ces mots, quand tout le monde est caché, à celui qui fait le loup. Ils doivent avoir été substitués à *quiers* et à *quête*, impératifs de *quérir* et de *quêter*.

Queusser, *v. n.* Gémir, se plaindre. Voyez *Cussoux*.

Queutre, *s. f.* Coudrier, noisetier.

Quiaë, *s. f.* Claie, petite barrière en épines (1).

Quían, *s. m.* Clan, petite barrière.

Quianche, *s. f.* Verrou de bois. Voyez *Clanche*.

Quiavelée, *s. f.* Vipérine (plante).

Quien, ne, *pron.* Le tien. De même pour tous les mots terminés en *quien*.

Quiendre, *v. a.* Tenir. *Je quiens, tu quiens, il quient*, nous tenons, vous tenez, ils *quiennent*. C'est bien la règle de prononciation que nous avons indiquée à la page 25 (lettre T). Il en est de même pour tous les composés du verbe *tenir*.

(1) Cherchez à *Cl* et à *Ti* les mots qui ne se trouveraient pas ici à *Qui*.

Quignon, *s. m.* Petit tas de fagots ou de gerbes, construit de manière à ce que le sommet soit anguleux ou à pignon. C'est ce sommet aigu qui lui a fait donner son nom. (DU CANGE. *Cornetum, Cugnus.*) — *Quignon* de pain se dit, par la même raison, d'un morceau coupé en pointe, dans la croûte.

Quillebot, *s. m.* Jeu auquel on emploie une quille seule. C'est mot à mot *quille boîteuse.*

Quinauder, *v. a.* Rendre quinaud, jouer un malicieux tour. On entend encore quelquefois ce vieux verbe dont il ne reste plus en français que l'adjectif.

Quincart, *s. m.* Jeu du tonneau. Le clincart était une monnaie flamande semblable sans doute aux palets de cuivre dont on se sert au jeu du tonneau. (DU CANGE. *Clicquardus, Quincarius.*) Voyez *Clincaillier.*

Quios, *s. m.* Clos, petit champ, enclos.

Quiot, *s. m.* Petite barrière, *clan, hachet.* Voyez ces mots.

Quiotiau, quiousiau, *s. m.* Cloteau, très-petit champ.

Qui s'entend. C'est-à-dire.

Qui touche mouille! Locution proverbiale indiquant, dans notre pays, une complicité, une solidarité. Dans certains jeux, notamment celui des petits palets, ce sont les termes consacrés pour dire que deux objets qui se touchent doivent être par cela même considérés comme à la même distance du but. Dans la chanson si populaire de Debraux, *Fanfan la Tulipe*, il y a :

> Si le roi m'app'lait dans les combats
> De nos jeun's soldats
> Guidant les pas
> J' m'écrirais :
> J' suis Français !
> *Qui touch' mouille !*
> En avant !

Quotatibi, *s. m.* Écot, quote-part. Voyez *Cotatibi*.

Quoue, *s. f.* Queue. Voyez *Coue*.

Quoutaison, *s. f.* Assolement. Voyez *Coutaison*.

R

Rabâter, *v. n.* Rabâcher, gronder sans cesse. Raynouard, sous *Rabasta,* assure que *rabâter* a été français dans le sens de *chamailler.* Du Cange le donne pour *lutiner.* (*Rabes.*)

Race, *s. m.* Mauvais sujet, canaille. C'est qu'on aura souvent employé le mot ordinaire *race*, en lui donnant un sens désavantageux, *queu race!* à moins que ce ne soit *Rauza*, lie. (RAYNOUARD.)

Raccoin, *s. m.* Recoin.

Râché, e, *adj.* Maigre, petit, languissant. De *racar*, dessécher, languir. (RAYNOUARD.)

Râchet, te, *s. m.* et *f.* C'est un petit terme d'amitié dont on se sert pour désigner un enfant, pour lui parler ou pour le gronder doucement, et qui est comme *petit fou, petit bêta. Racha*, dans le Vocabulaire de Chompré, est un fou, un homme léger d'esprit. Voilà qui nous ramène au fameux *racca*, que saint Matthieu nous indique comme une injure anathématisée par Notre-Seigneur lui-même.

Râclon, *s. m.* Gratin qui se forme au fond des casseroles.

Râcot, *s. m.* Geai. Cette onomatopée nous rapproche bien du latin *graculus*.

Racoui, e, *adj.* Mal cuit, qui s'affaisse ou se durcit à la cuisson. Voyez *Accoui*.

Radouille, *s. f.* Se dit de ce qui n'est plus bon à rien, d'un vieillard qui n'a plus sa tête. *Veille radouille !* De *radoter*.

Racrêter, *v. a.* Réparer le faîte d'une maison, la crête de quelque construction. — Réparer le désordre d'une toilette. Voyez *Accrester* et *Crêté*.

Raffier, *v. a.* Resemer, replanter, ramener à un état meilleur. Voyez *Affier*.

Raie (en). A côté l'un de l'autre, comme des sillons, ou autour d'un même point comme des rayons.

> Nous avons beau coucher en *raye*
> L'oreille au vent, la gueule baye.
> (VILLON. *Dialogue de Mallepaye et Baillevent.*)

En raie ou *en rais* (car ici je ne puis guère motiver ni préciser l'orthographe) veut dire encore *en moyenne*. — *J'ai soixante boussiaux en rais au journal*.

Raintier, *s. m.* Les reins.

Rais, e, *adj.* Ras. Employé spécialement dans tous les cas de mesurage au boisseau.

> Il se souciait aussi peu des *raiz* comme des tonduz.
> (RABELAIS, *Gargantua*, ch. XI.)

Raisiné, *s. m.* Boisson obtenue en jetant de l'eau sur des grappes de raisin. (DU CANGE. *Racemus.*)

Raize, *s. f.* Creux entre deux sillons. (DU CANGE. *Rasa.* — RAYNOUARD. *Rasa.*)

Ralle, *adj.* Rare, surprenant.

Raller, *v. n.* S'en aller, retourner. (DU CANGE. *Retornare.*) Ce verbe rappelle les vers récités par les deux anges qui déposèrent une couronne sur la tête d'Isabelle de Bavière, à son entrée à Paris.

> Dame enclose entre fleurs de liz
> Royne estes, ie le vous dis,
> De France et de tout le pays.
> Nous en *rallons* en paradis.
> (FROISSART.)

Ramée, *s. f.* Romaine ou peson en bois.

Ramender, *v. n.* Diminuer, baisser de prix. *Si n'on pouvait ramender nout' bal* (bail).

Ramer, *v. n.* Râler. Voyez *Romer*.

Ramiauler, *v. a.* Réjouir, réconforter, rendre amiable. *Ça m' ramiaule bin de vous voér.* Voyez *Amiauler*.

Ramille, *s. f.* Petite rame, petites branches d'arbres, très-petites bourrées. (Du Cange. *Ramilia*. — Raynouard. *Ramilla* sous *Ram*, 4.)

Ramognard, *s. m.* Ramoneur.

Rancœur, *s. f.* Rancune. (Du Cange. *Rancor*. — Raynouard. *Rancor* et ses dérivés.) *Pas pus d' rancœur qu'un aigneau.*

Rancuneux, se, *adj.* Rancunier.

Randouillée, *s. f.* Volée de coups. *Randon* indiquait la violence. (Du Cange. *Randum*. — Raynouard. *Randon* sous *Randa*, 2.) Voyez *Rendouillée* aux *Additions*.

Randouiller, *v. a.* Agiter l'eau avec la vase.

Râpe, s. f. Boisson faite avec de l'eau jetée sur du marc de fruits. La râpe est en bon français, on le sait, une grappe de raisin égrenée : c'est à elle que plusieurs crus de notre pays doivent leur nom de *Rapicot*.

Rapenti, e, adj. Se dit de frères, sœurs, beaux-frères, belles-sœurs ou autres parents très-proches, qui viennent à contracter une nouvelle parenté par suite d'alliance, et qui n'ont pas d'enfants de la première. *Rapenti* doit être une syncope de *rapparenti*.

Rapide, adj. Fortement enclin à un plaisir quelconque. *C'est un gas eune miette trop rapide à la baite.*

Rapir (se), v. réf. Se serrer, se ranger contre un mur, une haie, dans un coin, etc.; s'aplatir pour tenir le moins de place possible. *Rapis tai viquement à mont la haë.* De *repo*, ramper, se glisser. (RAYNOUARD. *Rapar* sous *Reper*.)

Râsière, s. f. Mesure pour les grains : elle n'est pas la même partout, mais le plus communément, elle contient 50 litres. Elle s'entend aussi d'un boisseau mesuré *ras*, par opposition au comble, qui contient plus haut que les bords. (DU CANGE. *Rassellus*, *Raseria*, *Resa*.) *Ras* était une sorte de mesure, suivant Raynouard, sous *Raire*, 2.

> Par ma fy..... je vous donneray six *rasières* de blé. — Parbleu, vous passerez par mes mains..... se ie n'ay douze *rasières*. (*Cent Nouvelles nouvelles*, Nouv. XLIIIe.)

Rataponner, *v. a.* Ramasser en boule, en tapon.

Râtiau, *s. m.* Le râteau de l'échine est l'ensemble des nœuds ou parties saillantes des vertèbres.

Raudir, *v. n.* Faire la vie, courir le monde, rôder.

> Elle auoit *raudy* et couru le pays, tant que du monde ne scauoit que trop. (*Cent Nouvelles nouvelles*, Nouv. LXXVIe.)

Ravenelle, *s. f.* Moutarde à fleurs jaunes, rave sauvage.

Ravois, *s. m.* Remue-ménage.

Ravouillaige, *s. m.* Action de *ravouiller*.

Ravouiller, *v. a.* Agiter l'eau avec la vase. Une *ravoille* était une grenouille. (Du Cange. *Ravola.*) — *Ravouiller* du vin, c'est remplir un tonneau de vin. — On dit encore *ravouiller* du vin, du lait, etc., quand on en ajoute quelque peu après la mesure faite.

Rayée, *s. f.* Moment où le soleil est très-chaud, ou bien quand il brille entre deux ondées.

Rebas, *s. m.* Abaissement, humiliation, ruine, diminution de forces. *C'est les grands fieuvres qui l'ont mins de rebas.*

Rebellu, *s. m.* Grosse farine qui tient le milieu entre la belle farine et le son. (Du Cange. *Rebuletum.*)

Rebinder, *v. a.* Recommencer.

Rebinder (se), *v. réf.* Se rebiffer.

Rebouetter, *v. a.* Reboucher un trou, un *bouet*, et par extension, faire une réparation ou restauration quelconques.

Rebouiser, *v. a.* Comme *rebouetter :* la conformation de ce mot semble annoncer qu'on l'a emprunté au vocabulaire des jardiniers, qui s'en servent pour indiquer qu'ils réparent les bordures de buis ou *bouis.*

Rebourcer, *v. a.* Hérisser, rebrousser le poil ou la plume, retrousser la peau ou les habits. (Du Cange et Chompré. *Reburrus.*) La langue française a gardé le substantif *Rebours.*

> Ne font-ils pas ces contes...... qu'ils s'en retourneroyent et *rebourseroyent* derechef en arrière d'euxmesmes. (Amyot. OEuv. de Plutarque. *De la face qui apparoît dans la lune.*)

Rebouteux, *s. m.* Vétérinaire de campagne, qui sert souvent aussi de chirurgien. Voyez *Mégéieux.*

Rebrasser, *v. a.* Retrousser, relever, rebrousser. (Du Cange. *Rebrachiatorium.*)

> Il faut *rebrasser* ce sot haillon qui cache nos mœurs. (Montaigne. *Essais,* liv. III, ch. v.)

Recaupir, *v. a.* Rastaurer, regaillardir, réchauffer, réjouir. *C'te rayée de soulei m'a tout recaupi.* Voyez *Requépir.*

Recéper, *v. a.* Recevoir un objet lancé. On ne peut pas plus approcher de *recipere.*

Récit, *s. m.* Éloge de quelqu'un. *On en fait bin du récit.*

Récionner, *v. a.* Goûter (repas). Voyez *Reissier.*

Reclus, e, *adj.* Rance, qui a goût de relent.

Reconduiseux, *s. m.* Maître de cérémonies, bedeau.

Recoqué, e, *adj.* Enfant venu longtemps après les autres; oiseau pondu le dernier ou le moins gros de sa couvée, resté en *coque.*

Recourcer, *v. a.* Retrousser un vêtement, rebrousser le poil ou la plume. (Du Cange. *Rebrachiatorium.*)

> Diogènes..... comme excité d'esperit martial..... *recoursa* ses manches iusques ès coubtes. (Rabelais. *Pantagruel,* liv. III, Prologue.)

Recourir, *v. a.* Secourir, délivrer. (Du Cange. *Rescuere.*) Il y a le vieux cri : *A la rescousse!*

> Il s'est veu..... le premier à *recourir* Théramènes que les trente tyrans faisoient conduire à la mort. (Montaigne. *Essais,* liv. III, ch. xiii.)

Récraire, *v. a.* Récréer, égayer. Le participe passé est *recrait* ou *recraié.*

Recrêter, *v. a.* Orner, parer, réparer le faîte d'un toit ou la crête d'un mur. Voyez Accrêter.

Recrue (de). Être de *recrue,* c'est manquer d'action ou de finesse, comme un conscrit. *Tu crais ça! Hélas! que t'es core de recrue!*

Refeint, refin, *s. m.* Fente ou défaut dans une pierre ou dans un morceau de bois, veine terreuse dans le marbre.

Refoui, *s. m.* Part qui revient à chacun, après un compte fait.

Refraidisson, *s. m.* Refroidissement du corps, pleurésie, *chaufroidie.*

Regancier, *s. m.* Églantier. Voyez *Arcancier.*

Reganciau, *s. m.* Comme *Regancier.*

Regardant, e, *adj.* Intéressé, avare.

Regricher, *v. a.* Résister ou répondre avec aigreur.

Regu, e, *part.* (Prononcez *r'gu.*) Participe passé du verbe *ravoir.*

Reguayer, *v. a.* Aiguayer. — Passer du linge

à l'eau froide. — Raviver le feu. *R'guaye-mon la braise.* Voyez la citation à *Péteriau.*

Rehaut, s. m. Progrès, enchère, amélioration.

Reintier, s. m. Reins.

Reissier, s. m. Collation (repas), heure à laquelle elle se fait, temps qui s'écoule depuis ce moment jusqu'au souper. Autrefois *ressiner.* (Du Cange. *Hora. 3, Recticinium.*) — V. a. Faire la collation : de *recœnare,* rediner, suivant quelques étymologistes. (Rob. Estienne. *Reciner.*)

Puis entrarent en propos de *reciner* ou propre lieu. (Rabelais. *Gargantua,* ch. v.)

S'il *rechinoyt,* c'estoit pieds de porc au sou. (Le même. *Pantagruel,* liv. IV, ch. xxxii.)

Vous dites qu'il n'est *ressiner* que de vignerons... De *ressiner* il s'est abstenu depuis qu'il eut sa forte colique. (Le même. *Ibid.* ch. xlvi.)

Comme i'ay veu en mon enfance les desieusners, les *ressiners* et les collations feussent plus fréquentes qu'à présent. (Montaigne. *Essais.* liv. II, ch. ii.)

Dans toutes les grandes maisons bien réglées, on faisait cinq repas, savoir : le matin des jours qu'on ne jeûnait pas, le déjeûner ; le repas de dix heures ou décimheure, par abréviation le déciner, par plus grande abréviation le dîner; le deuxième dîner ou le deuxième décimer, le redécimer, par abréviation le *rescimer*, le souper et le repas de la nuit. (MONTEIL. *Histoire des Français de divers états.* xive siècle, épître 82.)

Ainsi que je l'ai indiqué, *reissier* s'entend aussi pour le temps compris entre la collation et le souper. Faire une chose de *reissier*, c'est la faire pendant ce temps-là. *J'ai prins eune cheminse de reissier.*

Reisse, *s. f.* Grand panier en forme de coque de noix, muni à chaque bout d'un trou pour tenir lieu des anses. La syllabe *rest* ou *ret* est, en latin, la racine de plusieurs mots indiquant des objets qu'on peut entrelacer à mailles ou autrement, comme *rete* (rets, filet), *restis* (corde), *restellus* (herse dans Du Cange), et *retæ* (arbrisseaux aquatiques dans Chompré). Ces derniers, ainsi que les ronces, entrent principalement dans la confection de nos *reisses*.

Réiu, e, Participe passé du verbe *ravoir*.

Rejit, *s. m.* Rejeton.

Relaissé, *s. m.* Excréments d'une bête sauvage.

Relève, *s. f.* Grande éclisse que l'on enlève le long d'une pièce de bois brut lorsqu'on l'équarrit.

Relicher, *v. a.* Orner, parer. Au figuré, rosser.

Relicher, *v. a.* Manger ou boire avec gourmandise. Voyez *Lichoux*.

Relis, *s. m.* Rebord ou lisière d'un fossé.

Rembouter, rembeuger, rembouger, *v. a.* Rejoindre par les deux bouts, refaire un bout.

Reméieux, reméjeux, *s. m.* Vétérinaire de campagne (qui remet). Voyez *Méjéieux*.

Rémille, *s. f.* Menue branche d'arbre. Voyez *Ramille*.

Remué de germain, *adj.* Cousin issu de germain. (Du Cange. *Remutare*.) On disait jadis *remagier* pour proche parent. (Le même. *Ramagium*.)

Remuette, *s. f.* Action de remuer la terre, de la préparer à la pelle ou à la houe.

Remoulet, *s. m.* Motte de terre molle recouverte d'herbe, dans les eaux stagnantes, et sur laquelle il est dangereux de mettre le pied. Voyez *Mollets.*

Remoulette, *s. f.* Rotule du genou. Voyez *Moulette.*

Renâfier, *v. n.* Renifler.

Renâré, renâsé, e, *adj.* Fin, madré. De *nez* fin.

Renâselle, *s. f.* Grenouille. De *Rana.*

Renasquer, *v. n.* Renâcler. (FURETIÈRE. *Renasquer.*)

Renchaussement, *s. m.* Élévation d'un mur de bâtiment au-dessus du sol du grenier.

Renchausser, *v. a.* Rehausser un mur, relever la terre autour d'une plante. *Allons renchausser nos truffles.*

Rendoublé, e, *adj.* S'emploie superlativement et en mauvaise part. *Oh! la rendoubiée praë!*

Rendouiller, *v. n.* Agiter l'eau avec la vase ou avec du purin de fumier pour pratiquer des irrigations.

Renduire, *v. a.* Enduire.

Renferger, *v. a.* Remettre dans les fers, dans

les entraves. (Du Cange. *Disferrare*.) Voyez *Enferger*.

Renter, *v. a.* Rallonger une pièce de bois.

Renture, *s. f.* Pièce de bois qu'on *rente* au bout d'une autre.

Renverser, *v. a.* Vomir.

Repianir, *v. a.* Aplanir de nouveau.

Repigeonner, *v. n.* Repousser sur pied, recommencer. (Rob. Estienne. *Repigeonner*.)

Repigeonniau, *s. m.* Rejeton qui pousse sur les racines d'un végétal.

Réponer, *v. a.* Répondre. Le participe passé fait *reponu*. *Ah! ah! je gui ai bin reponu*.

Reporter, *v. a.* Ressembler. *On gui a tiré son pourtrait : ça gui reporte bin*.

Repusser, *v. a.* Repousser, c'est-à-dire, rejeter, pousser loin de soi, et non commencer une nouvelle végétation. (Du Cange. *Repedare, Repulsio*.) S'emploie le plus souvent en parlant des fusils qui se font sentir à l'épaule.

Repussiau, *s. f.* Branche ou tige d'arbre courbée de manière à faire ressort. On fait aussi de petits piéges, qui sont dits *repussiaux* par la même raison, pour prendre des merles ou d'autres petits oiseaux.

Réqué, e, *adj.* Rance, qui a odeur de relent. C'est *reclus*.

Requeper, *v. a.* Recommencer. Nous sommes bien près de *re* et de *cœpisse*.

Requépir, requeupir, *v. a.* Restaurer, réchauffer, rajeunir, fortifier. Ce verbe qui exprime une action opposée à la décrépitude, doit avoir la même racine que ce substantif, et je ne serais nullement surpris qu'on dise quelque part, dans ce pays, *réquerpir* (recrépir) employé dans le même sens que *requépir*; je ne l'ai cependant pas entendu.

Resâner, *v. a.* Réparer, recoudre, rhabiller. Voyez *Sâner*.

Résous, oude, *adj.* Résolu, gaillard, bien portant.

Ressaut (de), *loc. adv.* Lentement, mal.

Resse, *s. f.* Grand panier. Voyez *Reisse.*

Ressier, *v. a.* et *s. m.* Voyez *Reissier.*

Ressionner, *v. a.* Voyez *Reissier.*

Ressourdre, *v. n.* Sourdre.

Ressource, *s. f.* Source.

Retaille, *s. f.* Morceau de pain taillé très-mince pour mettre dans la soupe.

Retiron, *s. m.* Piquette que l'on retire du marc de fruits en jetant de l'eau dessus.

Retouper, *v. a.* Boucher, reboucher. (Du Cange. *Macula*, 2.)

Retrouer, *v. a.* Retrouver.

Reugler, *v. n.* Vomir, avoir mal au cœur, faire le bruit que causent les efforts pour vomir ; râler. (Raynouard. *Rauguelhar* sous *Rauc*, 8.)

Réver, *v. n.* Causer en gesticulant en *à parte.*

Revêtis, *s. m.* Enduit, badigeon.

Révoux, se, *adj.* Qui cause tout seul.

Rhabiller, *v. a.* Remettre un membre cassé.

Rhabilloux, *s. m.* Chirurgien ou vétérinaire.

Rhumer, *v. a.* Renifler.

Ribergère. Dans plusieurs paroisses, le dimanche de la *Ribergère*, qui est le quatrième de Carême, les jeunes gens des deux sexes et les enfants s'amusent à faire rouler des œufs durs sur un terrain en pente, et se précipitent après, se les disputant à la course ou à la dégringolade, comme on voudra. Ces jeux amènent nécessairement toute la population de la paroisse sur le lieu qui leur sert de théâtre. On trouve dans Du Cange *Riber* pour *folâtrer*, sous *Ribaldisare*. Cette étymologie, si elle est la bonne, aurait assez de rapport avec le nom liturgique de ce dimanche dit de *Lœtare*. Le dimanche et le jeudi de la Ribergère sont des époques auxquelles il est assez d'usage d'embaucher les alloués.

Ricard, ricas, *s. m.* Geai. Onomatopée comme *Râcot*.

Ric-à-ric, *loc. prép.* et *adv.* Bord à bord, à côté l'un de l'autre.

Chantons, saultons et dansons *ric-à-ric*.
(Cl. Marot. *Ballade de Noël.*)

Ridé (sable). Celui que l'eau a entraîné, lavé et assis par couches ou rides l'une au-dessus de l'autre.

Rifaige, *adj.* Revêche, mal-endurant, maussade.

Riffle, *s. f.* Maladie cutanée des enfants, espèce de gourme. On disait *raffle* suivant Du Cange. (*Raffla.*)

Rifort, rifô, *s. m.* Rave tortillée. *Rifôre frais! rifô!* cri des marchandes de radis ou de raves.

Riles, rillettes, *s. f. pl.* Viande d'oie ou de porc hachée, cuite et conservée dans sa graisse. (Du Cange. *Rielle.*)

> Je vous enuoyeray du *rillé* en vostre chambre.....
> je vous enuoyeray du *rillé* en vostre maison. (Rabe-
> lais. *Pantagruel,* liv. III, ch. xxx.)

Rillots, rilons, *s. m. pl.* Comme ci-dessus.

Rimer, *v. n.* Faire le plaisant.

Rimeux, se, *adj.* Qui cause gaîment, qui aime à goguenarder les autres.

Rimoulets, *s. m. pl.* Mottes de terre molles

recouvertes d'herbes et à cause de cela dangereuses, qui se rencontrent dans les eaux stagnantes ou les marais. Voyez *Mollets*.

Rincien, *s. m.* Siége, selle ou bât formés avec de la paille dans une poche pliée en deux.

Rinssier, *s. m.* Collation (repas). Voyez *Reissier*.

Rion, *s. m.* Rayon.

Rocanet, *s. m.* Piquette, mauvais cidre.

Rolleau, *s. m.* Rouleau.

Roller, *v. a.* Rouler. *Roller* son lit, c'est le faire.

Romasson, *s. f.* Râle, mucosités qui font respirer avec bruit quand elles sont dans les fosses nasales. Ce doit être une onomatopée.

Romer, *v. n.* Râler. (COTGRAVE. *Rommeler.*) Montaigne dit aussi *Rommeller*.

> Ceux que nous veoyons ainsi renuersez ou blecez en la teste, que nous entendons *rommeller*. (*Essais*, liv. II, ch. VI.)

Romionner, *v. n.* Murmurer, respirer avec force et avec bruit. Raynouard donne *Romiar* pour *Ruminer*.

Rompûment, *adv.* Un marché fait rompûment est celui par lequel on vend ou l'on achète, sans s'arrêter à mesurer ou à détailler.

Ronbler, *v. n.* Monter le long d'un arbre.

Ronchoir, *s. m.* Arbre ébranché de manière à ce qu'il reste des bouts de branches qui font l'effet d'épines à une ronce. D'où son nom. — Pieu garni de chevilles pour mettre sécher des bouteilles.

Ronde de chaume, *s. f.* Chaume amassé par le pied du faucheur le long des sillons, à mesure que la faux le coupe.

Roquet, *s. m.* Camisole. (Du CANGE. *Rochetum.* — CHOMPRÉ. *Rocchetum.*) On voit que c'est le même mot que *rochet*, surplis.

Rote, *s. f.* Sentier.

Rotuangier, ère, *adj.* Qui a l'infirmité de roter souvent.

Roturanger, *v. n.* Répéter ou recommencer souvent la même chose.

Rouauder, *v. n.* Miauler, pousser des cris qui ressemblent à des miaulements.

Rouaudir, *v. n.* Faire la vie, courir le monde. Voyez *Raudir*.

Rouaux, *s. m.* Matou.

Rouche, *s. f.* Motte couverte de jonc ou de roseaux dans les marécages, et sur laquelle il est dangereux de poser le pied. Voyez *Rousse*.

Rouche-croûte, *s. m.* et *f.* Faiseur de mariages. Le terme est expressif.

Roucher, *v. a.* Ronger.

> Or est grand pidé de sa pauure couche
> De l'autre costé a in beuf qui *rouche*.
> (JEHAN DANIEL organiste dit maistre Mitou. *Noelz nouueaulx*.)

Rouchet, te, *s. m.* et *f.* Petit enfant, parce qu'il *rouche* ce qu'il trouve.

Rouelle, rouette, *s. f.* Petite roue.

Rougeais, *s. m.* Bœuf de couleur rouge. Voyez *Beu*.

Rouget, *s. m.* Petit insecte. Voyez *Célot*.

Rouincer, *v. n.* Pousser des cris aigus, comme les petits cochons.

Rouisson, rouissoir, *s. m.* Routoir au chanvre.

Rousselé, e, *adj.* De couleur rousse.

Rouseret, rouseriau, *s. m.* Petit quadrupède carnassier de couleur rougeâtre et du genre des furets. *Roserula* dans le Vocabulaire de Chompré.

Rousine, *s. f.* Résine. (Du Cange. *Gema.* — Raynouard. *Rozina.*)

Rousse, *s. f.* Motte recouverte de roseaux ou de joncs dans les marais. Il est dangereux d'y mettre le pied. Ce mot rappelle notre manière de prononcer *roseau*, c'est-à-dire *rousiau*. Il y a *Roussière* dans Du Cange, sous *Roseria*.

Roussir, *v. a.* et *n.* Amaigrir, devenir rosse, affaiblir.

Rouster, roustir, *v. a.* (L's se prononce.) Rosser, détériorer, détruire. (Du Cange. *Rostum.*) *J'te vas rouster.* Ce verbe indique encore que l'on est perdu, sans ressource. *Pas l'sou ! n'on é rousti.*

Royne, *s. f.* Reine. C'est le vieux mot tout pur. Une femme étant toujours désignée par le nom féminisé de son mari, la *Royne* est nécessairement le nom de toutes les femmes qui ont épousé un *Leroi*. Je ferai observer ici que les noms propres qui, comme celui-ci, sont de véritables substantifs, se déclinent tout à fait. On dit : *au Roé* ou *au Rai, au Viau, au Chat*, etc., et non *à Leroi, à Leveau, à Lechat*, etc. Ce dernier aurait pour femme *la Chatte;* cependant les noms propres substantifs ne se déclinent pas tous à ce point, et on dirait *la Legrand, la Legris,* etc.

Rubeline, rubitis, *s. m.* et *f.* Rouge-gorge.

Ruette, *s. f.* Ruelle.

Rumer, *v. a.* Râler, aspirer fortement par le nez. Voyez *Romer*. — Renifler ou *rhumer;* de *re-humer*.

Rusiniot, te, *adj.* Rustre, bêta, lourdaud.

Rusmatique, *s. m.* Rhumatisme. — *Adj.* Qui est sujet aux rhumatismes.

Russe, *s. f.* Plante sauvage qui participe de la rave sauvage et de la moutarde. Elle pousse principalement parmi les céréales et dans les jardins.

Russer, *v. a.* Relever les cheveux du front sur la tête, arracher un objet en le redressant. Voyez *Érusser*.

S

Sabot, *s. m.* On dit d'une fille qui s'est laissée séduire, qu'elle a *cassé son sabot*.

Sâcer, *v. a.* Arracher en donnant des secousses ou des oscillations, et avec tiraillements. (Du Cange. *Housia, Saccare*.)

Sacher, *v. a.* Arracher brusquement, secouer; à peu près la même signification que ci-dessus. (Du Cange. *Saccare*.)

Sacre, *s. m.* Fête-Dieu. (Du Cange. *Sacrum*, 3.)

Or, notez que le lendemain estoit la grande feste du *Sacre*. (Rabelais. *Pantagruel*, liv. II, ch. xxii.)

Sacrement, *s. m.* C'est à la messe, le moment de l'élévation, et au salut, celui de la bénédiction. (Du Cange. *Sacramentum*. — Raynouard. *Sagrament* sous *Sagrar*, 5.)

Sai (je). Je suis, indicatif du verbe *être*.

Sainer, saineur. Voyez *Sâner, Sâneur*.

Sairai (je). Je saurai, futur du verbe *savoir*. Le conditionnel se dit de même *je sairais*.

Sâner, *v. a.* Châtrer, guérir, rhabiller. (Du Cange. *Sanare.* — Ménage. *Saner.* — Raynouard. *Sanar* sous *San.* 7.) Voyez *Sâneur, Sener* et *Seneur*.

Sâneur, *s. m.* Vétérinaire, affranchisseur. (Raynouard. *Sanador* sous *San.* 6.)

Ce mot qui signifie littéralement *guérisseur*, s'applique tout spécialement aux vétérinaires sans diplôme, qui habitent la campagne, et qui sont ceux pour lesquels nos paysans ont le plus de sympathie, tendance qui s'explique par cela qu'ils les connaissent plus intimement que le vétérinaire légal qui habite la ville, et encore par le talent réel que l'expérience, à défaut de théorie et de science, donne à quelques-uns d'entre eux. C'est aussi le *mégéieux*, le *rebouteux*, etc.

Sâner et *saneur* peuvent encore, outre *sanare*,

avoir *saigner* pour origine. Voyez *Sener* et *Seneur*. (RAYNOUARD. *Sangnar*, *Sannador* sous *Sang*. 3 et 4.)

Sur les confins de deux paroisses, Notre-Dame-de-Torcé et Lombron, se trouve un carrefour célèbre dans le pays, à cause de la *fosse aux saneurs*. Ce nom lui est venu de ce qu'à une époque déjà reculée, deux artistes de cette profession se battirent en duel dans cet endroit, s'y tuèrent mutuellement et y furent enterrés. Depuis lors, pendant la nuit qui suit l'anniversaire du drame, la fosse est béchée et sarclée, sans que personne ait pu jamais voir un des êtres mystérieux qui se sont imposé ce soin de génération en génération : aussi, tout le monde ne croit pas que ce soit l'office d'un simple mortel. Comme, au vieux temps, les saneurs passaient quelque peu pour sorciers, celui auquel ils étaient réputés s'être donnés corps et âme, devait tout naturellement intervenir dans la conservation d'un monument qui recèle une partie de sa propriété.

Sang-sue, *s. f.* Rigole pour retirer l'eau.

Sapinette, *s. f.* Feuilles du pin maritime; on les ramasse pour chauffer le four.

Saquer, saqueter, *v. a.* Secouer vivement, arracher brusquement quelque chose, une arme du fourreau, un objet des mains d'autrui. (Du Cange. *Saccare.*)

Sarché, e, *adj.* C'est une expression décente destinée à remplacer un jurement : car, dans son sens ordinaire et convenable, l'adjectif *sacré* n'a pas de remplaçant.

Sarches, *s. f. pl.* Bois très-minces qu'on place par-dessus le linge dans le cuvier à lessive. (Du Cange. *Serchellum.*)

Sarge, *s. f.* Serge. (Du Cange. *Sarga.*)

> Il monte après (le lit), défait le beau pavillon de *sarges* de diverses couleurs. (Bonav. Despériers. *Contes et Devis,* Nouv. viiie.)

Sarger, sargier, *s. m.* Qui fait de la serge.

Sarqueul, *s. m.* Cercueil. (Rob. Estienne. *Sarcueil.* — Du Cange. *Platonœ, Sandapila* sous *Sandapelo, Sarcophagus.*)

Sasser, *v. a.* Arracher brusquement, secouer vivement. (Du Cange. *Saccare.*)

Saûnière, *s. f.* Boîte au sel : elle se fixe au mur près de la cheminée.

Saut (de), *loc. adv.* Trop vite, de plein saut, brusquement. *Faut point aller trop de saut.*

Sauve, *s. f.* Abri, refuge, cache. Dans les jeux de petits garçons, la *sauve* est le but qu'il faut atteindre pour ne pas être pris.

Sceier, *v. a.* Scier, couper à la faucille : on sait que celle-ci a le coupant en dents de scie. (Du Cange. *Secatura.*)

Sceieur, euse, *s. m.* et *f.* Qui scie du bois ou qui *sceie* du blé. (Du Cange. *Selio.*)

Scionner, *v. a.* Donner des coups de scion.

Sciot, *s. m.* Mauvaise scie.

Secouée, *s. f.* Secousse.

Se fait-i ? *interrog.* Que voulez-vous ?

Seille, *s. f.* Seau. (Du Cange. *Bibere.* — Raynouard. *Seilla* sous *Selh.*)

Seilleau, *s. m.* Petite seille, seau de ferblanc pour mettre le lait.

Seillée, *s. f.* Ce que peut contenir une seille. (Du Cange. *Selha.* — Roquefort. *Selge.*)

Seiller, *v. a.* Couper à la faucille. Voyez *Sceier*.

Seilleur, euse, *s. m.* et *f.* Scieur ou *sceieur*. (Du Cange. *Selio.*)

Seillieur, *s. m.* Boisselier.

Seillon, *s. m.* Sillon. (Rob. Estienne. *Seillon.*) Le sillon du Maine est étroit et relevé, forme dite à *billon* (et non à *pignon*, comme on me l'a fait dire une fois). Le sillon large et plat, au-delà de la Ferté-Bernard, se nomme *planche*.

Seillonner, *v. a.* Courir sur les sillons, de crête en crête.

Sein, seing, *s. m.* Grain de beauté. Voyez *Sing*.

Seiner, *v. a.* Signer. On fait sentir la syllabe *ein* en prononçant ce mot et ceux qui suivent.

Seinner, seinneur. Voyez *Sâner*, *Sâneur* et *Séner*.

Seinnot, *s. m.* Petit insecte. Voyez *Célot* et *Sénot*.

Selle, *s. f.* Petit banc pour s'asseoir ou battre le linge quand on le lave ; pour *aller à la selle*.

Sélot, *s. m.* Petit insecte. Voyez *Célot* et *Sénot*.

Senard, senas, *s. m.* Mauvais plancher. (Du Cange. *Solarium.*)

Sénegrain, *s. m.* Cresson alenois.

Séner, *v. a.* Châtrer. Voyez *Sâner, Saneur*, etc. Des Périers ou Jacques Pelletier placent ce mot dans la bouche d'une bonne femme du Maine, adressant une requête au cardinal Philippe de Luxembourg, évêque du Mans. (*Contes et Devis*. Nouv. xviie.) Béroalde de Verville l'emploie aussi. (*Moyen de parvenir*, ch. xxix.)

Séneur, *s. m.* Affranchisseur. Les fonctions de ces opérateurs rustiques, qui ne consistaient d'abord qu'à *affranchir* les animaux domestiques, ont fini, avec le temps, par s'élever à celles de véritables vétérinaires. Voyez *Sâneur*.

Sénot, *s. m.* Petit insecte de la famille des tiques et dont j'ai donné la description, à l'article *Célot.* On prononce souvent la syllabe *sé* comme *sein* dans *sénot*, ce qui rapproche ce mot de *cincenaud* ou *sincenaud*, qui était le nom d'un autre insecte d'un commerce aussi peu agréable, à savoir le cousin. (Du Cange. *Zinzala.*)

Sensément, *adv.* A peu près, certainement, c'est-à-dire.

Sente, *s. f.* Odeur.

Sente, *s. f.* Sentier. (Rob. Estienne. *Sente.* — Du Cange. *Senterium.*)

> Ils disent qu'il n'y pas vne *sente* toute droite pour descendre partout au dedans. (Amyot. OEuv. de Plutarque. *Quels animaux sont les plus aviséz.*)
>
> Mais sans bouger va en obscure *sente*
> Cacher mon dueil.....
> (Cl. Marot. *Rondeau par contradiction.*)

Sentine, *s. f.* Fruit ou baie de l'airelle ou myrtille. L'arbuste en porte aussi le nom.

Sentu, e, *part.* Participe passé du verbe *sentir.*

Séquas, *s. m.* Sequelle.

Sequier, *s. m.* (Prononcez *s'quier.*) Setier.

Serdreine, *s. f.* Sardine.

Sermeau, *s. m.* Grande serpe. (Du Cange. *Cerminiculum, Ferramentum.*)

Serpier, *s. m.* Grande serpe. (Du Cange. *Sarpia.*)

Seu, *s. f.* Soif.

Seu, *s. m.* Sureau. (Du Cange. *Maïum, Sambussus.*) Voyez *Sû.*

Seuberiot, te, seubre, *adj.* Gourmand et surtout ivrogne; qui téte avidement. Voyez *Suberiot.*

Seubier, *v. a.* Siffler. Voyez *Sibier* et *Subier.*

Seubiet, *s. m.* Sifflet. Voyez *Sibiet.*

Seule, *pron. f.* Celle, féminin de *celui.* Voyez *Ceule.* Comme on dit *à la seule fin* pour *afin,* il se pourrait que ce fût, dans ce cas, le féminin de *seul.*

Seur, *s. m.* Sureau. Voyez *Seu.*

Sibier, sibler, *v. a.* Siffler. Nous avons encore ici conservé le souvenir de l'origine latine, *sibilare.* Les autres verbes *seubier, subler* et *subier* ne présentent qu'un léger changement de prononciation.

Il *sible* ses bœufs pour les arrêter. (Bonav. Despériers. *Contes et Devis,* nouv. lxxie.)

Sibiet, siblet· *s. m.* Sifflet. Voyez *Sibier* ci-dessus, et *Subiet*.

Sicot, *s. m.* Chicot de dent; tige sans branches.

Sien (le), *pron.* Celui. *Le sien qui a fait ça.*

Sier, siéter, *v. a.* Asseoir. *Siètes* est la deuxième personne du pluriel de l'indicatif de *siéter*. *Sièt' vous don' icite.* (Asseyez-vous donc ici.)

> Les gens de pied lacédémoniens ne pouvant ouvrir la phalange persienne, s'advisèrent de s'escarter et *sier* arrière. (Montaigne. *Essais*, liv. Ier, ch. xii.)

Sieute, *s. f.* Suite. — *De sieute*, de suite. (Du Cange. *Secta*, 12.)

Sieute, *part. f.* Participe passé féminin du verbe *suivre*, que nous disons *suir*.

Sieuvre, *v. a.* Suivre. *Siévyr* dans Du Cange, sous *Sequi*.

> Père aux écus, allez devant
> J'allons vous *sieuvre* dans l'instant.
>   (*Noël manceau.*)

Sinard, sinas· *s. m.* Mauvais plancher, fait avec des gaules. (Du Cange. *Solarium*.)

Sing, *s. m.* (Prononcez *sin.*) Verrue ou petite tache noire du visage, que l'on appelle aussi *grain de beauté.* J'écris ainsi *sing,* dans la croyance où je suis, que ce mot est exactement *signe (signum).* Le mieux serait encore *seing.* Suivant notre prononciation, nous avons dû dire d'abord *singne,* et nous avons fait ensuite une apocope.

Siner, *v. a.* Signer.

Sinton, *s. m.* Céton.

Siocler, sioquer, *v. n.* Se dit des sabots dans lesquels les pieds sont trop à l'aise, et qui font, par conséquent, du bruit à chaque pas. On dit de même, par extension, des meubles ou autres objets dont les parties sont mal assemblées, désunies, etc., et qui produisent un bruit analogue à celui des sabots. De *Soquet,* sabot, qui nous a donné les *socques,* et qu'on retrouve dans Du Cange, sous *Soqua.*

Si-piaît. S'il vous plait.

S'ment, *adv.* Seulement. Nous ne nous en servons pas comme on le fait d'ordinaire ; il est, avec nous, synonyme de l'adverbe *même*. *T'irais s'ment pas sque-là. T'en donnerais s'ment pas un.*

Soigner, *v. a.* Préoccuper, contrarier.

Soin, *s. m.* Angoisse, inquiétude, contrariété. (Du Cange. *Essonium* sous *Sunnis.*) *Avoir du soin, être en soin, prendre du soin,* tout cela veut dire qu'on a ou qu'on se donne du tourment. *Essoine* était synonyme d'angoisse.

> Pierre Esbailart à Sainct Denis
> Pour son amour eut cette *essoine*.
> (Villon.)

Mais quoy! il n'a pas grand *essoine* à comprendre les sacrifices. (Cl. Marot. *Temple de Cupido.*)

Solaiger, *v. a.* Soulager.

Soleiger (se), *v. réf.* Se prélasser au soleil.

Soldart, *s. m.* Soldat. On dit encore partout *soudart.* (Du Cange. *Solidarius* sous *Solidata.*)

> Celui qui sent de Mars sa poitrine échauffée
> Ne pallit estonné pour la peur des hazars
> Mais voit devant ses yeux, par les rangs des *soldars*,
> La mort.
> (Ph. Desportes. *Amours d'Hippolyte. Élégie.*)

. . . . Fièrement marchèrent
Vers moy de front dessoubz ses estandars
Bien trois cens mil piétons hardis *souldars*.
(Cl. Marot. *Jugement de Minos*.)
Les mouches qui flottoient en guise de *soldars*.
(Regnier. *Satyres*. x°.)

Solier, *s. m.* Étage, hauteur d'étage, poutrelle qui se place en encorbellement, grenier. (Rob. Estienne. *Solier*. — Du Cange. *Solarium*. — Raynouard. *Solier* sous *Sol*, 4.)

Deuant ledict logis des dames..... estoyent..... les bains mirifiques à triple *solier*. (Rabelais. *Gargantua*, ch. lxv.)

Incontinent, le feu se print à la paille, de la paille au lict, et du lict au *solier*. (Le même. *Pantagruel*, liv. II, ch. xiv.)

Sommetière, *s. m.* Cimetière.

Songer (se), *v. réf.* Songer.

Sorne, *s. f.* Scorie de fonte.

Sorner, *v. a.* Éplucher, nettoyer, écumer, rogner.

Souâpe, *s. f.* Femme de mauvaise vie. De *Soana*, rebut? (Raynouard. *Soan*.)

Souâper, *v. n.* Mener une vie débauchée.

Souâtage, *s. m.* Communauté d'intérêts, association de travail. Le *souâtage* représente principalement la possession commune d'une charrue par plusieurs cultivateurs, et l'aide qu'ils se donnent mutuellement, soit en se prêtant leurs chevaux, soit autrement, pour que cette charrue puisse servir aux uns et aux autres. Ce mot vient de *Soiste,* société. (Du Cange. *Soistura.*)

Souâter, *v. n.* Se réunir plusieurs pour faire valoir la même terre, posséder en communauté les mêmes instruments de labourage. On le dit encore d'un homme et d'une femme unis par des liens illicites, etc. Voyez *Assouater,* aux Additions.

Souater, *v. a.* Épier et rechercher les invitations. Ici ce doit être *Souhaiter.*

Souater, *v. a.* Guetter pour voler.

Soubaud, e, *adj.* Qui dort toujours, paresseux, qui mange son bien tout seul sans en faire part aux autres. Peut-être faut-il rapporter ce mot à *Sorbillator,* comme *Subcriot,* ou à *Sus?*

Soucié, e, *adj.* Triste, soucieux.

Soucier, *v. a.* On se sert de ce verbe principalement sous cette forme : *Ça me soucie, c'est bin souciant* de faire telle chose, et cela veut dire : *Ça m'ennuie, ça me contrarie de,* etc. On trouve dans le Glossaire de Du Cange, sous *Montare*, 3, le verbe *soussier* employé, comme le nôtre, dans le sens actif.

Soue, *s. f.* Étable aux porcs. (Du Cange. *Sudis.*— Dict. de Trévoux. *Souer.* — Ménage. *Génital.*) En français, on en a fait *souille* pour dire la bauge du sanglier. Tous ces mots viennent de *Sus,* porc.

> Le fils du roi passa
> Il m'a tant regardée,
> Dans la *soue* aux cochons
> Il m'a tant bousculée
>   Ah ! ga !
> Ah ! la voilà la mariée !
>   Ah ! la voilà !
>   (*Chanson du pays.*)

Sougouillère, *s. f.* Aide de cuisine, etc. Voyez *Sourcouillère.*

Soui, *s. m.* Litière du porc, ordures.

Souille, *s. f.* Taie d'oreiller, petit sac.

Soûle, *s. f.* Petit ballon ou grosse balle à jouer. (Du Cange. *Choulla*, *Houla*, *Soula*.) On retrouve par-ci par-là des traces du jeu de ce nom ; il consistait à se diviser en deux camps pour se disputer la possession de la soûle. Il est dans toute sa vigueur en Basse-Bretagne, et est la cause de luttes très-vives entre les paroisses qui se défient à cette occasion. La *soule* est mentionnée par Rabelais au nombre des jeux de Gargantua. (*Gargantua*, ch. XXII.) Dans l'article du *Musée des familles*, déjà cité au mot *Branlons*, il est question de la *chaulle*, grosse pelote qu'on s'amuse encore à jeter, en Normandie, aux passants, ou pour mieux dire, sur les passants.

Soûnière, *s. f.* Boîte au sel. On l'accroche au mur près de la cheminée.

S'ou-piaît. S'il vous plaît.

Soupleur, *s. f.* Souplesse.

Sourcouillère, sourcouquière, *s. f.* Femme qui aide à la cuisine, qui est chargée des détails infimes d'un ménage, laveuse de vaisselle, etc. De *Sub*, sous, et *Coquus*, cuisinier.

Sourd, *s. m.* Salamandre terrestre. Un proverbe dit : Si l'*auvet* voyait, si le *sourd* entendait, nul homme ne vivrait. C'est une pure calomnie à l'endroit de ces deux reptiles peu malfaisants.

Sourgouillère, *s. f.* Aide de cuisine, femme de journée. Voyez *Sourcouillère*.

Spectateux, *s. m.* Témoin dans un duel.

Sque, *prép.* Jusque, par aphérèse. *Viens-mon sque-là.*

Sû, *s. m.* Sureau.

> Comme quand les petiz garçons tirent d'ung canon de *sulz*. (RABELAIS. *Pantagruel*, liv. II, ch. XIX.)

Suâpe, *s. f.* Femme de mauvaise vie. Voyez *Souâpe*.

Suâper, *v. n.* Mener une vie débauchée.

Suatage, suater. Voyez *Souâtage* et *Souâter*.

Suberiot, te, *adj.* Gourmand, ivrogne. *Surbeu* signifiait un homme ivre, qui avait *surbu*

(Du Cange, *Sorbillator*), et *subbibere* indiquait l'action de boire un peu trop. (Chompré.)

Subier, subler, *v. a.* Siffler. (Du Cange. *Sibulare.* — Raynouard. *Siblar.*)

> S'il *subloyt*, cestoient hottées de singes verdz. (Rabelais. *Pantagruel*, liv. IV, ch. xxxii.)

Subiet, sublet, *s. m.* Sifflet. (Du Cange. *Sibulus.*)

> Puis se levant fait vng ped, vng sault et vng *sublet*. (Rabelais. *Pantagruel*, liv. II, ch. xxvii.)

Subre, *adj.* Gourmand, ivrogne. Voyez *Suberiot.* — Enfant qui téte avidement.

Sué, *s. m.* Seuil.

Suée, *s. f.* Sueur. (Furetière. *Suée.*)

Suger, *v. a.* Sucer. C'est tout simplement le latin *sugere*.

Suiner, *v. n.* Suinter.

Suir, *v. a.* Suivre. (Du Cange. *Sequi.*)

> Et après beaucoup d'avis, il ne scet autre remède que de la *suir*. (*Cent Nouvelles nouvelles*, Nouv. xxvie.)

Sujet, te, *adj.* Maladif. *Pouv' gas! il est si sujet!*

Sujition, *s. f.* Ensemble des domaines d'un même propriétaire.

Sûr, *s. m.* Sureau. Voyez *Seu* et *Su*.

Surger, surgeter, *v. a.* Guetter, épier. De *sur* et de *gaitar*, guetter.

Surger, *v. n.* Surgir, sourdre.

Surgeton, *s. m.* Surgeon.

Surgien, *s. m.* Chirurgien. (Du Cange. *Surgicus.* — Raynouard. *Surgier*.) Froissart, racontant la mort de Charles-le-Mauvais, roi de Navarre, arrivée le 1er janvier 1387, dit que ni *surgien*, ni médecin, n'y purent remédier.

Surin, *s. m.* Source qui ne donne de l'eau que momentanément, pendant l'hiver ou à la suite des grandes pluies.

Sursemaine (en). Dans le courant de la semaine, moins le dimanche.

Sus-bout, *adv.* Debout. (Du Cange. *Super*.) *Il n' peut s'ment pas s'tenir sus-bout.*

T

Tacot, s. m. Reste de la tige en terre d'un végétal coupé. — *A cause que t'hanequines comme ça? — J'ai un tacot dans le pied.*

Taille, s. f. Morceau de pain taillé très-mince pour être mis dans la soupe.

Tailles. s. f. pl. Bandes de papier longues et étroites, repliées en double, et dont les tailleurs de campagne se servent encore pour prendre mesure des vêtements.

Talart, s. m. Talus. (Du Cange. *Talutum* sous *Taludare.*)

Talonette, talonière, s. f. Petit morceau de cuir qui protége le talon du pied contre le frottement du sabot.

Talvassier, ère, s. m. et f. Ouvrier et ouvrière filassiers. Sans doute *canevassier*. Le talvassier était un soldat portant un bouclier dit *talvas*. C'était plutôt un valet de soldat, car Rabelais emploie ce mot comme une injure (*Gargantua*, ch. xxv), et ne le traite pas mieux dans le Prologue de son livre II, où il est question de *talevassiers tout crousteleuéz*. Du Cange (*Talator*) le donne comme équivalent de pillard.

Tamment, *adv.* Tant seulement, dont on a fait *tant s'ment*, et puis *tamment*. *Iras-tu tamment pus viquement, grand bilan!*

Tan, *s. m.* Croûte molle des terres très-humides, des tourbières, etc. Sur les côtes de Normandie on appelle *tangues* des marais, des relais de mer ou sables marins de cette même nature. On sait que *tanguer*, dans le vocabulaire maritime, indique non-seulement certain mouvement des navires, mais aussi qu'ils plongent dans l'eau par leur avant. Avec le *tan* que l'on *pellit* en saison convenable et avec des feuilles ou d'autres débris végétaux, on forme des composts assez bons, et qui se nomment aussi du *tan*, ce qui nous rapproche tout autant du terreau ou du tan usé, avec lequel les horticulteurs composent leur tannée.

Tanbanne, tanbannée, *s. f.* Mets grossier, objets en désordre.

Tanbanner, *v. a.* Tripoter, tracasser, se mêler de tout, toucher à tout. *Tapanta*, c'est, selon Chompré, quelqu'un qui se mêle de tout. *Tanbanner* signifie encore souvent faire de mauvaise cuisine. On trouve dans Raynouard, *Tabornar*, tourmenter, sous *Tabor*, 4.

Tanbannier, ère, *adj.* Touche-à-tout, qui *tanbanne*.

Tanment, *adv.* Voyez *Tamment*.

Tanner, *v. a.* Ennuyer, contrarier. (Du Cange. *Tannare*.) Je crois ce terme populaire ailleurs que dans le Maine. Il est bien vieux; on lit dans les poésies de Rutebeuf, tome Ier, page 16 :

> Quar le resveil
> Me *tane* assez quant je m'esveil.

Tantarra (à), *loc. adv.* A tâtons. De *tentare*, chercher à tâtons.

Tantonner, *v. a.* Remuer beaucoup, pour ne rien faire.

Tantouiller, *v. a.* Agiter ou rouler quelque chose dans l'eau ou dans la vase. *Je m' sai bin tantouillé la piau.*

Tâpée, *s. f.* Grande quantité. *Donnez m'n'en eune tâpée.*

Tapi, *s. m.* Abri, refuge, cache. (Du Cange. *Deluscere.* — Raynouard. *Tapin.*) *N'on s'met en tapi à cause de la piée.*

Taquédent, taquident, *adv.* D'accord. (Du Cange. *Tanghanum.*) Comme je l'ai dit à *Daquédent,* je crois que c'est pour dire qu'on accède. En prononçant *c'est accédant*, on aura été amené à dire *taccédant.* Voyez *Daquédant.*

Taroube, taroupe, *s. f.* Paquet de filasse.

Taroupe, *s. f.* Grosse bosse chancreuse de certains arbres et surtout des ormes.

Tarve, *adj.* Mince, pâle, chétif. Je ne sais s'il ne faudrait pas rapporter ce mot à *entravé ;* ce qui pourrait le faire croire, c'est que nous avons *enterver* (Voyez aux *Additions*), comme synonyme des deux verbes *entraver* et *affai-*

blir. *Entraver* vient, comme on sait, de *trabs* (chaîne ou lien); or, on appelle *noué* (autant dire *lié*), ce qui est rachitique, et le sens de *tarve* est bien voisin de celui-là.

Tâton, ne, *adj.* Lambin, qui ne procède qu'en tâtonnant.

Tauraille, *s. f.* Génisse.

Tavelles, *s. f. pl.* Deux morceaux de bois équarris qui traversent une charrette et reçoivent les *brosses* des *hachets*. (Du Cange. *Tavella*.)

Tei, teil, *s. m.* Tilleul sauvage. (Du Cange. *Telhonus*. — Raynouard. *Telh*.)

> Panurge. Et quelz arbres encore. — Le frère. *Teilz*. (Rabelais. *Pantagruel,* liv. V, ch. xxviii.)

Teigne, *s. f.* Pierre de nature assez dure et composée de nombreuses coquilles agglomérées; on l'extrait comme moellon à Ballon et dans les paroisses voisines.

Teignoux, *s. m.* Teinturier.

Téjoux, *adv.* Toujours.

Tempérament, s. m. Patience.

Temple, s. f. Tempe. (RAYNOUARD. *Templa* sous *Ten*, 3.) Ambroise Paré n'emploie pas d'autre mot.

> Les *temples* comme vne chantepleure. (RABELAIS. liv. IV, ch. xxxii.)

Tendrier, s. m. Nom d'une variété de raisin blanc.

Tends-tu? Entends-tu?

Tend'vous? Entendez-vous. Ce sont des aphérèses dans le genre de celle qui a fait *tandis*.

Tendreur, s. f. Tendreté.

> Nostre *tendreur* luy apporte cette aigreur et dureté. (P. CHARRON. *De la Sagesse*, liv. III, ch. xxii, 7.)

Tênière, s. f. Terrier. (ROQUEFORT. *Tennière*.) C'est *tanière*.

> Messire Gaster..... les loups iecte hors des bois, les ours hors les rochiers, les regnardz hors les *tesnières*. (RABELAIS. *Pantagruel*, liv. III, ch. lvii.)

Tenin. Tenez. Troisième personne du pluriel de l'indicatif de *tenir*. C'est seulement quand ce mot termine une phrase, qu'on le prononce ainsi. *En voul'vous? tenin.* Autrement, il suit la règle ordinaire : *Ten'vous bin.*

Terbelir, *v. n.* Mourir. En allemand, c'est *sterben* (1).

Terbenteine, *s. f.* Térébenthine.

Terbin, *adv.* Très-bien.

Terfaut, terfouet, *s. m.* C'est le plus gros morceau de bois du bûcher. (Du Cange. *Torres.*) On le tient en réserve pour en faire une bûche de Noël, et on le met au feu la veille de cette fête en chantant des noëls. Si le *terfouet* dure trois jours au feu comme son nom le promet, toutes les filles nubiles de la maison se marient dans l'année qui va suivre.

Tergouse, *s. f.* Guêtre ou plutôt houseau en étoffe. Voyez *Tricouse.*

>   Le père, malgré son haut rang,
>   N'est pas pus fier que ma *tergouse.*
>   Ces saintes gens nous appernant
>   A n' pas nous estimer grand' chouse.
>   (*Noël manceau.*)

(1) Les mots commençant en *Ter* se prononcent aussi comme si c'était *Tre.*

Terieux, *s. m.* Mari avare, qui se mêle trop de la dépense du ménage, qui fourre son nez partout. C'est *Trieux*, qui trie.

Terjoux, *adv.* Toujours.

Teroigne, térouésse, *s. f.* Souche ordinairement creuse. Le premier de ces substantifs est le même que *trogne*, et le second est la *trouésse*.

Terper, *v. a.* Repousser violemment des pieds et des mains. De même source probablement que *trépigner*.

> Diogènes..... desployant ses bras, le tournoit, cullebutoit, *trépoit*. (RABELAIS. *Pantagruel*, liv. II, Prologue.)

Terrée, *s. f.* Nid de lapins.

Terrouin, *s. m.* Terrain.

Tersaller, *v. n.* Trépasser, être même déjà en corruption. (DU CANGE. *Tressalitus.*) De *trans ire*, comme trépas qu'on fait venir de *trans passus*. Il ne faut pas oublier que *ter* est la prononciation de *tre*.

Tersaut, *s. m.* Tressaillement.

Tersauter, *v. n.* Tressaillir.

Tertin-tertous, *adj. pl.* Tous, ensemble ou l'un après l'autre. Voyez ci-dessous.

Tertout, *adj.* Tout. (RAYNOUARD. *Trastot* sous *Tot*, 4.)

> Qu'ils viennent hardiment *trestouts*, et s'assemblent pour disner de luy. (MONTAIGNE. *Essais*, liv. I, ch. XXX.)

> Ils font *trestouts* la ligne extresme de nostre faculté. (Le même. *Ibid.*, liv. II, ch. XVII.)

> J'avons prins chacun chin nous
> De quai bailler à c' bon sire.
> Vous parlerez pour *tertous*,
> Car j' n'avons rin à gui dire.
> (*Noël manceau.*)

Terve, *adj.* Mince, pâle, chétif. Voyez *Tarve*.

Terzau, *s. m.* Groupe de trois personnes battant du blé.

Têt à porcs, *s. m.* Étable à porcs.

> Sus, grans taureauz, et vous brebis petites,
> Allez au *tect*, assez auez brousté.
> (CL. MAROT. *Églogue sur le trépas de Louise de Savoie.*)

D'Aubigné raconte qu'en 1576, Henri IV se se sauvant de la cour, se réfugia sous un *têt à porcs,* près de Montfort-l'Amaury, et qu'une vieille femme pensa l'y tuer.

Têtard, *s. m.* Barbeau musqué (plante), à cause de sa grosse tête.

Tête-de-chat, *s. f.* Calcaire qui se rencontre par masses rondes.

Tête d'orillier, *s. f.* Taie d'oreiller. Peut-être serait-ce aussi bien de dire *test* que *taie ?*

Têtée, *s. f.* Branche d'une famille, estoc.

Teûner, teûnier, *s. m.* Terrier. Voyez *Tênière.*

Teûner, teûnir, *v. n.* Terrer.

Teurbanteine, *s. f.* Térébenthine.

Teurte, *s. f.* Tourterelle. Voyez *Tourte.*

Teurve, *adj.* Chétif, pâle. Voyez *Tarve.*

Teuzer, *v. a.* Tondre, raser. Voyez *Touser* et *Tousoire.*

> Les appelans trop diteux..... *tezés.* (RABELAIS. *Gargantua,* ch. XXIV.)

Teuzoire, *s. f.* Grands ciseaux à tondre. (DU CANGE. *Tezoyra.*)

Tibitaba, *adv.* A tort et à travers.

Tiendre, *v. a.* Tenir. Tous les composés de tenir font de même. On dit aussi *quiendre*.

Tignoux, *s. m.* Teinturier.

Tignoux, se, *adj.* Teigneux. On disait *tigne* pour *teigne*, au temps passé.

> Nous des premiers y fusmes pour y bruire
> Où ly en vint de sainct genoulx
> Et d'autre de sainct iehan des choulx
> Et cinq ou six vilains *tignoulx*
> Qui estoient de sainct cyre.
>   (Bibliothèque du Mans. N° 3657. *Vieux noël français-poétevin.*)

> De *tigne* espesse de six doigts.
>   (Cl. Marot. *Épitre des excuses d'avoir fait les adieux nouveaux.*)

Il est singulier que dans le Maine, où l'*i* devant le *g* et surtout devant *gn* se remplace communément par *ei*, ce soit ici précisément l'inverse.

Tinbancer, *v. a.* Laver, fourbir les ustensiles de ménage. Est-ce à cause du bruit de *timbale* ou de *cymbale* que font lesdits ustensiles, quand ils sont en cuivre?

Tinbanner, tinbannier. Voyez *Tanbanner* et *Tanbannier*.

Tiner, *v. a.* Téter son pouce ou son mouchoir.

Tinette, *s. f.* Mouchoir d'enfant, parce qu'ils *tinent* avec.

Tinterra (à), *loc. adv.* A tâtons. De *tentare*, comme *Tantarra*.

Tins, e, *part.* Participe passé du verbe *tenir*, dont tous les composés suivent la même règle.

Tiquer, *v. n.* Faire un geste de surprise ou d'effroi. De *tic*, mouvement convulsif.

Tire-arrache, *s. f.* Petite grive dite ordinairement rousserolle, parce qu'elle fréquente les *rouches* ou touffes de joncs sur le bord des eaux. Ce nom de *tire-arrache* lui vient de son cri, qui en d'autres pays, lui fait donner celui d'*effarvache* (BUFFON).

Tiret, *s. m.* Lacet, cordon.

Tirière, *s. f.* Tarière.

Tiruée, *s. f.* Truie.

Titure, s. f. Tissure.

Toc, tocquart, s. m. **Tocque,** s. f. Ces mots désignent les corps qui font du bruit en éclatant ou en crevant quand on les presse; ainsi les baguenaudes, les vessies de poissons, etc.

Tohâner, v. a. Rosser, battre à coups de trique, de bâton ou de houssine. De *toga*, robe, comme *flôper* vient de *flôpe?*

Toît à porcs, s. m. Étable à porcs. Voyez *Tét*.

Tollir, v. a. Enlever, diminuer. S'emploie le plus souvent ainsi : *tollir la lumière, le jour*. Ce verbe bien voisin du latin, a été français : il tombait déjà en désuétude du temps de Furetière. Nous lui donnons pour participe passé *tollu*, comme le voulait aussi l'ancien usage.

<blockquote>
Ha male mort, tu nous as *tollu* le plus parfait des hommes. (RABELAIS. *Pantagruel*, liv. II, ch. xxx.)

Ton partement m'a non vne fois *tollu* tout autre pensement. (Le même, *Ibid*., liv. IV, ch. iii.)

Si ne vouldroy ie pas entrer en lice..... pour ne pas *tollir* ce bel estat où se pourra fort escrimer nostre poésie françoise. (EST. DE LA BOËTIE. *De la servitude volontaire*.)
</blockquote>

On ne le sauroit dire sinon qu'ils veulent desplacer ou plustost *tollir* du tout et perdre les communes conceptions. (AMYOT. OEuv. de Plutarque. *Des communes conceptions.*)

Tomber, *v. n.* Devenir. *Il tombera bon,* c'est dire qu'il deviendra, qu'il finira par être bon.

Tornoille, toroille, *s. f.* (Mouillez les *ll.*) Maîtresse de maison qui va elle-même au marché, qui inspecte de près la dépense de sa cuisine, les actes de ses domestiques, qui *tournaille* sans cesse autour d'eux et de ce qu'ils font.

Torte, féminin de *tors, tordu* et *tortu.*

Torter, *v. a.* Tordre, tortiller.

Tortillard, *s. m.* Nom d'une variété d'orme noueux et tortu.

Tortoir, *s. m.* Bâton ou petit morceau de bois, au moyen duquel on serre fortement un lien ou un nœud en corde, en les tordant. (DU CANGE. *Tortor.*)

Touâner, *v. a.* Battre, rosser. Voyez *Tohaner.*

Touche-mouille. Voyez *Qui touche-mouille.*

Toucheux, s. m. Qui est doué de la faculté de guérir par le toucher. C'est encore une croyance de nos campagnes, où l'on attribue cette vertu à certains individus. Elle peut très-bien ne pas paraître extraordinaire aux adeptes du magnétisme.

Toucheux de marchandise, s. m. Conducteur de bestiaux.

Touffe, s. f. Pivoine.

Touffe blanche, s. f. Viorne-obier, boule-de-neige.

Touillasse, s. f. Lieu où se *touillent* des animaux.

Touillement, s. m. Action de *touiller*.

> Là ou li rois sainz Loïs passe
> A merveilleus *touoillement*.
> (GUILL. GUIART. Tome II, vers 1002.)

Touiller, v. a. Souiller, salir, traîner dans l'eau ou dans la boue. (DU CANGE. *Compiegnium, Sordulentus*.) Robert Estienne le donne pour synonyme à *mêler*, mettre en désordre. Ménage donne de nombreux exemples de l'emploi de ce verbe, dans le même sens que le nôtre.

> Cil qui resont ès tours montés
> Les revont forment *touoillant*
> Car ils leur gietent plomb boillant.
>
> (GUILL. GUIART. Tome I, vers 3639.)

> Ayant *touillé* voz mains au faict plus odieux
> Qui se soit oncq admis à la face des Dieux.
>
> (LUC PERCHERON. *Tragédie de Pyrrhe*, acte V.)

Touine, *s. f.* Tabatière en forme de cornet, fermée par un petit bouchon ou *toupin*. Peut-être est-ce venu de *toupine ?*

Touiner, *v. n.* Prendre du tabac à priser.

Toûnier, *s. m.* Terrier. Voyez *Ténière*.

Toupin, *s. m.* Demi-quart de busse. (DU CANGE. *Tupina*.) Dans le Lexique de Raynouard, *Topina* est une marmite, un pot.

> Nonobstant ces remontrances, elle en mangea seize muiz, deux bussars et six *tupins*. (RABELAIS. *Gargantua*, ch. IV.)

Toupin, *s. m.* Petit bouchon en forme de capsule. Du bas-latin *stupare*, boucher, dont nous avons fait aussi *étouper*.

> Elles considérans cette complexion divine, pour le resiouir au matin, faisoyent devant luy sonner..... des flaccons avec leurs *toupons*. (RABELAIS. *Gargantua*, ch. VII.)

Touret, *s. m.* Petite alouette dans le vocabulaire des uns, petite grive d'après celui des autres. En tout cas, elles volent toutes par grandes bandes. Dans la dernière acception, c'est un diminutif de *tourd* ou *tourdelle*, variété de grive.

Tournant, *s. m.* Tablier de toile dans lequel les vachères mettent l'herbe qu'elles portent aux bestiaux.

Tourne, *s. f.* Désignation de certains lieux qui, dans notre province, étaient d'une paroisse pendant un temps, et d'une autre ensuite pendant une autre période, à tour de rôle. Le vrai sens de *tourne* était *échange*. (DU CANGE. *Torna, Turna.* — RAYNOUARD. *Torna* sous *Tor*, 4.)

Tourne, s. f. Masure, taudis. (Du Cange. *Torna*, 4.)

Tourne-boîle, s. f. Culbute, jeu d'enfants. C'est littéralement *tourne-boyau*.

Tournée, s. f. Échange, mutation. Voyez *Tourne*. (Du Cange. *Tornare*.)

Tournée, s. f. Rasade de vin qui se boit à la ronde.

Tournefiche, s. m. Culbute, sens dessus dessous.

Tourne-moelle, s. f. Même sens que ci-dessus.

Tournerie. Voyez *Tourne*.

Tourneure, s. f. Panaris; entorse.

Tourneure, s. f. Présure à cailler ou faire tourner le lait.

Tournevire, s. f. Culbute, sens dessus dessous, remue-ménage.

Tournevirer, v. a. Culbuter, tourner en tous sens, bouleverser.

> Les moindres choses du monde le *tournevirent*.
> (Montaigne. *Essais*, liv. II, ch. xii.)

Tourte, s. f. Résidu des graines oléagineuses, qui provient de l'extraction de l'huile; en bon français *tourteau*.

Tourte, tourtre, s. f. Tourterelle. (Du Cange. *Tordera, Turturella.* Raynouard. *Tortre.*)

> Mais cependant la palombe enrouée
> La *tourte* aussi, de chasteté louée
> Ne laisseront à gémir.
> (Cl. Marot. *Première Églogue.*)

Touser, v. a. Raser, couper la barbe ou les cheveux. (Du Cange. *Tonsona.*) Voyez *Teuzer*.

> Aussy *tousez* qu'un moine ou capelain.
> (Cl. Marot. *Rondeau de ceux qui alloient sur mulle au camp d'Attigny.*)
>
> Il se fait plus souvent *touzer*
> Le vrai mot pourtant, c'est raser.
> (Loret. *Muze historique,* 23 juillet 1653.)

Touseux, s. m. Perruquier, barbier. (Raynouard. *Tozoirier* sous *Tondre,* 6.)

Tousoire, s. f. Ciseaux à tondre. (Du Cange. *Tezoyra.* — Raynouard. *Tozoyra* sous *Tondre,* 4.)

Toussir, *v. n.* Tousser.

> Esternuer, sangloutcr, *toussir,* cracher, etc. (RA-
> BELAIS. *Pantagruel*, liv. III, ch. II.)

Tout (en), *loc. adv.* Du tout. *J' n'en vieux point en tout.*

Träe, traie, *s. f.* Truie. (DU CANGE. *Troia.*)

Traine, *s. f.* Habitude, train ordinaire.

Traînée, *s. f.* Femme de mauvaise vie. *Traînée de fumelle!*

Traînier, ère, *adj.* Vagabond.

Traîniot, *s. m.* Racine qui court ou traîne à la surface du sol.

Traître, esse, *adj.* Cruel.

Tranche, *s. f.* Houe, souvent à deux branches. (DU CANGE. *Trancheia, Trencheia.*)

Transonner, *v. a.* Causer de vives douleurs physiques.

Tras, *adj. numér.* Trois.

Travelée, *s. f.* Vipérine (plante).

Traverse (à la). Un marché se fait *à la traverse*, quand on prend les objets en bloc sans compter ni détailler.

Traveucher, *v. n.* Marcher en zig-zag, aller d'un sillon à l'autre, dans un champ. Même origine que *trébucher*. (Du Cange. *Trabucare.* — Raynouard. *Trabucar* sous *Trabuc*.)

Travoué, travouil, *s. m.* Machine qui sert à mettre le fil en écheveau.

Trefant, *s. m.* Petite bêche. De *transforare*. (Du Cange. *Transforatus.*)

Trefouet, *s. m.* Grosse bûche, bûche de Noël. Voyez *Terfaut*.

Trempaige, *s. m.* Action ou manière de tremper la soupe, *miottée*, rôtie au vin ou au cidre.

Trempaiger, *v. a.* Tremper, la soupe principalement.

Trésaller, *v. n.* Passer, trépasser, être presqu'à l'état de corruption. (Du Cange. *Tressalitus.*) Voyez *Tersaller*.

Treûler, *v. n.* Vagabonder. (Furetière. *Troller.* — Roquefort. *Trauller.*)

Treûlier, ère, *adj.* Vagabond.

Tribouiller, *v. a.* Secouer, battre. (Du Cange.

Tribulare. — RAYNOUARD. *Trebolar* sous *Turba*, 12.) De *Tribulare*, tourmenter.

Tric pour troc, *s. m.* Échange pur et simple.

Trichard, e, *adj.* Qui triche.

Tricoter, *v. a.* Donner des coups de trique.

Tricouse, *s. f.* Guêtre en étoffe qu'on passe pardessus le pantalon. S'écrivait en vieux français *triquehouse*. (DU CANGE. *Housellus*.) Voyez *Tergouse*.

Trifer, trifier, *v. a.* Bien habiller, orner, ajuster. Ce doit être une corruption de *attifer*.

Trignot, *s. m.* Trognon de pomme.

Trincle, trinque, *s. f.* Petit lait, lait caillé, sérosité.

Trion, *s. m.* Tas de gerbes par trois.

Trochetée, *s. f.* Trochet.

Trogne, *s. f.* Souche, tronçon d'arbre. (DU CANGE. *Tronus*.)

Trôler, *v. n.* Vagabonder. (FURETIÈRE. *Troller*. — ROQUEFORT. *Trauller*.)

Trôtier, ère, *adj.* Vagabond.

Trompe, s. f. Erreur, menterie.

Tronce, s. f. Tronçon, grosse bûche.

Tropdiseux, se, adj. Bavard.

> Les appelans *trop diteux*. (RABELAIS. *Gargantua*, ch. XXIV.)

Troquette, s. f. Troêne. C'est pour *Trochet*.

Trou, s. m. Trognon, tronçon, de chou principalement. (RAYNOUARD. *Tros.*) De *Trudo*.

> Après... s'escuroit les dents auecques vng *trou* de lentisce. (RABELAIS. *Gargantua*, ch. XXIII.)
>
> En sa dextre tenoit vng gros *trou* de chou. (Le même. *Pantagruel*, liv. V, ch. XVII.)

Trouée, s. f. Truie.

Trouer, v. a. Trouver. *Troues-tu rin?*

Trouésse, s. f. Souche d'arbre sur les haies. De *trou*, parce que nos souches sont généralement creuses, ou du manceau *trou*, tronçon, parce qu'elles sont aussi de cette nature.

Trouille, s. f. Personne grosse et courte.

Trucher, v. a. Mendier. Ce doit être le même mot que *truchander* ou *truhander*, mendier ou faire le métier de *truand*. (DU CANGE.

Trutanus.) L'Académie le donne comme ayant vieilli.

Truchotter, *v. n.* Éternuer.

Truée, *s. f.* Truie.

Trugalle, *s. f.* Ce nom, que portent quelques localités de ce pays, signifiait auberge, cabaret. (Du Cange. *Triculus.*)

Trugnot, *s. m.* Trognon.

Truisse, *s. f.* Souche creuse. Comme *Trouésse.*

Truffle, *s. f.* Pomme de terre. Dans un ouvrage de 1752, intitulé l'*École du Potager*, il y a un chapitre consacré à la *truffle*, devenue depuis la pomme de terre.

Trute, *s. f.* Tourterelle. Voyez *Tourte* et *Turtre.*

Tuaige, *s. m.* Action de tuer le cochon. *Nout' gorin sera bon pour le tuaige devers Noël.*

Tuassier, *s. m.* Petit boucher.

Tuau, *s. m.* Tuyau. *Tuel* suivant Du Cange. (*Tuellus.*)

Tunier, *s. m.* Terrier. Voyez *Ténière.*

Tunner, *v. n.* Réfléchir, hésiter. Voyez *Teûner* aux Additions.

Tupin, *s. m.* Petit bouchon. Voyez *Toupin*.

Turbantine, *s. f.* Térébenthine.

Turet, *s. m.* Petite butte naturelle ou artificielle. (Du Cange. *Turella.* — Dict. de Trévoux. *Tureau.*)

Turne, *s. f.* Maison mal tenue, barraque. *Torne* était un taudis. (Du Cange. *Torna,* 4.)

Turpin, *s. m.* Petit bouchon. Voyez *Toupin*.

Turquis, *s. m.* Maïs, blé de Turquie.

Turtre, *s. f.* Tourterelle. (Du Cange. *Tordera, Turturella.* — Raynouard. *Tortre.*) C'est à peu près comme si l'on prononçait *turtur*.

U

Uet, *s. m.* OEil. On trouve quelquefois *ueil*. (Du Cange. *Eussinus.* — Raynouard. *Hueil* sous *Olh*.)

Uge, *s. f.* Huche. (Du Cange. *Hucha.*)

Uit, *s. m.* OEil. Voyez *Uet.*

Usaigé, e, *adj.* Personne qui a de l'usage ; outil qui se manie ou se manœuvre bien.

Usiner, *v. n.* C'est un terme que les ouvriers emploient pour dire qu'un échafaudage ou une pièce qui en fait partie, se sont rompus. C'est probablement qu'ils se sont *usés,* consommés.

Usurier, ère, *adj.* Qui use promptement ses effets.

V

Vacabonner, *v. n.* Vagabonder. (Du Cange. *Vagabunditer.*)

Vacabon, ne, *adj.* Vagabond.

Vaissiau, *s. m.* Le vaisseau n'est pas seulemént un vase à contenir les liquides, mais c'est aussi une armoire, un bahut, un buffet, un bois de lit, etc. Il s'est dit pour un cercueil ou un tombeau. (Raynouard. *Vas,* 2.)

Vaissier, *v. n.* Se dit du bois qui se gonfle ou

se voile à l'humidité, qui se contourne comme un vase ou un vaisseau.

Valaison, *s. f.* Pente d'une colline; torrents d'eau.

Valeter, *v. n.* Aller et venir sans cesse, comme un valet aux ordres de son maître

Valenteur, valisance, *s. f.* Valeur, prix d'un objet.

Vanner (se), *v. réf.* Se dit d'un animal qui s'agite dans la poussière ou dans l'eau, surtout d'un oiseau qui les bat avec ses ailes.

Vannetée, *s. f.* Tourbillon de poussière, action de se vanner.

Vanquiers, vantiers, *adv.* Peut-être, probablement. Dans le *Dialogue des trois Vignerons du Maine*, Renault dit *velantiers;* comme la *volonté* est pour lui, ainsi que pour beaucoup de ses contemporains, la *velanté*, doit-on en conclure que notre mot soit la même chose que *volontiers?* Dans quelques localités, on dit *vontiers*, ce qui rendrait cette conclusion encore plus spécieuse, sinon plus juste. On dit souvent aussi : *Je veux vanquiers bin.*

> Si monsieur nostre curé vous oyoit ainbin parlez, y ne seret *velentiers* guère content de vous. (*Dial. des trois Vignerons.* Édit. de 1629. p. 184.)

Vapeur, *s. f.* Rot, vent de l'estomac.

Vaque, *adj.* Vacant. (Du Cange. *Vacantes terræ.*)

> Les maistre d'hostel et fourrier dudict seigneur de Painensac, pour scauoir si ailleurs en la maison estoyent estables *vacques*, s'adressarent à Gargantua. (Rabelais. *Gargantua*, ch. xii.)

Vaquer, *v. n.* Vaguer.

Vaquer, *v. n.* S'affaisser, s'écrouler, se laisser aller.

Varanne, varenne, *s. f.* Le Dictionnaire de l'Académie indique, sous ce mot, des terres incultes où les bestiaux trouvent quelque nourriture, et où le gibier abonde. Je l'ai entendu appliquer, dans le Maine, à des contrées dégarnies d'arbres et qui ont quelquefois l'aspect aride, surtout quand l'automne est très-sec, mais qui sont bien cultivées et fertiles en grains. *Varanne* m'a toujours paru désigner spécialement de vastes étendues de ce que nous appelons des *groies:* je ne dis pas, pour cela, qu'il n'ait souvent aussi son sens régulier dans notre province.

Varier, *v. n.* Faire un faux pas.

Varieure, *s. f.* Entorse, foulure.

Varoquet, varoquiau, *s. m.* Gros bâton, gros rondin. (Du Cange. *Garrotus*, *Varochium*.)

Vâse, *s. f.* Queue de renard (plante).

Vâse (je). Pour *je voise* autrefois employé comme subjonctif du verbe *aller*. Nous formons ainsi les personnes de ce temps : que je *vase*, que tu *vases*, qu'il *vase*, que nous *agions*, que vous *agiez*, qu'ils *vaisiaint* ou *agiaint*. Nous sommes du reste plus rapprochés du vieux verbe *vazer*, aller, que si nous disions *voise*. *Vazer* a légué au verbe français *aller* une partie de son indicatif, *je vais, tu vas, il va, ils vont*.

> *Voisent* les bœufs à leur ouvrage.
> (Le P. Cahier. *Proverbes français*.)

Et qui d'entreulx l'honnesteté demande
Voise orendroit veoir de Mouy la bande.

(CL. MAROT. *Epistre du camp d'Atigny
à madame d'Alençon.*)

Qui est morueulx si se *voise* moucher. (Le même. *Cry du ieu de l'Empire d'Orléans.*)

Vaspasien, *s. m.* Vantard, querelleur, batailleur. De *spasso* (ferrailler), verbe bas-latin, ou de *spada* (épée), qui ont fait *spadassin*.

Vayette, *s. f.* Petite voie, sentier. (DU CANGE. *Viola.*)

Veau, vei, *s. m.* Veau; dépôt de boissons, *viau*.

Veillard, *s. m.* Vieillard.

Veille. Féminin de *vieux*.

Veille, *s. f.* Meule de foin. (DU CANGE. *Viellare.*) Une *veille* bien faite doit contenir en moyenne deux mille livres de foin, ce qui constitue la charretée du Maine : charretée se dit en latin *vellatura*.

Veillir, *v. n.* Vieillir.

Veillot, *s. m.* Petite *veille* de foin.

Vêne, *s. f.* Vesse. De *ven*, vent. (RAYNOUARD.) On compte *M. de Humevesne* parmi les héros du roman de Rabelais. (*Pantagruel.* liv. II, ch. x et suivants.)

    Pantagruel de ses *vesnes* engendroit les petites femmes. (Le même. *Ibid.*, ch. xxvii.)

    Laisse aller une vesse ou *vesne* épouvantable. (Bér. de Verville. *Moyen de parvenir.*)

Venelle, s. f. Ruelle. Indiqué par le Dictionnaire de l'Académie comme ayant vieilli, ce mot est encore en plein usage dans le Maine. De *Veha*, voie, qui a donné *Vehela*. (Chompré.)

Vêner, v. n. Vesser.

    S'il *vesnoit* cestoient botines de cordouan. (Rabelais. *Pantagruel*, liv. IV, ch. xxxii.)

    En recompense, ilz *vesnent*, ilz pedent, ilz rotent copieusement. (Le même. *Ibid.*, ch. xliii.)

    Mais ne pouuant Jenin dormir en somme
Tant fort *vesnoyt* Quelot.
        (Le même. *Ibid.*, liv. V, ch. xliv.)

Venette, s. f. Ruelle. Voyez *Venelle.*

Vengeux, se, ad. Vindicatif.

Venue, s. f. Grande quantité, abondance. *J'ai du mau eune venue.*

    Une santé bouillaute, vigoreuse,..... telle qu'aultrefois la verdeur des ans et la sécurité me la fournissoient par *venues*. (MONTAIGNE. *Essais*, liv. III, ch. v.)

Venquiers, ventiers, *adv.* Peut-être. Voyez *Vanquiers*.

Véquir, *v. n.* Vivre.

> Ains *véquit* quinze grands jours en peine. (FROISSART. liv. III, ch. XCVI.)

> Si *vesquirent* encore longtemps monseigneur et madame ensemble. (*Cent nouvelles nouvelles*, nouv. IXᵉ.)

> Le pape Alexandre *vesquit* iusques à la mort. (RABELAIS. *Gargantua*, ch. XXI.)

> Tout s'apaisa au contentement des parties, et puis *véquirent* ensemble sans querelle. (*La Reine de Navarre*. Nouv. LXIXᵉ.)

> Des ans *vesquit* près de soixante et douze.
> (CL. MAROT. IIᵉ *Épitaphe de Jean Cotereau, seigneur de Maintenon.*)

> Vn Dieu qui *vesquit* autrefois en homme vierge et saint. (P. CHARRON. *De la Sagesse*, liv. II, ch. II.)

> Toute son attention étoit..... que les hommes de là en avant *véquissent* en paix. (BONAV. DESPÉRIERS. *Contes et Devis*. Nouv. XVᵉ.)

Verdée, *s. f.* Volée de coups (de bois *vert?*)

Verdeler, verdelocher, *v. n.* Se dit du bétail qui commence à engraisser.

Verdelet, verdelochet, te, *adj.* État du bétail qui commence à engraisser.

Verder, *v. a.* Rosser.

Vère, *adv.* Oui. C'est la vieille expression bien française *voire*, qu'on retrouve intacte dans une locution citée plus haut. Voyez *Il-est-voire* et *Voire*.

> Si me gratifie ie que..... mes opinions ont souvent l'honneur de rencontrer aux leurs, et que ie vois au moins de loing aprèz, disant que *voire*. (MONTAIGNE. *Essais*, liv. I, ch. xxv.)

Verge, *s. f.* Anneau large, dé à coudre sans fond. (DU CANGE. *Digitale.*)

> Le duc de Bourgogne m'envoya une *verge* qu'il portoit au doigt. (COMMINES. *Mémoires*, liv. III, ch. IX.)

> Je l'ay icy dedans ma gibbecière, en vne *verge* d'or massif. (RABELAIS. *Pantagruel*, liv. III, ch. XVII.)

Vérir, *v. a.* Verdir par suite d'oxydation ou de moisissure.

Vérir, *v. n.* Être piqué des vers.

Vérit, *s. m.* Moisissure verte, vert-de-gris.

Vermais. Voyez *Beu*.

Vermeleux, se, *adj.* Piqué des vers.

Vermenier, *s. m.* Mulot, rat, souris, et jamais vermine. *Les vermeniers m'ont hagé tout mon fait.*

> Lors le Lyon ses deux grands yeux vestit
> Et vers le rat les tournant vng petit
> En luy disant : O pauure *vermynière !*
> (Cl. Marot. *Épitre à son ami Lyon.*)

> Le monde ne fust pas infecté de ces maudits *vermeniers.* (Bonav. Despériers. *Contes et Devis.* Nouv. xve.)

Vérot, *s. m.* Jeune cochon.

Verrette, *s. f.* Petite vérole.

Verroter, *v. n.* Chercher des vers dans la terre.

Versaille, *s. f.* Premier labour, quand la charrue *verse* la terre qu'elle vient d'ouvrir. (Du Cange. *Versana.*)

Verrier, *v. n.* Se dit du bois qui se gonfle ou se voile. Voyez *Vaissier.*

Vêtis, *s. m.* Vêtement.

Viâler, *v. a.* Voler.

Viau, *s. m.* Dépôt sous forme de croûte ou de peau, qui se *concrit* dans le cidre ou dans la bière. Comme il couvre la liqueur ainsi qu'un voile, c'est peut-être le même mot que *Viart* qui avait cette dernière signification. (Du Cange. *Viarium.*)

Vice, *s. m.* On dit de quelqu'un qu'il est du vice, quand il donne dans le libertinage ou l'ivrognerie.

Viendre, *v. n.* Venir.

Vieusir, vieutir, *v. n.* Vieillir.

Vieuture, *s. f.* Vieux objets, friperie.

Vieux (je). Je veux, indicatif de *vouloir*, pour les trois premières personnes du singulier : *je vieux, tu vieux, il vieut.*

Villotier, ère, *s. m.* et *f.* Habitant des villes, ou pour s'exprimer plus juste, celui qui préfère le séjour de la ville à celui de la campagne.

Vingt se décline dès *quarante*, qui se dit *deux vingts :* on ne dit pas *cinq vingts* qui restent *cent*. On ajoute l'appoint en nombre abstrait : ainsi *cent vingt-cinq* se diraient *six vingts et cinq*. C'est d'un usage absolu entre marchands de bestiaux, de porcs surtout. On s'en sert tout de même aussi pour les personnes. *Un for' homme! i pèse huit vingts, faut craire.* Quand on pense qu'il y a quelque chose au-delà, on dit *huit grands vingts*, et au-dessous, *huit petits vingts.*

Vingtaines des bonnes femmes. Ce sont les dix derniers jours du mois d'avril et les dix premiers de mai, pendant lesquels le temps est presque toujours humide, froid et venteux. Tout en les désignant comme un conte de *bonnes femmes,* on n'a pas moins la désagréable expérience de leur réalité.

Vinôche, *s. f.* Piquette.

Vinrai (je). Je viendrai, futur du verbe *venir.* Le conditionnel fait de même *je vinrais.*

> Je n'ay que faire de boire, disait-elle; cet ivrogne ici, *venras-tu.* (BONAV. DESPÉRIERS. *Contes et Devis.* Nouv. LXXIXe.)

Viône, *s. f.* Viorne.

Viquement, *adv.* Vite, vivement.

Vire, *s. f.* Manière, sens qu'il faut suivre.

Vironner, *v. a.* et *n.* Tourner à toute vire. (Du Cange. *Virare.*) On l'emploie, dans le Maine, surtout comme synonyme de *loucher*.

Vivateure, *s. f.* Nourriture.

V'là-ty-pas, *loc. adv.* Voilà, ne voilà-t-il pas.

Vlimeux, se, *adv.* Vénéneux, venimeux.

Vlin, *s. m.* Venin, animal venimeux, serpent.

Voâler, *v. a.* Appeler à haute voix. Voyez *Bourder*.

Voilà où, *loc. adv.* Voilà que.

Voirai (je). Je verrai, futur du verbe *voir*. Le conditionnel fait de même *je voirais*.

> Plutôt la mer on *voirra* dessalée
> Que mon amour de toy ne partira.
> (Cl. Marot. *Élégie*, xvie.)

> C'est icy l'heureuse nuictée
> Que vous *voirrez* deuant vos yeux
> Vous *voirrez* l'enfant glorieulx.
> (Bibliothèque du Mans. N° 3657. *Vieux noël.*)

Voire, *adv.* Oui. Voyez *Il-est-voire* et *Vère*. Un homme du peuple dit souvent, quand il s'agit de vérifier quelque chose, *voyons voir*. Est-ce, en fait, une locution mauvaise à cause de l'emploi redoublé du verbe *voir*, ou bien pourrait-on la considérer comme équivalente de celles-ci : *Voyons en vérité, voyons réellement?* Dans ce dernier cas, le tort ne serait pas du côté du peuple.

Voiter, *v. a.* Voter. De *vote* ou de *voix*.

Volant, *s. m.* Croissant dont se servent les jardiniers pour élaguer à la volée. (Du Cange. *Volana*.)

Volet, *s. m.* Nénufar, à cause de ses larges feuilles.

Volier, *s. m.* Espalier, treillage destiné à supporter la vigne.

Vonquiers, vontiers, *adv.* Peut-être. Voyez *Vanquiers*.

Vons (je). Nous allons, première personne du pluriel de l'indicatif du verbe *aller*. On ne le dit pas très-souvent, mais on ne dit jamais *nous vons*. Voyez *Vase*.

Vouge, *s. m.* Serpe avec un long manche. (Rob. Estienne. *Vouge*. — Du Cange. *Vanga, Vougetus*.) Le *voulge* fut une arme qui fit donner le nom de *voulgiers* aux soldats qui le portaient : c'est, dans Furetière, le nom d'un épieu garni d'un large fer, dont se servaient les veneurs. Ces armes étaient parfaitement conformes à notre instrument, sauf que celui-ci ne se termine pas en longue pointe.

Voulges, salades, mentonnières. (GUILL. COQUILLART. *Débat des armes et des dames*.)

Il ne se retourna qu'un homme à pied qui lui donna un coup de *vouge* parmi l'estomach. (COMMINES. *Mémoires*, liv. Ier, ch. IV.)

Car ilz les font aller long comme vng *voulge*. (RABELAIS. *Gargantua*, ch. XXV.)

Les autres esguysoient *vouges*, picques, rancons. (Le même. *Pantagruel*, liv. III. Prologue.)

Vous, *pron. pers.* Voyez **Z.**

Vover, *v. n.* S'affaisser.

Voyage, *s. m.* Pèlerinage. Dans les vieux testaments, qui presque tous ordonnent des pèlerinages vers quelque saint en renom, on ne trouve pas d'autre mot que *véage*.

Voyette, *s. f.* Petite voie, sentier. (DU CANGE. *Viola*.)

Y

Y, *pron.* Lui. Voyez *Gui.*

Yart, *s. m.* Liard.

Yart, *s. m.* Peuplier noir.

Yen, *pron.* Se dit pour *lui en.* Voyez *Guien.*

Yerre, *s. m.* Lierre. Voyez *Hierre.*

Yês, *pron.* Se dit pour *les lui.* Voyez *Gués.*

Yètron, *s. m.* Laiteron.

Yette, *s. f.* Tiroir. Voyez *Liette.*

Yette, *s. f.* Diète, abstinence.

Yette, *s. f.* Chômage des ouvriers. Voyez *Guette.*

Yeuvre, yèvre, *s. m.* Lièvre.

Yeux, *pron.* Leur. Voyez *Gueux.*

Z

Z. Cette lettre remplace le pronom *vous* devant la 2ᵉ personne du pluriel des verbes, quand ils commencent par une voyelle. *Z' et' bon* (vous êtes bon); *z'aimez bin* (vous aimez bien).

Zinzin, eine, *adj*. Paresseux.

Zogner, *v. n.* Se dit de l'action de pousser trop en avant avec le pouce les objets dont on se sert dans certains jeux, celui de la *canette* par exemple.

ADDITIONS

NOUVEAUX ARTICLES ET NOUVELLES OBSERVATIONS
SUR CEUX DÉJÀ CONTENUS EN CE VOCABULAIRE.

Accouir. Je n'ai pas prétendu dire que ce verbe eût la même origine que *Ancuit*, puisque c'est évidemment *accovir* ; j'ai simplement voulu faire observer qu'on avait pu prendre l'un pour l'autre.

Acrâser, *v. a.* Écraser.

Adenter, *v. a.* et *n.* Coucher sur le ventre, la bouche ou l'ouverture contre terre. Voyez *Adent*.

Aderlaisi, e, *adj.* Comme *Adelaisi*. Nous pourrions peut-être, par cette voie, arriver à une étymologie, Du Cange donnant *Adarlé*, innocent, niais, sous *Addicio*. *Adelaisi* et

Aderlaisi ont encore une acception autre que celles que j'ai indiquées, et c'est *étourdi*, qui perd la tête, qui n'a pas de réflexion.

Affilée, *s. f.* Solution prompte et régulière d'une affaire, bonne et rapide marche qu'elle suit. *Ça va tout d'une affilée.*

Affiler (s'), *v. réf.* Se dit de la tournure que prend une affaire. *Ça s'affile bin* ou *mal.*

Afflonner. Voyez *Flonner*.

Agousser. Ce verbe a un sens plus étendu que celui que je lui ai donné : c'est *agacer* tout à fait, contrarier vivement et jusqu'à la colère. Il doit avoir la même origine que *gausant* et *gausé*.

> Quarriaus qui prennent à voler
> Hors des deux rens qui *s'entr'agoucent*.
> (Guill. Guiart, vers 13856.)

Allot, te, *s. m.* et *f.* Petit domestique, petit saute-ruisseau, qui fait les commissions et les courses pour la maison où il sert, qui s'occupe des détails infimes du ménage. Voyez ci-dessous.

Allotter, *v. n.* Aller souvent, aller et venir, faire les courses et les commissions d'une maison. C'est de ce verbe que nous avons fait *halocer* et *haloter*.

Anné, *s. m.* Récolte ou revenu d'une terre pendant une année; ensemble de la récolte avant la moisson. (Du Cange. *Annata,* 3.)

Anouillère. Suivant une autre version, ce mot ne qualifierait que la stérilité d'une seule année.

Aproux, se, *adj.* Apre, âcre.

Arquebeu, *s. m.* Arrête-bœuf (plante).

Arrias, indique, en plus des acceptions que j'ai fait connaître, une personne d'un caractère difficile.

Assouâter, assouâtrer, *v. n.* Se réunir deux ou davantage pour vivre ou travailler en communauté. On a vu que *souâter* venait de *soiste,* société. Pour tout dire, il y a encore *Assortare,* verbe de basse-latinité, qui signifie à peu près la même chose, et qui, en tenant compte des exemples rapportés par Du

Cange, pourrait bien entrer en ligne pour la formation de notre verbe *assouâtrer*.

Bauge. Ce substantif qui est, à vrai dire, synonyme de baguette, a peut-être aussi la même étymologie, *bacillus*.

Bégeas ou **béjeas** me semble provenir de *bayer*, l'absence de l'intelligence ayant souvent pour diagnostic une bouche *béante*.

Béjoiter. Il est bon de faire observer que *joye* est l'équivalent de *juste*. (Du Cange. *Justa*.)

Béqueter, *v. n.* Nous employons ce verbe comme haleter, ouvrir la bouche, le bec ou la gueule par suite d'une trop grande chaleur ou d'une course rapide. *Queu chaud! n'on en béquete*.

Berjoint, *s. m.* Bout de sillon dans lequel deux autres sillons viennent se confondre; c'est la même chose que *bergeon*. De *bes*, mal, et de *joindre*, parce que cette jonction fait un mauvais effet et indique un labour ou un terrain mal disposés.

Berouasser, *v. n.* Bruiner.

Bersiller, *v. a.* Brûler, dessécher. C'est *braisiller,* mettre en braise.

Bertauder, *v. a.* Tondre de très-près. Ce verbe était usité dans les couvents, et il désignait la manière dont les moines étaient tondus. (Du Cange. *Berta.*)

Beruailler, *v. n.* Faire un bruit ou un *bru,* semblable à celui des intestins dans les cas de borborygmes. Il y a, du reste, dans Du Cange, *brouailles* pour *intestins,* sous *Burbalia.*

Beruauder, *v. a.* et *n.* C'est encore un verbe composé de notre substantif *bru.* Il est usité, quand les meubles, les ustensiles et surtout les charrettes, les uns transportés, les autres mises en mouvement, font le bruit désagréable qui résulte d'un mauvais assemblage de pièces. De cette acception, on l'a fait remonter à une autre qui indique la cause de ce même bruit, et est par conséquent équivalente d'*osciller,* ébranler.

Besas, *s. m.* Tige de pois, de haricot, de pomme de terre. Voyez *Pesas* ci-après.

Beu. L'opinion commune est que *beu villé* ne veut pas dire qu'on promène le bœuf dans la ville, mais qu'il était autrefois accompagné d'instruments de musique, de *violes* ou de *vielles;* c'est pourquoi l'on a dit d'abord *beu violé* ou *viellé*.

Bezoue, bezuet, *s. m.* et *f.* Rouge-gorge. La *bezoue* ou le *bezuet* est un oiseau de mauvais présage, et on le comprend en décomposant ces deux noms : le second *bès* et *uet* est littéralement *mauvais œil*. Pour tout dire, il est possible que l'opinion diamétralement contraire domine dans quelques parties du Maine où cet oiseau ne porte pas le même nom, puisqu'il y a telle province de France où il est au contraire considéré comme de très-heureuse rencontre, par suite de la tradition qui veut qu'un rouge-gorge ait arraché avec son bec une épine de la couronne du Christ sur la croix.

Biché, *s. m.* Vin fait de raisins noir et blanc. C'est le même mot que *bis* et *biset*, qui n'indiquaient pas seulement le brun comme aujourd'hui, mais aussi le noir-gris. (Du Cange. *Bisa, Bisus.*)

Bignet. Le Glossaire de Du Cange en fait encore mention sous *Binotus.*

Bobillonner, *v. n.* Bavarder sans cesse, parler de niaiseries, perdre son temps à des niaiseries.

Bougrasser, *v. a.* et *n.* Malmener quelqu'un par de vilaines paroles, jurer grossièrement. *Y en a qui querellant, més tai tu bougrasses.*

Bouis. C'était pourtant ainsi que parlait Boileau :

Et deux fois de sa main le *bouis* tombe en morceaux.
(*Lutrin*, chant V, vers 19.)

Branlouère, *s. f.* Escarpolette. (Du Cange. *Oscillum.*)

Branne a la même étymologie que *Bronne.*

Breda vient, par ironie, de *bredasser*, parce qu'on ne s'occupait guère qu'à de petites causeries ou à jouer, dans ce genre de réunions. *Breda* et *bredasser* auraient-ils la même origine que *berdir*, braire ?

Brode se trouve aussi dans le Dictionnaire étymologique de Ménage, qui l'applique aux femmes noires. On en qualifiait encore les Allemands, en dérision peut-être du pain qu'ils mangeaient, pain se disant *brod* en allemand. Du Cange, sous *Broda*, le donne comme synonyme d'un pain grossier, et de même que nous disons proverbialement *grossier comme pain d'orge*, on aura dit grossier et sale comme *brode*, et puis *brode* tout court.

Bronbronbrette. Il était inutile d'aller chercher si loin des chances étymologiques. Il faut en référer évidemment et tout simplement à *bibere*, comme le français *biberon* ou le manceau *bronne*, qui ont de grandes analogies de consonnance et de sens avec le mot et avec l'usage.

Broue, *s. f.* Sueur épaisse et semblable à de l'écume : c'est *brouaz*, gelée blanche (Du Cange. *Bruma*), ou *brua*, bouillie (Chompré).

Brunette, *s. f.* Petit oiseau du genre fauvette, et qui semble tenir du troglodyte ou du moineau. (Cotgrave. *Brunette.*) Voyez *Paisse-bussonnière.*

Buffer, *v. n.* Souffler avec la bouche, gonfler ses joues. (Du Cange. *Buffare.*—Raynouard. *Bufar.*) *Buffa* est un soufflet donné sur la joue, d'après Chompré.

Cabossiau, *s. m.* Seau dégarni d'anses, disloqué, *cabossé.*

Camignon vient de *cacumen*, pointe.

Cargnon, *s. m.* Morceau de pain. De *carne*, angle: *chignon*, qui veut dire la même chose, vient de même de *cugnus*, angle ou coin.

Carinet. La forme de cette tuile indique pour l'étymologie de son nom, *carinatus*, fait en forme de carène.

Cepiau, *s. m.* Serrure de bois, entrave de bois. C'est la même chose que les *ceps*, qu'on disait aussi *cepiel*. (Du Cange. *Cippus.*)

Chale, *s. f.* Engelure, bubon, bouton d'échauffaison. L'étymologie est évidemment *calor*, chaleur, à cause de l'inflammation prurigineuse que développent ces petits accidents.

Champaïer indique, au figuré, l'action de mettre quelqu'un à la porte ou de donner la clef des champs; c'est aussi envoyer promener, courrir sus.

Chasse-artu. Aux étymologies qui conviennent à *chasse-mâro*, on peut ajouter *maro* qui signifie *trépassé* en celtique ou en breton de nos jours.

Chin, cin, *prép.* Chez.

Chippe, choppe, *adj.* Mou, lâche. Tout le monde connaît l'expression proverbiale *mou comme une chiffe;* or, nous avons, dans ce présent Vocabulaire, *chippe* pour synonyme de *chiffe*, sous lequel article *chippe*, j'aurais même bien fait de citer les vers suivants :

> Ses filz le nom de conte port
> Qui n'iert mie vestuz de *chippes*.
> (Guill. Guiart. Tom. 1er, vers 74).

Chouart, *s. m. Godet* pour prendre l'eau dans les seaux de cuisine. *Choane* est, dans le Vocabulaire de Chompré, un creuset.

Coquau, coqué, *s. m.* Oiseau le dernier venu

de sa couvée, et qui était encore dans la coque alors que ses frères étaient éclos. C'est ordinairement le moins gros. On dit la même chose d'un enfant venu au monde le dernier et longtemps après les autres.

Couâpeler, *v. a.* Faire des copeaux.

Couet, *s. m.* Petite queue.

Coudrer, *v. a.* Coudrer du bois, c'est le faire convenablement sécher, avant de faire les fagots.

Crasse, *s. f.* Mauvais procédé. *Je te retrourai bin, va ! pour la crasse que tu m'as faite.*

Curieux, se. Il est bon de faire observer que le sens de *soigneux* que nous donnons à cet adjectif, est complétement d'accord avec son étymologie *cura*, ce qui n'a pas lieu, d'une manière aussi sensible du moins, pour l'acception française.

Daguin, eine, *adj.* Fin, rusé, sachant tirer parti de tout. C'est comme *Deugé* et *Dougé*.

De. Cette préposition est presque toujours répétée deux fois de suite comme dans *de* *depuis,* et c'est ordinairement quand il s'agit d'un point de départ, d'éloignement, de distance, etc. : *De d'là à l'an qui vient, de d'chez nous à la ville.* L'usage n'existe pas dans le cas où elle est suivie d'un autre mot qu'un adverbe ou une autre préposition : on dit comme partout ailleurs : *de la maison au jardin, de nout' champ à un autre.*

Déchiaffrer, *v. a.* Déchirer, égratigner, mettre en pièces.

Découliner, *v. n.* Dégringoler.

Dégosiller, *v. a.* Vomir.

Déguériancher, déquiancher, *v. a.* et *n.* Démancher le bras, déhancher ; marcher comme si l'on était mal emmanché des bras ou des hanches. *Il é déguérianché vanquiers bin comme un porrichinalle.* De *éclanche* que nous disions *équianche.*

Deinnée, *s. f.* Repas de parents et d'amis, spécialement au *tuaige du gorin.*

Donnée, *s. f.* Distribution faite aux pauvres à la porte d'une église ou d'une maison, et dans des circonstances extraordinaires.

Douziller, *v. a.* et *n.* Percer un tonneau ; sortir par le *douzil.* (RAYNOUARD. *Adozilhar* sous *Dotz,* 4.)

Puis à bouillons fumeux le faysoient *doisiller.*
(REMY BELLEAU).

Ebaffer, *v. a.* Rendre tout ébahi.

Ebéquer, *v. a.* Donner des coups de bec, prendre de bec, chercher querelle.

Eboguée, *s. f.* Réunion de personnes qui *éboguent.* Dans les paroisses où l'on cultive le *turquis*, les *éboguées* de *bosselles* sont en même temps des parties de plaisir : on y chante toujours et on finit souvent par y danser.

Ecarbouiller, *v. a.* Éclabousser.

Eclocher. Outre *Esloissié,* on trouve encore dans Du Cange *Clos,* boiteux, sous *Cloppus,* lequel mot latin prouve que notre verbe a la même étymologie que *écloppé.*

Ecras, *s. m.* Enfant. Voyez *Equeras* ci-après.

Efflonner n'a pas été oublié, comme on pourrait le croire; il a été, par inadvertance, placé au bas de la page 191.

Egrun. Cette expression s'étend d'une manière encore plus générale que je ne l'ai indiqué, à tout ce qui ressemble à une absence de largeur, d'épaisseur, à tout ce qui est clair-semé, etc. Ainsi, une bande de personnes ou d'animaux marche à l'*égrun*, quand elle ne va ni de front ni en masse confuse, mais à la queue les uns des autres.

En n'est une préposition dans aucune des circonstances que j'ai données à entendre ; c'est un pronom, et mes lecteurs n'auront pas, comme moi, commis la bévue de s'y méprendre. Sous l'article *N'en*, je me suis expliqué d'une manière plus catégorique au sujet de notre usage à l'égard de *en;* mais j'ai oublié aussi là de faire remarquer que le pronom *moi* se rencontrant avec un impératif et avec *n'en*, subit une élision, malgré toute absence d'hiatus : ainsi *donnez m'en,* que nous pourrions rendre par *donnez-moi-n'en,* devient *donnez m'n'en.*

Enbaïr, *v. a.* Haïr, bouder quelqu'un, l'abandonner par dépit. Un oiseau *enhaït* son nid, quand on l'a effarouché de manière à ce qu'il n'y revienne plus.

Enhanner, *v. n.* Ahaner.

Enligner, *v. a.* Aligner.

Ens'ment, *adv.* Seulement. Cet adverbe est employé par nous exactement comme *s'ment*, dont il est composé.

Enterver, *v. a.* Entraver, affaiblir, empêcher de pousser.

Epoupiner, *v. a.* Arracher les pépins ou *poupins* d'un fruit, éplucher quelque chose. La conformité des gestes fait qu'on désigne aussi par ce verbe l'action de remuer machinalement les doigts les uns avec les autres, ou de se les croiser sur le ventre, occupations familières aux personnes qui aiment à se plonger dans les béatitudes inertes de la digestion.

Equeras, équerias, *s. m.* Enfant en assez bas âge, pour s'*équerier* souvent.

Essicoter, *v. a.* Arracher un *sicot*, une dent, du poil, de la plume, etc.

Euche, *s. f.* Pièce de terre de bonne qualité cultivée et entourée de haies depuis longtemps, dénommée ainsi à une époque où les terres voisines n'étaient pas en culture réglée. Voyez *Ouche.*

Eurée, *s. f.* Venelle, bordure, dans le même sens que *Orée.*

Fanne, fenne, *s. f.* Tige de pomme de terre et de plante grimpante.

Forannée. Une explication n'aurait pas été de trop, au sujet de *foris annum, foris* n'étant nullement reconnu comme préposition dans la latinité régulière. Nous nous occupons ici d'expressions qui, presque toutes, doivent leur origine à des mots *mediæ et infimæ latinitatis;* c'est donc encore à Du Cange que je dois avoir recours pour ma justification. Voici ce qu'on lit dans le Glossaire : « FORIS, Extrà, præpositio cum accusativo, etc. »

Gaigeas (à la), *loc. adv.* et *prép.* A l'envi l'un de l'autre. La prononciation étant exactement la même que celle de *guéjas*, c'est ainsi très-probablement que j'aurais dû écrire ce dernier mot, au lieu de me conformer trop strictement à l'orthographe qu'on m'avait donnée. *Gaigeas* indique une gageure, c'est-à-dire que l'on gage (*gaige* en manceau) à qui en fera le plus; je livre cette observation pour ce qu'elle vaut. On trouve *Gaigaille* pour *gageure*, dans le Glossaire de Du Cange, sous *Gaigeura*.

Gargouiller, *v. n.* Gazouiller.

Gorer, *v. a.* Faire mal cuire, faire trop cuire, faire mal la cuisine. Peut-être de *gorin?*

Grapper, *v. a.* Grappiller.

Grichoir, grichoué, *s. m.* Squelette d'une mâchoire garnie de ses dents. Le *grichoir* du porc se conserve avec soin, pour être placé dans le cuvier à lessive, à l'ouverture par laquelle l'eau s'écoule. Voyez *Gricher*.

Guéjas. Voyez *Gaigeas* ci-dessus, en ces mêmes Additions.

Guibolles, *s. f. pl.* Jambes; on ne le dit que familièrement.

Harie signifie encore une rive un peu creuse en dessous et surplombant au-dessus d'un cours d'eau.

Hélas, *interj.* C'est l'interjection la plus répandue dans le Maine : elle n'y exprime pas seulement la douleur, mais aussi l'admiration, la joie, toutes les sensations un peu vives, et même celles qui ne sont que modérées. L'*a* s'y prononce énergiquement long.

Himoue, *s. f.* Humeur, dans le sens de disposition d'esprit.

Jacquedale doit avoir la même étymologie que *jacasse*.

Jale (engelure, etc.), que par erreur on a imprimé *Jales,* est synonyme de *chale*, qui se trouve ci-dessus en ces mêmes Additions.

Lambrun, *s. m.* Lambreuche.

Lotonie, loutonie, lutonie, *s. f.* Langueur, pâleur. Les trois mots se disent, et je n'ai cependant donné que *lotonie* dans ce Vocabulaire. *Lutor* indique, en bon latin, la pâleur.

Mahon, *s. m.* Mâchoire forte, proéminente. C'est de là que sont venus l'adjectif *mahon* et le verbe *mahonner*, qui semblent d'un côté avoir aussi quelque rapport avec *marronner* que je donne ci-dessous, et avec le verbe français *marmonner*.

Maignot, te, *adj.* Manceau. On m'assure que cette locution est usitée du côté du Bas-Maine.

Maillon, *s. m.* Grosse maille, maille en grosse corde, nœud des harts de fagots.

Manquette. Outre les analogies que j'ai indiquées, ce mot en a encore avec *minucia*, qui est identique pour l'acception. (CHOMPRÉ).

Marronner, *v. n.* Murmurer, gronder entre ses dents, se plaindre avec insistance. C'est *marmonner*.

Maupiésant, e, *adj.* Malplaisant, maussade, désobligeant.

Méen, *s. m.* Moyen. Voyez *Méian*.

Méleu, mélouin, *s. m.* Milieu; terme moyen; moyenne entre deux dimensions.

Mingue, minque, *s. m.* Petit lait, lait de beurre, lait très-étendu d'eau, lait de mauvaise qualité. *Minacia* se rencontre, en basse-latinité, pour une mamelle ne donnant pas de lait. (Chompré.)

Mouret, *s. m.* Linge brûlé pour servir d'amadou. De *more*, noir.

Nigeossier, nigocier, ère, *adj.* Adroit à faire de petits ouvrages manuels, à des *nigeosseries*.

Oureine, *s. f.* Origine. Voyez *Orine*.

Paltret, *s. m.* Couperet. Voyez *Partret* plus bas.

Pâquis, *s. m.* Pâtis. C'est une conséquence de l'usage qui fait prononcer indifféremment *qui* ou *ti*.

Parche. C'est, par apocope, la même chose que parchemin, et ce qui le prouve, c'est que la variété de pois dite partout *sans parchemin*, est celle que nous nommons *sans parche*: elle est ainsi désignée, on le sait, parce que sa cosse fort tendre peut se manger comme le légume lui-même. Le nom de *parche* s'est étendu à la tige, fait qui a plus d'une analogie dans l'histoire des mots.

Partret, *s. m.* Couperet. *Partir* indiquait autrefois l'action de donner de haut en bas un coup tranchant.

Patinoutre, *s. m.* Variété de chiendent que nous appelons aussi *masselotte* : ses racines composées d'une suite de bulbes ou de tubercules, lui donne l'apparence d'un chapelet ou *patenôtre*.

Peillu, e, *adj.* Qui a beaucoup de poil, ou qui a le poil très-long.

Pesas, *s. m.* Tige de pois, de haricot, de pomme de terre, etc. On trouve, dans le Glossaire de Du Cange, *Pesaz* sous *Pesait*, qui est cosse de pois : si c'est le même mot que le nôtre, et c'est très-possible, il aura passé de la cosse à la tige, comme cela s'est fait pour *parche*, qui a la même acception. Voyez ci-dessus.

Pétarde, *s. f.* Pomme de terre, par corruption de *patate*, un des noms de ce tubercule.

Peurnalle, s. f. Prunelle.

Piâcrer, v. n. Se dit, par onomatopée, des objets mous qui s'écrasent, s'aplatissent ou rejaillissent par fragments, quand ils retombent par terre, après qu'on les a jetés en l'air. *Ça qui a piacré comme eune bouse.*

Pisque, conj. (L's se prononce.) Puisque.

Poupée, poupine, s. f. Linge qui enveloppe un doigt malade.

Quenelle, s. f. (Prononcez *qu'nelle*.) Cannelle ou robinet de bois.

Quiâquer, v. a. et n. Claquer. — Bavarder à tort et à travers. — Craquer (mentir).

Raë, s. f. Raie, *raise*.

Rambin, rampin, s. m. Bât ou panneau couvert ordinairement de peau et quelquefois de toile. De *rampaille,* peau. (Du Cange. *Rampa.*)

Rapide signifie encore courageux, prompt, décidé, entreprenant.

Recouper, v. a. Recevoir un objet lancé. De *recipere,* comme *receper.*

Rembrôner, remprôner, *v. n.* Murmurer, répondre avec insolence. *Remprosner,* c'était railler avec aigreur, tourner en dérision. (Du Cange. *Rampogna.* — Roquefort. *Ramprosner, Ranproner, Ranpodneiz.*)

Rendouillée, *s. f.* Volée de coups. Dans le Vocabulaire de Chompré, on trouve *Randellus,* bâton. Voyez *Randouillée.*

Runger, *v. a.* Ruminer, ronger.

Sin, *prép.* Chez.

Spiau, *s. m.* Serrure de bois. Voyez *Cepiau* ci-dessus aux Additions.

Suâbrer, subrer, *v. a.* Boire ou téter goulûment, de manière à ce que la succion soit bruyante. Voyez *Suberiot.*

Taupin, *s. m.* Bœuf noir. C'est à ajouter à l'article *Beu* du Vocabulaire.

Teûner, *v. n.* Hésiter, avoir peur, s'arrêter court par suite de surprise ou d'effroi. C'est la même chose que *tunner.* Quand on entend une parole blessante, ou que l'on est saisi par une histoire surprenante ou navrante,

quand on recule brusquement devant un
[...]er, le mouvement ou le geste que l'on
[...] en se redressant tout à coup, est rendu
par *teûner* ou *tunner*. De même quand au
lieu de persévérer dans une action, un incident donne à réfléchir et fait hésiter. Cette expression s'emploie aussi pour les animaux : ainsi lorsque les moutons voient un chien, ils s'arrêtent, se redressent, se serrent les uns contre les autres, frappent du pied, etc. Tout cela, c'est *teûner* ou *tunner*.

Vannasse, *s. f.* Lieu où se sont *vannés* ou roulés dans la poussière des oiseaux ou de grands animaux.

ERRATA.

Page 16, ligne 4, supprimez *estoma*.

Page 23, ligne 10, la préposition, lisez : le pronom ou la particule.

Page 25, ligne 12, l's commençant les mots, ajoutez : avant une autre consonne.

Page 74, ligne 18, Si l'on peut, lisez : Si l'on pouvait.

Page 81, ligne 12, rende, lisez : rendent.

Page 134, lignes 8 et 9, precantibus, lisez : predicantibus.

Page 150, ligne 7, *couaille* et *couaillon*, lisez : *touaille* et *touaillon*.

Page 175, ligne 13, naturel, lisez : mutuel.

Page 178, ligne 3, *laise*, lisez : *laize*.

Page 186, ligne 18, *étêter*, lisez : *étêter*.

Page 253, ligne 6, sceaux, lisez : seaux.

Page 295, ligne 15, quand, lisez : quant.

Page 406, ligne 14, qu'on dise, lisez : qu'on dit.

Page 413, ligne 2, Rousselé, lisez : Rouselé.

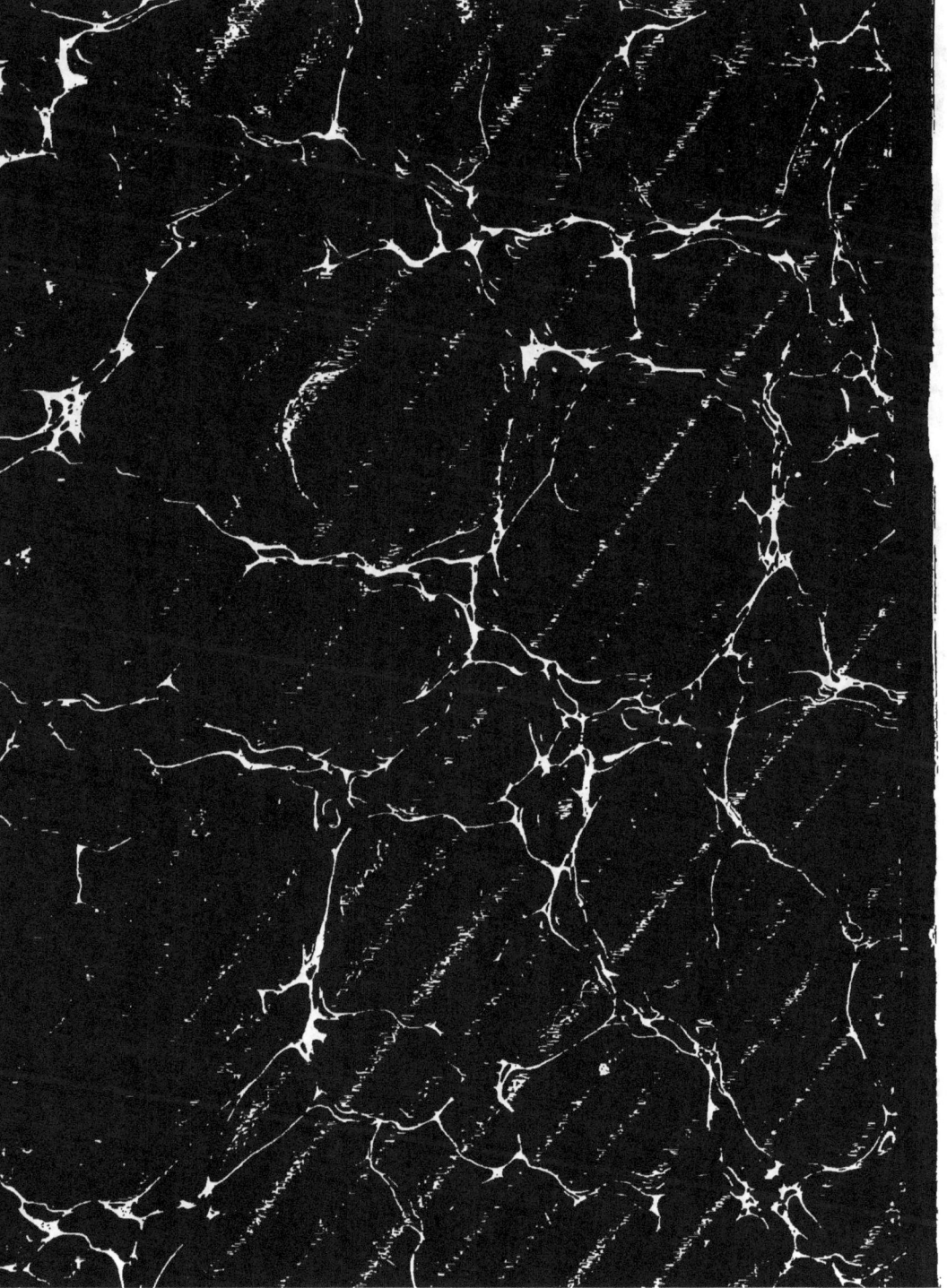

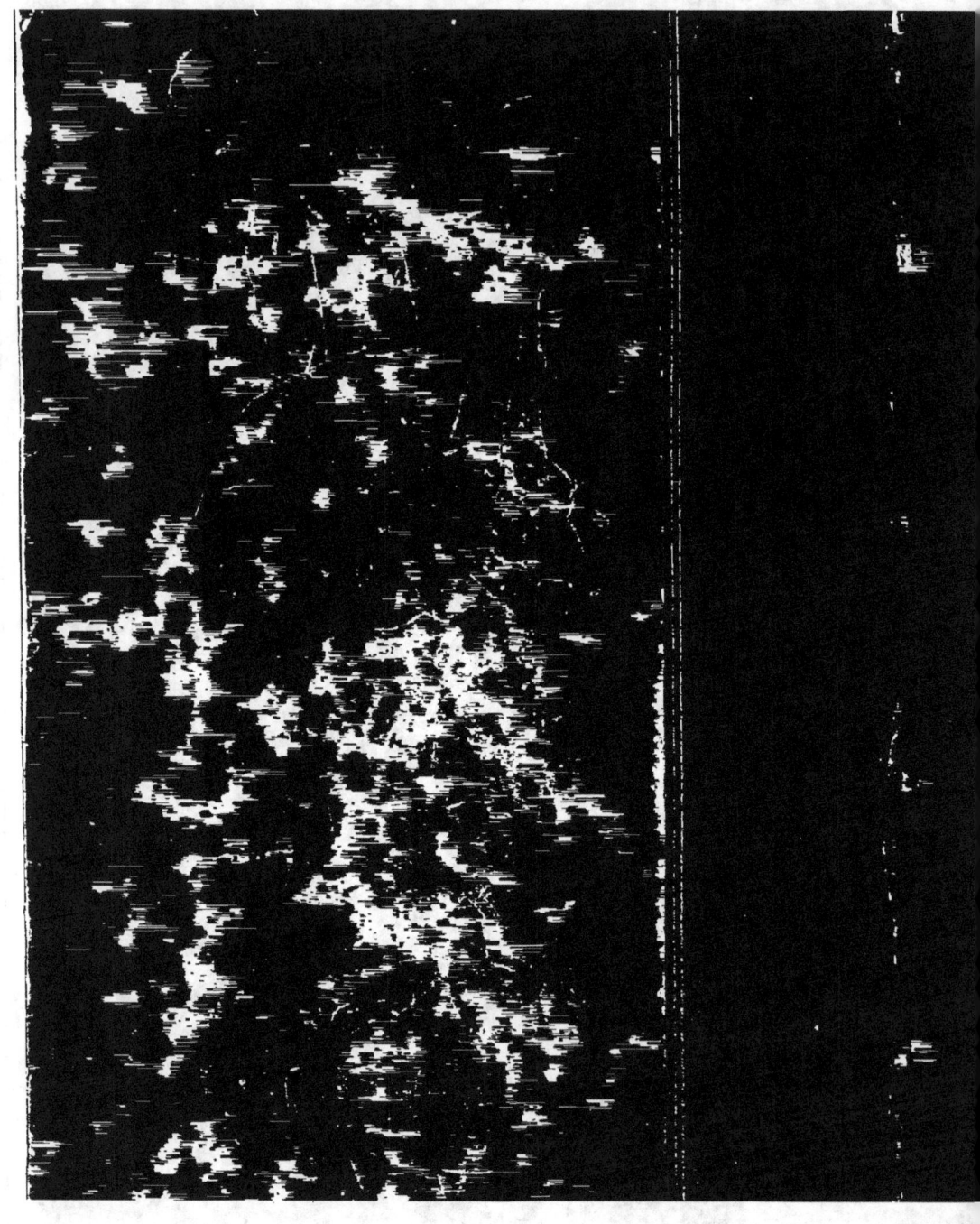

www.ingramcontent.com/pod-product-compliance
Lightning Source LLC
Chambersburg PA
CBHW051138230426
43670CB00007B/858